Ullstein Sachbuch

DAS BUCH

Dieser moderne Ratgeber für Verheiratete und langjährige Partner zeigt neue Wege, Nähe und Intimität dauerhaft zu erhalten. Sie erhalten Antwort auf Fragen, die sich in jeder Partnerschaft einmal stellen: Wie kultiviert man Beziehungen, die es *wert* sind, gepflegt zu werden? Wie erhält man Romantik und vermeidet Langeweile? Wie umschifft man die gefährlichen Klippen in einer Partnerschaft? Entdecken Sie, daß es so etwas wie zu große Offenheit tatsächlich gibt! Lernen sie alles Wissenswerte über ihre Sexualität – vor, während und nach der Hochzeitsnacht. Außerdem zahlreiche Tips zu: Sex während der Schwangerschaft, Verhütungsmethoden, Ratschläge zu sexuellen Schwierigkeiten bei Frauen und Männern. In diesem Buch finden Sie viele Anregungen und praktische Ratschläge, Ihre Partnerschaft aufregender, verständnisvoller und erfüllter zu gestalten, erläutert an zahlreichen Fällen aus Dr. Westheimers langjähriger therapeutischer Praxis.

DIE AUTORIN

Dr. Ruth Westheimer, Psychologin und bekannte Medienpersönlichkeit in den USA, ist Amerikas beliebteste Sex-Therapeutin. Mit ihren Radio- und Fernsehsendungen, die in ganz Amerika – und inzwischen auch in Europa – übertragen werden, leistete sie Pionierarbeit auf dem Gebiet der Psychologie in den Massenmedien. Sie promovierte an der Columbia University und war Adjunct Associate Professor am New York Hospitel (Cornwell University, Medical Center). Dr. Westheimer hält Vorträge an Colleges und Universitäten in ganz Amerika und hat eine private Praxis in New York City. Sie veröffentlichte zahlreiche Artikel in Fachzeitschriften und mehrere Bücher, darunter: *Dr. Ruth's Guide to Good Sex, First Love: A Young People's Guide to Sexual Information* (dt.: *First Love. Ein Aufklärungsbuch für junge Leute; Ullstein Buch 34432*) und *All in a Life-Time*, ihre Autobiographie. Die Autorin ist verheiratet und Mutter von zwei erwachsenen Kindern.

Ruth Westheimer

Liebe in der Ehe

Ratgeber für ein glückliches
Zusammenleben

Ullstein Sachbuch

Ullstein Sachbuch
Ullstein Buch 34449
Im Verlag Ullstein GmbH,
Frankfurt/M – Berlin
Titel der amerikanischen Original-
ausgabe: *Dr. Ruth's Guide for
Married Lovers*
Übersetzt von Hans Hinrich Harbort

Deutsche Erstausgabe

Umschlagentwurf:
Theodor Bayer-Eynck
Foto: Rosie Schuckall
Alle Rechte vorbehalten
Mit freundlicher Genehmigung von
Warner Books, Inc., New York
© 1986 by Karola, Inc.,
Warner Books, Inc., New York
© 1988 der deutschen Erstausgabe by
Ullstein Verlag GmbH,
Frankfurt/M – Berlin
Printed in Germany 1988
Gesamtherstellung:
Clausen & Bosse, Leck
ISBN 3 548 34449 6

April 1988

Vom selben Autor
in der Reihe der
Ullstein Bücher:

First Love. Ein Auf-
klärungsbuch für
junge Leute (34432)

CIP-Titelaufnahme
der Deutschen Bibliothek

Westheimer, Ruth:
Liebe in der Ehe: Ratgeber für e. glückl.
Zusammenleben / Ruth Westheimer.
[Übers. von Hans Hinrich Harbort]. –
Dt. Erstausg. – Frankfurt/M.; Berlin:
Ullstein, 1988
  (Ullstein-Buch; Nr. 34449:
  Ullstein-Sachbuch)
  Einheitssacht.: Doctor Ruth's guide
  for married lovers ⟨dt.⟩
  ISBN 3-548-34449-6

NE: GT

Inhalt

Danksagung

Im Laufe der Zeit ist die Liste der Namen derjenigen, die mich durch ihre Freundschaft unterstützt, die mich ermutigt haben und durch konstruktive Kritik zur Entstehung dieses Buches beigetragen haben, sprunghaft gewachsen. Was habe ich doch für ein Glück!

Deshalb möchte ich hier nur einige nennen, deren Namen für viele andere stehen sollen – andernfalls müßte dieses Buch noch um ein weiteres Kapitel ergänzt werden!

Mein herzlichster Dank gilt meinen Klienten, meinen Hörern und Fernsehzuschauern. Ohne ihr Interesse und ihre Bereitschaft, mir Einblick in ihr Leben zu gewähren, wäre dieses Buch nicht zustande gekommen!

Besonders bedanken möchte ich mich bei:
den großartigen Mitarbeitern meines Fernseh-Teams von NBC Radio Entertainment Programm, KFI Radio und King Features.

Ron Alexander
Larry Angelo

Ruth und Howard Bachrach
Susan Brown

Stuart Cattell
Frank Ciarkowski
Father Finbarr Corr

Marie Cuadrado
Jon Glascoe
Dean Gordon
David Goslin, Ph. D.

Frederick C. Hermann
Martin Herman

Alfred Kaplan
Helen Singer Kaplan, M. D., Ph. D.
Else Katz
Harold Koplewicz, M. D.
Richard Korman
Evelyn und Nathan Kravetz, Ph. D.
Bill und Marga Kunreuther

Lani Lehmann
Joanne Lehu
Hope Leichter, Ph. D.
Lou Lieberman, Ph. D.
John und Ginger Lollos

Georgia Dullea

Betty Elam
Cynthia Fuchs Epstein, Ph. D.
Howard Epstein

Vincent Facchino
Avi Feinglass
Jack Forest, M. D.

Harvey Gardner
Paul Noble

Deborah Offenbacher, Ph. D.
Dale Ordes

Asa Ruskin, M. D.
Francine Ruskin, Ed. D.

Ira Saker
Elaine Silver
Fred Siverman
Olena Smulka
Arthur Snyder, M. D.
Hannah Strauss
William Sweeney, M. D.

Mildred Hope Witkin, Ph. D.

Fred Zeller

Bernard Shir-Cliff, meinem Herausgeber, und Margery Schwarz, meiner Lektorin; Rabbi Leonard Kravitz und Rabbi Selig Salkowitz (Ko-Autoren eines Artikels über die Sexualität in der jüdischen Tradition), die mich mit ihrem Wissen großzügig unterstützten; Rabbi Robert Lehman und Pierre Lehu, die mir mit Rat und Freundschaft zur Seite standen, und John A. Silberman, meinem Anwalt und Freund, der mich »beschützt«.

1.

Warum schon wieder ein Ratgeber für die Ehe?

Eine Erinnerung aus meiner Kindheit: Ich bin noch zu klein, um das Buch erreichen zu können, auf das ich so neugierig bin. Meine Eltern haben es absichtlich ganz oben in das Bücherregal gestellt, damit ich nicht herankomme. Aber jetzt sind beide Eltern aus dem Haus und ich bin fest entschlossen, einen Blick in diese mysteriösen Seiten zu werfen.

Für Erwachsene ist ein Regal ein ausgezeichneter Platz, um Bücher aufzubewahren, und die oberen Fächer in einem solchen Regal bieten sich geradezu an für bestimmte Werke – wertvolle Ausgaben, die möglichst keine Fingerabdrücke und Eselsohren bekommen sollen, und natürlich Bücher, die nur für Erwachsene sind. Für kleine Kinder jedoch ist ein solches Bücherregal fast so etwas wie ein Mount Everest, den man unbedingt bezwingen will. Und so klettere ich an dem Regal hoch, um an das faszinierende, grün eingebundene Buch zu kommen, das ich nicht sehen darf. Im nächsten Moment sitze ich auf dem sauberen, wirklich blitzsauberen Teppich (wir wohnten damals in Frankfurt) und halte das erste Sexbuch meines Lebens in den Händen. Van de Veldes *Vollkommene Ehe*.*

Ich erinnere mich nicht mehr, was ich von dem nüchternen Text dieses weltberühmten Handbuches hielt. Ich weiß auch nicht mehr, wie mein heimliches Abenteuer ausging. Wurde ich ertappt? Ermahnt? Wenn ja, dann war es jedenfalls kein traumatisches Erlebnis. Meine Eltern waren immer sehr behutsam im Umgang mit mir. Vielleicht gelang es mir, das Buch an seinen Platz zurückzustellen, bevor jemand kam; vielleicht hat es jemand anders stillschweigend zurückgestellt, ohne ein Wort darüber zu verlieren. Das ist jedenfalls das, was ich auch tun würde, vorausgesetzt daß das Kind keine Seite herausgerissen oder den Einband mit Marmelade bekleckert hätte.

Ich freue mich über diese Erinnerung und denke oft daran, wenn ich einen Vortrag über die natürliche Neugier der Kinder in bezug auf Sexualität halte.

Das besagte Buch war das wichtigste Sex-Handbuch für die Generation meiner Eltern in den 20er Jahren. Häufig lasen verantwortungs-

---

* van de Velde, *Die vollkommene Ehe*, [1]1926

bewußte Paare das Buch vor der Ehe gemeinsam. Meistens bekamen sie das Buch von Freunden oder anderen Erwachsenen, die sehr wohl wußten, daß in vielen Fällen, insbesondere wenn man unberührt zum ersten Mal ins Ehebett steigt, Sex mit Unsicherheit und Peinlichkeit verbunden sein kann, wodurch die ersten Monate der Ehe, die doch eine Zeit des Glücks sein sollen, überschattet sein können.

Inzwischen hat sich jedoch vieles geändert, und die Regale und Schaufenster der Buchhandlungen sind heute voll von allen Arten von Sexbüchern. Viele dieser Bücher gehen sehr viel weiter als der gute alte van de Velde; zumindest sind sie in einem ganz anderen Geist geschrieben. (Henry van de Velde hatte das Thema im Hinblick auf seine unvergleichlich altmodisch empfindende Leserschaft mit Zurückhaltung behandelt.) Außerdem orientieren sich die heutigen Sexbücher nicht mehr an einer stabilen, harmonischen Ehe, sondern behandeln den Sex oft eher als etwas, das mit der Ehe und mit der familienorientierten bürgerlichen Wohlanständigkeit nicht mehr viel zu tun hat. Sex wird heute als ein revolutionäres Recht oder einfach als Spaß, als ungeheurer Spaß betrachtet – eine Freizeitbeschäftigung, auf die alle Menschen, gleich ob jung oder alt, verheiratet oder ledig, körperlich fit oder körperlich behindert, ein Anrecht haben.

Bücher für eine aufgeklärte Zeit

Heutzutage beschäftigen sich Bücher mit Erkenntnissen über Sex, die nicht einmal van de Velde bekannt waren. Sie sind viel stärker lustorientiert und allen möglichen Formen sexueller Erfahrungen gegenüber viel toleranter. Viele dieser Bücher sind aufdringlich, großspurig und ein wenig unverantwortlich. Doch als Sex-Lehrerin finde ich es durchaus begrüßenswert, daß Bücher, Zeitschriften, Filme und Fernsehshows über erotische Themen so weite Verbreitung gefunden haben. Ich hoffe nur, daß niemand irgendeines dieser Erzeugnisse als das letzte Wort betrachtet, sondern sich mit einem möglichst breiten Spektrum dieser Materialien auseinandersetzt.

Ich würde es gut finden, wenn sich die Leute ganz offen ein Fach in ihren Bücherregalen für Sexbücher einrichteten – Handbücher, erotische Literatur und Kunst sowie Bücher für Kinder. Und ich würde mich freuen, wenn in vielen dieser Bücherregale auch ein Exemplar von van de Velde stehen würde, denn der Geist, in dem dieses Buch geschrieben ist – so warm und beschützend, so hilfreich bei den ersten

Erfahrungen und Entdeckungen –, ist einfach wundervoll, auch wenn die darin enthaltenen Informationen ein wenig altmodisch wirken in einer Zeit, in der sogar »wohlerzogene« junge Leute ganz offen über oralen Sex, Gruppensex, Partnertausch usw. sprechen. Die Offenheit, mit der junge Menschen heute über Sex reden, versetzt selbst tolerante und erfahrene Ältere in Erstaunen. Aber gleichzeitig zeigen dieselben jungen Menschen einen enormen Mangel an Wissen! Der beste Beweis ist die Zunahme von ungewollten Schwangerschaften und unnötigen Abtreibungen, von Geschlechtskrankheiten und von Verwirrung und Verzweiflung unter den Jugendlichen. Dazu die tiefe Unwissenheit über den Stellenwert von Sex – gekonntem, befriedigendem und für beide Partner lustvollem Sex – im Leben von Menschen, die sich um eine ernsthafte, wenn auch nicht unbedingt todernste Beziehung bemühen.

Darum besteht ein Bedarf für neue Eheratgeber, die über Kinsey, Masters und Johnson und die sexuelle Revolution hinaus auf dem neuesten Stand der Erkenntnisse und Informationen beruhen und für die heutige, der Ehe gegenüber aufgeschlossene Generation geschrieben sind – die frisch Verheirateten, diejenigen, die das erste Mal heiraten oder die eine dauerhafte Erfüllung auch in ihrer zweiten, dritten oder gar zehnten Ehe erwarten. Ein Hoch auf diese Optimisten, die die Hoffnung nie aufgeben! Und auch auf diejenigen, die sich nicht um Konventionen kümmern und ohne den Gang zum Altar oder zum Standesamt eine »dauerhafte Beziehung« eingehen wollen. Wie sie es auch nennen – ich glaube, sie alle wollen eine Art von Ehe.

All diese Menschen brauchen neue Bücher, die ihnen helfen, die dauerhafte enge Beziehung, die sie sich wünschen, zu pflegen und zu entwickeln. Deshalb habe ich mir jetzt, dreißig Jahre, nachdem ich heimlich auf das Bücherregal geklettert bin, um mir jenes Erwachsenenbuch anzusehen, vorgenommen, etwas Ähnliches zu schreiben. Und wenn ich mein erstes Exemplar vom Verlag bekomme, dann werde ich es wahrscheinlich in das Bücherregal neben mein eigenes Exemplar des van de Velde stellen.

Comeback für die Ehe

Am 20. Juni 1983 brachte das amerikanische Nachrichtenmagazin *Newsweek* auf der Titelseite das Bild eines Hochzeitskuchens und dazu die Überschrift: »Die Ehe – wieder in Mode«. Wie es heißt, wurden im Jahre 1982 in den USA 2,5 Millionen Ehen geschlossen – ein absoluter Rekord. Aufgrund des Bevölkerungszuwachses hätte man einen solchen Anstieg vielleicht erwarten können, aber er kam dennoch überraschend, da sich damit der Trend der 60er und 70er Jahre, nicht zu heiraten, umzukehren schien. Das ist jedenfalls auch mein Eindruck, wenn ich heute im Lande herumfahre und mit jungen Menschen spreche. Die Hochzeits-Industrie (Brautkleider, Partyservice, Country Clubs usw.) erreicht einen Jahresumsatz von 20 Milliarden Dollar, und die Feierlichkeiten im sogenannten alten Stil sind heute umfangreicher und aufwendiger als je zuvor. Eine durchschnittliche Hochzeit kostet zwischen 4000 und 5000 Dollar, aber auch 15 000 Dollar sind keine Seltenheit. Bei der Wahl der Brautkleider orientiert man sich am Stil der 20er Jahre, wie er in Filmen wie *Chariots of Fire* und *Wiedersehen mit Brideshead* vorgeführt wurde. Nur drei Prozent der achtzehnjährigen Studenten an der University of Michigan gaben bei einer Umfrage an, sie hätten nicht vor zu heiraten. Und obgleich die Scheidungsrate aller Voraussicht nach auch weiterhin enorm hoch bleiben wird, werden doch die meisten geschiedenen Eheleute erneut heiraten.

Das klingt für meine Ohren zwar etwas merkwürdig, aber ich bin durchaus dafür – schließlich sind Hochzeitsfeiern meine Lieblingsparties, und ich wünsche der Hochzeitsindustrie alles Gute. Dabei überrascht mich die zunehmende Beliebtheit der Ehe keineswegs, weil ich eigentlich nie den Eindruck hatte, daß sie aus der Mode kommen würde. Die jungen Leute, die die Ehe ablehnten, versuchten nur, der Ehe einen neuen Sinn und eine neue Form zu geben. Was sie wollten, waren *Beziehungen*. Die Swinger kamen zu mir in die Praxis, weil sie an unverbindlichem freien Sex kein Interesse mehr hatten. Die Mehrheit meiner Patienten waren Eheleute. Viele homosexuelle Patienten hatten entweder eine feste Beziehung oder wünschten sich eine solche. Die meisten meiner Nachbarn und Freunde waren verheiratet, genau wie ich selbst auch. Trotz des ganzen Medienrummels um das angebliche Verschwinden der Ehe hatte ich das Gefühl, ich würde das nicht mehr miterleben.

Einer meiner Freunde vertrat die Meinung, die Ehe sei etwas für eine bestimmte Elite, für Leute, die besonders befähigt seien, langfristige Beziehungen aufrechtzuerhalten. Ich war jedoch überzeugt, daß die meisten Menschen auch weiterhin feste Beziehungen anstreben würden, auch wenn sie sie verbal nicht mehr als »Ehe« bezeichnen würden.

Dann kam der Tag, an dem mein Verleger zu mir sagte: »Schreiben Sie ein Buch für Eheleute.«

»Für Leute in festen Beziehungen«, entgegnete ich.

»Verheiratete«, beharrte er.

Es bedurfte keiner allzu großen Anstrengungen, um mich zu überreden.

Warum Menschen heiraten

Man heiratet aus unterschiedlichen Gründen – zum Beispiel, weil man Kinder haben möchte. Es gibt immer noch Menschen, die das Bedürfnis haben, Kinder in die Welt zu setzen, und aus diesem Grunde heiraten. Viele suchen in der Ehe die ideale Verbindung mit einem anderen Menschen. Man will sich vom Elternhaus freimachen und als Erwachsener, als Individuum anerkannt werden. Man heiratet, weil man Geborgenheit sucht, weil der andere Geld hat oder weil es einfach praktischer ist. Aber der entscheidende Grund ist das Bedürfnis, anderen Menschen im allgemeinen und einem bestimmten Menschen im besonderen näher zu sein. Dieses Bedürfnis haben wir schon als Säuglinge, und es verläßt uns nicht – bis zum Lebensende.

Bei Säuglingen ist dieses Bedürfnis mit dem Bedürfnis nach Nahrung verbunden. Die Mutterbrust gewährt uns sowohl Nahrung als auch menschliche Nähe, und als Kind erhalten wir beides auch später am gemeinsamen Eßtisch. In den ersten Jahren unseres Lebens haben wir es fast nur mit Menschen zu tun, die dazu da sind, uns zu füttern und zu trösten. Später wachsen wir in eine Welt von Menschen hinein, die ihre eigenen Interessen haben, die nicht nur dazu da sind, unsere Bedürfnisse zu befriedigen. Als Erwachsene haben wir starke sexuelle Bedürfnisse, die mit dem Wunsch nach menschlicher Nähe verbunden sind.

Im allgemeinen gilt die Erfüllung dieser Wünsche nach Sex und menschlicher Nähe als Inbegriff des Glücks. Darum enden so viele Märchen mit einer Hochzeit.

Im wirklichen Leben geht die Geschichte mit der Hochzeit erst los.

Die Zwänge der Ehe – die manchmal, im Vergleich mit den Annehmlichkeiten des Alleinlebens, zu überwiegen scheinen – werden mehr als wettgemacht durch die Bequemlichkeiten, Erleichterungen und Hilfen, die die Ehe mit sich bringt. Allerdings können das Sexualleben und die Intimität der Ehepartner sehr leicht durch andere Dinge in den Hintergrund gedrängt werden. Das Geldverdienen und die Notwendigkeit zu sparen, die Führung des Haushalts mit seinen tausend kleinen Pflichten, die Versorgung der Kinder, die Anforderungen des Berufs bei einem oder beiden der Ehepartner, die individuellen Bedürfnisse der beiden in unserer anspruchsvollen Konkurrenzgesellschaft – alle diese Dinge können die sexuelle Intimität bedrohen, wenn man nicht aufpaßt.

Dazu kommt, daß die Ehepartner im wirklichen Leben nur selten so ideal zusammenpassen wie im Märchen, wo beide nur dafür leben, den anderen zu heiraten. So etwas gibt es einfach nicht! Wenn Sie zwei Menschen begegnen, die füreinander gemacht scheinen, dann sind es einfach zwei Menschen mit gemeinsamen, aber auch unterschiedlichen Bedürfnissen, Menschen, die sich gegenseitig sehr viel Aufmerksamkeit schenken.

Sicherlich gibt es Paare, denen es leichtfällt, eine gute Ehe zu führen, die leicht und schnell lernen, wie dies zu realisieren ist. Das mag auf Sie selbst und Ihren Partner nicht zutreffen, aber das muß auch gar nicht so sein. Vielleicht ist Ihre Ehe durch ständige unvermeidliche Auseinandersetzungen gekennzeichnet, eine Ehe von zwei Menschen, die beide ihren eigenen Willen haben. Trotzdem kann es eine ausgezeichnete Ehe sein! Wahrscheinlich wäre für Sie ein Leben voller eitel Sonnenschein, ungetrübt wie ein Sommertag im August, eine verdammt langweilige Angelegenheit! Aber sie brauchen bestimmte Wege, sich jeden Tag aufs neue miteinander abzustimmen und zu versöhnen, und je eher man diese Mechanismen in der Ehe lernt, um so mehr seelischen Schmerz kann man sich ersparen.

Es gibt Paare, bei denen ein Streit immer im Bett endet. Aber wissen Sie, das ist nicht unbedingt die Art Vorspiel, die wir Sexualtherapeuten empfehlen. Wir sind eher für andere Formen sexueller Anregung! Andererseits entspricht das vielleicht durchaus Ihren Vorlieben. Ich finde so etwas zwar sehr anstrengend und viel zu stressig für ein gesundes Zusammenleben, aber das ist nur meine ganz persönliche Auffassung.

Was eine Ehe zusammenhält

Es gibt viele Dinge, die dazu beitragen, eine Ehe aufrechtzuerhalten. Das gemeinsame Interesse an den Kindern, an dem Leben, das man sich aufgebaut hat. Der Glaube an die Beständigkeit des Partners. Die halsstarrige Weigerung, ein Versagen einzugestehen. Ein Gefühl der Verantwortung. Sicherheit aus einem religiösen Glauben heraus. Gemeinsame Interessen in bezug auf den Beruf, eine gemeinsame Sache oder ein Hobby. Die Fähigkeit, alles im richtigen Zusammenhang oder mit Humor zu betrachten (für diejenigen, die das können, sind die emotionalen Probleme, die so manche Ehe zum Scheitern bringen, nur Kleinigkeiten). Manchmal hilft sogar, wie ich gestehen muß, ein gewisses Maß an natürlicher Bequemlichkeit: Man ist einfach zu faul, »Schluß zu machen und noch mal ganz von vorn anzufangen«. Ich sage das alles nur, um zu zeigen, daß ich durchaus mit beiden Beinen auf der Erde stehe. Ein sehr gutes Bindemittel für eine Ehe ist guter Sex – zärtliche Intimität und die das Herz wärmende Erinnerung an das erste Mal vor zwei Jahren oder dreißig Jahren oder fünfzig Jahren.

Keine Ehe gleicht der anderen, und ich bin der Meinung, Sie sollten nicht darauf achten, daß Ihre Ehe den Ansprüchen irgendwelcher Experten genügt, sondern sie vielmehr als Ihre ureigene, eigenwillige, aber dennoch liebenswerte Form der Partnerschaft ansehen – wie die ›Ehe zwischen der Eule und dem Kätzchen‹, mit ihrer ganz individuellen Geschichte. Das ist eine sehr schöne Einstellung, die viele der Merkwürdigkeiten erklären hilft, die einen sonst vielleicht in Panik versetzen würde. Ein Mann, der alle seine Termine vergißt, dessen Füße immer unter der Bettdecke hervorlugen... Eine Frau, die zum Frühstück einen Toast mit Erdnußbutter ißt und Coca-Cola trinkt... Ein Partner, der Parties haßt, der sich komisch kleidet, den man wie ein Kind waschen und dem man die Fingernägel schneiden muß, oder eine Partnerin, die ständig überall ihre Handschuhe oder ihre Handtasche vergißt und sich zum Schlafen immer wie ein Baby im Mutterleib zusammenrollt. Menschen mit vielen guten Eigenschaften, denen man aber immer wieder sagen muß, daß er oder sie keine Versager sind; die Angst davor haben, auf einen Riß im Straßenpflaster zu treten. Die mit viel Takt dazu überredet werden müssen, ihre Vorstellungen von Sex mit den Ihren abzustimmen, oder deren sexuelle Bedürfnisse Ihnen Zugeständnisse abfordern. Solche Dinge machen Ihre Ehe keineswegs zu einer Katastrophe, sondern gehören ganz einfach zu Ihrer ganz persönlichen Ehe.

Einen Menschen zu lieben bedeutet auch, solche Eigenheiten zu lieben. Es gibt gute Ehen, die eine wirklich extreme Anpassung an die Eigenarten des Partners bedeuten. Die geistigen Fähigkeiten Ihres Partners mögen auf die Umwelt vielleicht exzentrisch wirken. Ihr Partner hat vielleicht starke homosexuelle Neigungen. Vielleicht weigert sich Ihr Partner – gleich ob er oder sie – sogar beharrlich, auch nur einmal das Geschirr zu spülen. Ich schlage vor, Sie sollten eine Liste der guten Eigenschaften Ihres Partners anlegen und diejenigen mit einem roten Kreis markieren, die Ihnen persönlich am besten gefallen, ohne übermäßige Rücksicht auf das, was Ihre Nachbarn denken.

Sie haben diese Verbindung gewollt. Es fing damit an, daß Sie Ihren Partner liebten oder von ihm oder ihr eine hohe Meinung hatten. Bitte, ich bin nicht naiv; ich weiß, daß manche Ehen mit Scheidung enden. Aber wenn Sie sich die Ehe gewünscht haben, dann sollten Sie auch dazu stehen und versuchen, sie zu bewahren, zu reparieren oder vielleicht sogar völlig neu aufzubauen. Es ist durchaus möglich, daß das alte Glück sich wieder einstellt oder daß nach einer Zeit des Unglücklichseins etwas Neues, Besseres an seine Stelle tritt. Schon viele haben aus vollstem Herzen Gott gedankt, daß sie sich nicht getrennt haben, obwohl sie das eigentlich vorgehabt haben.

Warum die Ehe so beliebt ist

George Bernard Shaw hat einmal gesagt, die Ehe sei so beliebt, weil sie ein Höchstmaß an Versuchung mit einem Höchstmaß an Gelegenheiten verbindet. Er meinte natürlich sexuelle Versuchung und sexuelle Gelegenheiten und sprach damit etwas aus, was schockierend und mutig war, denn zu seiner Zeit war es einfach tabu, über Sex zu reden.

Verleumder der Ehe fragen oft: »Wo ist denn die Versuchung?« Wenn man jemanden heiratet, verliere er oder sie den sexuellen Reiz. »Und wo ist die Gelegenheit?« Wenn er einmal abends nicht noch zu arbeiten habe, habe sie Kopfschmerzen. Sex werde zu einer Pflicht wie andere Haushaltspflichten auch. In der Ehe werde der Sex einfach langweilig.

Aber Shaw hatte recht. Die Ehe ist enorm attraktiv, denn sie ermöglicht sicheren, gesunden und regelmäßigen Sex. Das ist so ähnlich, als bekäme man drei ordentliche Mahlzeiten jeden Tag – und nicht nur, wenn man Glück hat. Man bekommt seinen Sex und kann sich trotzdem ausschlafen, um am nächsten Tag fit für die Arbeit zu sein. Und wenn man einen Menschen liebt, dann scheint die Ehe ein ganzes Leben sexueller Erfüllung zu versprechen.

Wenn Gewöhnung und die Zwänge eines geordneten Lebens dazu führen können, daß Sex langweilig wird, dann ist das nur die eine Seite der Medaille. Die andere ist, daß ein verheiratetes Paar zusammen ein Sexualleben entwickeln kann, das auf die Bedürfnisse beider Partner zugeschnitten ist. Außerdem kann der eine dem anderen helfen, über sexuelle Schwierigkeiten hinwegzukommen, und zwar mit einer Geduld, die man bei einer flüchtigen Bekanntschaft selten findet. Wenn ein polygamer Abenteurer sich einem sexuellen Problem gegenübersieht, dann bleibt er oder sie in der Regel damit allein.

Ehe und Beziehungen

Wenn zwei Menschen zu mir kommen, die zusammenleben, dann haben sie oft die gleichen Probleme wie andere, die gesetzlich getraut wurden. Ich hoffe, alle verstehen, was ich unter *Ehe* verstehe. Das Wort beinhaltet eine Verbindung und ist ein poetischer Begriff. *Feste Beziehung* ist zwar eine zutreffende und nützliche Bezeichnung, aber sie ist eher pedantisch als poetisch. Außerdem meint das Wort nicht nur die Beziehung zwischen mir und meinem Ehemann, sondern auch die zwischen mir und meinem Zeitungshändler, meinen Studenten oder meinen Patienten.

Ich kenne eine junge Frau, die verheiratet ist, aber etwas gegen die Ausdrücke *Ehemann* und *Ehefrau* hat. Das ist irgendwie absurd, denn wenn jemand eine vorbildliche Ehefrau und Mutter ist, dann sie. Doch wie viele andere junge Frauen wurde sie von den veränderten Einstellungen zur Sexualität beeinflußt, die in den 60er Jahren aufkamen. Und ich finde das ganz in Ordnung, denn sie ist trotz dieses kleinen Fehlers eine liebenswürdige und angenehme Person.

Das Wort *Ehe* ist mit Emotionen beladen und drückt eine tiefe, gefühlsmäßige Harmonie aus. Architekturkritiker sprechen im Hinblick auf ein Gebäude manchmal davon, daß Holz und Stein oder auch der Bau und seine Umgebung eine Ehe eingegangen seien, und Musikkritiker loben eine Oper, weil sich in ihr Handlung und Musik zu einer Einheit vermählen. Die gleichen Kritiker können dabei der Ehe zwischen Mann und Frau durchaus ablehnend gegenüberstehen. Für mich jedoch hat sich die Ehe ihren traditionellen Wert bewahrt. *Ehe* ist ein liebevolles, ausdrucksstarkes Wort für die Verbindung zweier Menschen. Wenn zwei Menschen in harmonischer Weise miteinander leben, auch ohne vor dem Gesetz verheiratet zu sein, dann führen sie in meinen Augen eine Ehe.

Und deswegen ein Vorschlag: Ich werde in diesem Buch über das Thema »Zusammenleben« einfach nur von »Ehe« oder »verheiratet« sprechen und nicht von Menschen, die »in einer stabilen Zweierbeziehung zusammenleben«!

Delikate Abwechslung

»Warum nicht zur Abwechslung mal etwas anderes Köstliches?« Das klingt verführerisch, wenn man ans Mittagessen denkt. Auch im Hinblick auf Sex kann dieser Vorschlag durchaus erfrischend sein. In den meisten Ehen – ich bin nicht gegen freie Liebe, doch das ist nicht das Thema – empfiehlt es sich, lieber für ein wenig Abwechslung im Sex zu sorgen als den Partner zu wechseln.

Eine köstliche Abwechslung. Es wird oft gesagt, daß ich Sex immer mit Essen vergleiche. Der Grund ist ganz einfach der, daß ich pfiffigerweise herausgefunden habe, daß beides einen Hunger stillt, und ich habe durchaus vor, diesen Vergleich beizubehalten. Deswegen beende ich meine Sendung manchmal mit der Aufforderung »Guten Sex!« Klingt das auch vielleicht nach einer Großmutter, die einen immer zum Essen drängt, so meine ich es doch ehrlich.

Nun gut, ich werde mir Mühe geben, den Vergleich nicht allzusehr zu strapazieren. Wenn Sie mich trotzdem dabei erwischen, dann schreiben Sie mir einfach einen netten Brief, und ich werde ihn ebenso nett beantworten.

Genauso eintönig ist es, wenn die ›Sexperten‹ immer wieder sagen: »Abwechslung, Abwechslung! Sorgen Sie für mehr Abwechslung!« Wie langweilig – immer die gleiche Abwechslung! Aber trotzdem haben sie recht. Ich will nicht behaupten, daß Abwechslung die Würze des Lebens ist, aber immer dasselbe zur selben Zeit und am selben Ort führt zweifellos zu einer gewissen Monotonie.

Bleiben wir beim Essen ... Eines Abends, als ich gerade mit diesem Buch begonnen hatte, kam ich an ein paar Läden in der Nachbarschaft vorbei, die Obst, Gemüse, Kuchen, Fleisch und Delikatessen verkaufen. Es war die Zeit, zu der alle nach Hause eilen, und ich mußte daran denken, wie schön es ist, wenn man verheiratet ist und sich spontan entscheidet, eine leckere Kleinigkeit mit nach Hause zu bringen, so als kleine ungeplante Überraschung. Junge Leute eilen von der Arbeit nach Hause und freuen sich, etwas Neues miteinander teilen zu können. Aber auch Älteren macht so etwas Spaß, und dieser Spaß kann ein ganzes Leben hindurch anhalten.

Ich habe mir vorgenommen, dazu beizutragen, die Freude an der Ehe, die durch spontane, unerwartete und erfrischende Einfälle entsteht, zu vergrößern. Wie schön kann es sein, auf dem Heimweg von der Arbeit an etwas zu denken, womit man seinen Partner überraschen und erfreuen kann. Warum nicht einfach mal in der Konditorei vorbeischauen?

2.

Deine Sexualität und du

Es mag etwas komisch klingen – »Deine Sexualität und du«. Etwa so wie ein kleines Büchlein aus der Tierhandlung – *Dein Pekinese und du*. Vielleicht erwarten Sie jetzt, daß ich Ihnen erkläre, wie Sie Ihre Sexualität stubenrein kriegen und dazu bringen können, immer links von Ihnen bei Fuß zu gehen. Aber bevor ich weiter darüber spreche, möchte ich sicher sein, daß jeder weiß, was die Sexualität eines Menschen wirklich *ist*. Eine Menge intelligenter Leute sind sich darüber nicht im klaren. Ich sehe oft, wie sie ein verwirrtes Gesicht machen, wenn ich von ihrer Sexualität spreche. Sie stellen mir Fragen wie: Was ist das? Wo sitzt das? und so weiter.

Was ist Sexualität?

Ihre Sexualität besteht in Ihrem körperlichen Mann- oder Frausein, in Ihren Reaktionen auf bestimmte Reize – wie Berührung, Bilder, Töne und Geräusche, Gerüche, Gedanken; in Ihrer Fähigkeit, einen erigierten Penis oder eine feuchte Vagina zu bekommen. Dazu gehören die Häufigkeit und die Art Ihrer sexuellen Gedanken oder Träume, Ihre sexuellen Aktivitäten, Ihre sexuellen Vorlieben; Ihre Fähigkeit, sich auf sexuelle Beziehungen einzulassen, zu einem befriedigenden Orgasmus zu kommen und Ihren Partner ebenfalls zur Befriedigung zu bringen, und die Fähigkeit, den Orgasmus, die Erfüllung und die darauffolgende Phase der losgelösten Entspannung zu genießen. Und natürlich gehört zu Ihrer Sexualität auch Ihr ganz persönliches sexuelles Engagement – Ihre mehr oder weniger ausgeprägten sexuellen Gewohnheiten und die Art und Weise, wie Sie sie mit Ihren Gefühlen und ganz allgemein mit Ihrer Einstellung zum Leben verknüpfen; Ihr Verständnis für Ihre eigenen Bedürfnisse und Wünsche und für die Ihres Partners und die Art und Weise, wie Sie sich mit Ihrem Partner zusammen auf sexuellem Gebiet weiterentwickeln.

Trennung von Sexualität und Persönlichkeit

Wenn Sie Phantasie haben, dann fällt es Ihnen vielleicht schwer, sich Ihre Sexualität getrennt von Ihrer übrigen Persönlichkeit vorzustellen. Sie ist untrennbar mit Ihrem Körper verbunden und eng verzahnt mit Ihrer Lebensanschauung. Ihre Sexualität sieht die Welt mit den gleichen Augen wie Sie. Wenn Sie Obst sehen – Apfelsinen, Birnen, Bananen –, dann wirken diese Früchte an manchen Tagen vielleicht sexy auf Sie. Aber wer läßt diese Früchte sexy erscheinen, Sie oder Ihre Sexualität? Haben Sie schon einmal eine Tomate gepflückt, sie aufmerksam in die Hand genommen und sich gefragt: »Bin ich es oder ist es meine Sexualität, die mich jetzt an eine Brust, an einen Po, an eine schwangere Frau denken läßt?« Wahrscheinlich nicht. Wahrscheinlich haben Sie eher gedacht: »Verrückt! Ich muß immer nur an das *eine* denken!« Oder: »Es gibt Tage, da ist alles, einfach *alles* sexy.«

Ich finde, es ist sehr nützlich, wenn man sich einen Begriff von seiner eigenen Sexualität machen kann. Auf diese Art und Weise kann man sich gelegentlich selbst prüfen. Pflegen Sie Ihre Sexualität auch sorgfältig genug? Was haben Sie in letzter Zeit dafür getan? Was hat Sie Ihnen bedeutet? Das soll natürlich nicht heißen, daß Sie von Zeit zu Zeit aus reinem Pflichtgefühl heraus einem wilden Sex-Trip verfallen sollen! Sie sollten sich einfach Gedanken machen, in welche Richtung Sie gerade gehen, und vielleicht ein gaar kleine Korrekturen vornehmen, so wie jemand, der ein Boot steuert. Oder versuchen Sie zumindest, sich darüber klarzuwerden, wie Ihre Sexualität gegenwärtig aussieht und wie Sie dazu stehen.

Erkennen Sie Ihre Sexualität an

Eine amüsante junge Frau sagte einmal zu mir, sie würde ihre Sexualität nicht erkennen, auch wenn sie ihr auf der Straße entgegenkäme. Sie sah die Sache etwa wie einen elektrischen Apparat, mit dem sie über eine lange Schnur verbunden sei – so lang, daß ihre Sexualität einmal um den Häuserblock gehen und ihr dann aus der anderen Richtung entgegenkommen könnte.

Ein junger Mann sagte zu mir: »Ich wußte gar nicht, daß ich eine Sexualität *habe*. Ich habe nie geglaubt, daß das etwas ist, was man *hat*. Ich dachte immer, Sexualität sei etwas, was man entweder betreibt oder nicht, so ähnlich wie Golfspielen.«

Ich versuchte ihm zu helfen. Dafür bin ich schließlich da. Ich fragte ihn: »Sagt man nicht auf Englisch auch, ›Was macht Ihr Golfspiel‹?«

»Oh!« meinte er, »so ist das.«

Ich sagte ihm, es sei ganz ähnlich, nur nicht so leistungsorientiert.

Es ist wichtig, daß Sie Ihre eigene Sexualität erkennen und anerkennen, daß Sie sich der Tatsache bewußt sind, ein sexuelles Wesen zu sein. Sie sind so auf die Welt gekommen wie alle anderen Menschen auch, und es wird für Sie viel leichter und angenehmer sein, Ihren eigenen Lebensweg zu gehen, wenn Sie sich dieser Tatsache auch bewußt sind. Wenn Sie wissen, daß Ihre individuelle Sexualität sich von der aller anderen Menschen unterscheidet, ähnlich wie ein Gesicht, das mit keinem anderen identisch ist, dann haben Sie es leichter, sich für eine bestimmte Lebensform zu entscheiden, und können eher dem Druck widerstehen, ein Leben zu führen, das Ihnen nicht gemäß ist. Wenn Sie wissen, daß Sie ein sexuelles Wesen sind und Ihre Sexualität eine ganz individuelle ist, dann bedeutet das, daß Sie niemals und unter keinen Umständen gezwungen sind, sich den herrschenden sexuellen Moden zu unterwerfen. Sie haben dann die Möglichkeit, zusammen mit Ihrem Partner darüber zu sprechen, welche Veränderungen Sie sich in Ihrem gemeinsamen Sexualleben wünschen, ohne daß Sie dabei Schuldgefühle haben müssen. Sie brauchen sich nicht schuldig zu fühlen, wenn Sie mehr und häufiger Sex wünschen als Ihr Partner oder vielleicht auch nicht so oft wie er. Bei aller Rücksichtnahme auf die Bedürfnisse und Gefühle des anderen brauchen Sie keineswegs Ihre eigenen Wünsche und Gefühle zu verleugnen – jedenfalls nicht in einer einigermaßen funktionierenden Beziehung. Zwar gibt es sexuelle Differenzen, die zum Scheidungsgrund werden können, aber ganz gleich, ob Sie sich mit Ihrem Partner liebevoll einigen können oder nicht – glauben Sie nicht, daß Ihr größerer oder kleinerer Appetit oder Ihre mehr oder weniger festgelegten Vorlieben beim Sex an sich schon ein Fehler seien und Bestrafung verdienten oder unterdrückt werden müßten. Wenn Sie die spezifische Eigenheit Ihrer eigenen Sexualität als ein Teil Ihrer Persönlichkeit akzeptiert haben, dann besteht keinerlei Grund mehr, sich schuldig zu fühlen.

Und noch etwas sollten Sie verstehen lernen: nämlich, daß Ihre Sexualität wächst und sich verändert und sich im Laufe der Zeit vielleicht der Ihres Partners immer mehr annähert.

Alles zu seiner Zeit

Sex sollte, wie alles andere im Leben auch, nicht zur fixen Idee werden. Ich muß oft an den Mann denken, der stundenlang seine Erektion aufrechterhalten konnte, ohne dabei zum Höhepunkt zu kommen. Er war sich ganz sicher, der größte Sexathlet der Welt zu sein. Er konnte eine Frau stundenlang auf der Matratze festnageln – auch wenn ihre Vagina längst wieder völlig trocken und der Sex für sie schmerzhaft und langweilig geworden war und sie viel lieber aufstehen und einen Spaziergang machen wollte. Oder etwa die Frau, die bei ihrem Mann immer nur an Sex denken kann und versucht, ihn in einem sexuellen Gefängnis einzusperren. Er möchte vielleicht viel lieber ein Buch über Mittelamerika lesen, aber diese Frau läßt ihn einfach nicht in Ruhe, bis sie und der Sex mit ihr für ihn einfach langweilig werden.

Ich gehöre zu den Menschen, die Religion für einen wichtigen Bestandteil des Lebens halten. Die Menschen teilen sicher nicht alle dieselbe Religion, aber jeder von uns ist irgendwie religiös und sucht sich einen Weg, seine religiösen Regungen auszuleben. Allerdings bin ich nicht der Meinung, daß Sex wie eine Religion behandelt werden sollte. Das wird viele meiner Leser sicherlich überraschen, denn wenn ich im Radio oder Fernsehen spreche oder einen Artikel für eine Zeitschrift schreibe, dann geht es immer nur um Sex. Ich kann nur hoffen, daß es möglichst viele Leute gibt, die mir aufmerksam zuhören, wenn ich sage, daß auch der Sex seinen Ort und seine Zeit hat, und wenn man nur für den Sex lebt, dann lebt man nicht besonders gut – und außerdem schadet das dem Sex.

Also: Auch der Sex hat seinen Ort und seine Zeit. Wenn auch nicht immer den gleichen Ort und die gleiche Zeit!

Die Entwicklung der Sexualität

Die Sexualität eines Menschen ist in ständiger Entwicklung begriffen. Ein männlicher Säugling hat zwar noch kein Bewußtsein seiner Sexualität – aber sie ist da. Wenn er auf dem Rücken liegt und abgetrocknet wird oder neue Windeln bekommt, dann kräht er vielleicht fröhlich über seine kleine Erektion. Eine Minute später pinkelt er vielleicht mit der gleichen Unschuld im hohen Bogen in die Luft – vor den Augen der Mutter, der Tante, des Besuchs. Später wird er anfangen zu masturbieren, und zwar mit wachsendem und sich veränderndem Bewußtsein. Wenn er alt genug ist, wird er versuchen, mit Mädchen sexuellen Kontakt aufzunehmen, wobei er vielleicht in erster Linie am Sex und nicht an den Mädchen interessiert ist. Mit dreißig hat er dann größere Erfahrungen auf sexuellem Gebiet und wahrscheinlich ausgeprägte sexuelle Vorlieben entwickelt. Ein reiferer Mann wird in der Regel erst eine gefühlsmäßige Bindung herstellen, bevor er sexuell aktiv wird.

Die Entwicklung der weiblichen Sexualität verläuft ganz ähnlich. Allerdings ist es in unserer Kultur für eine Frau oft ungleich viel schwieriger, zum Orgasmus zu gelangen als für den durchschnittlichen Mann. Mit ein bißchen Glück lernt sie, zum Orgasmus zu kommen und dem männlichen Partner beizubringen, wie er ihr helfen kann, einen Höhepunkt zu erreichen. Mit zunehmender Erfahrung wird sie lernen, Lust zu genießen und anderen Lust zu bereiten, und zwar aller Wahrscheinlichkeit nach in einer länger andauernden Beziehung mit Männern, die ihr sympathisch sind.

Natürlich verläuft die sexuelle Entwicklung nur annähernd nach diesem einfachen Muster, und man darf nicht etwa davon ausgehen, daß das bei allen Menschen unbedingt genauso aussehen muß. Manche Menschen erreichen eine sehr hoch entwickelte und breit angelegte Sexualität, während andere ihr Leben lang nur eine eingeschränkte Sexualität kennen. Die einen sind mit gelegentlichen, angenehmen sexuellen Kontakten zufrieden, während andere täglichen Sex brauchen, um ihren sexuellen Heißhunger zu befriedigen. Hinter dem Wunsch nach mehr Sex können dabei sowohl körperliche als auch emotionale oder geistige Bedürfnisse stehen, und man darf keineswegs davon ausgehen, daß die sexuell zarteren Naturen immer diejenigen sind, die einen weniger kräftigen Körper haben. Übermäßige Konzentration auf andere Lebensbereiche, die Verausgabung aller Kräfte bei der Arbeit oder die totale Konzentration auf geistige Interessen können selbst bei außergewöhnlich kräftigen Menschen die Sexualität in den Hintergrund drängen.

Wenn Sie die Menschen in Ihrer Umgebung genauer ansehen, dann werden Sie erkennen, daß die Sexualität sehr unterschiedliche Ausprägungen haben kann: Manche mögen auf Sie wollüstig wirken, andere dagegen schüchtern, desinteressiert oder einfach zufrieden; manche sind auf einen einzigen Sexualpartner – heterosexuell oder homosexuell – festgelegt oder haben einen – zumindest aus Ihrer Sicht – sehr sonderbaren Geschmack.

Auch Sie werden im Hinblick auf Ihre Sexualität von den anderen ganz ähnlich beurteilt, vielleicht auf höfliche oder zurückhaltende Art von Leuten, die ihre Gedanken in der Regel für sich behalten, aber es gibt auch andere, die sich taktlos und unverschämt in Ihre Angelegenheiten mischen. Wenn Sie eine Frau sind, dann werden Sie feststellen, daß die Männer – aber natürlich auch die Frauen – Sie aufmerksam betrachten, wenn Sie sich bewegen oder sich ausruhen, und sich dabei ein Bild von Ihrer Sexualität zu machen versuchen. Wenn Sie besonders langsam und bedächtig oder auch besonders lebhaft sind, dann halten die anderen Sie vielleicht für ausgesprochen sexy – auch wenn Sie selbst sich völlig anders empfinden und die anderen sich gründlich irren. Ganz nebenbei gesagt machen die Frauen genau das gleiche, wenn sie Männer betrachten, darum gilt das Gesagte für beide.

Ein bestimmter Blick wird vielleicht völlig richtig als Ausdruck sexuellen Interesses gedeutet, ist vielleicht aber auch nur die Folge schwerer Augenlider und langer Wimpern oder einer bestimmten Augenfarbe oder -größe. Wenn eine Frau wie eine Venus gebaut ist, dann glauben die Männer gern, ihre Sexualität müsse der Reaktion entsprechen, die sie in ihnen auslöst – doch das ist sehr oft ein Irrtum. Ebenso kann sich hinter einem bescheidenen Äußeren, einem zurückhaltenden Wesen und unauffälliger Kleidung eine starke und fordernde Sexualität verstecken. So kann das Bild, das sich andere von Ihrer Sexualität machen, Ihnen helfen, aber auch dabei hinderlich sein, die Art von Aufmerksamkeit zu bekommen, die Sie sich wünschen. Auf jeden Fall ist es ganz allein Ihre Sache, Ihre Sexualität in allen ihren unterschiedlichen Entwicklungsphasen kennenzulernen.

Das beste ist natürlich, Sie sind sich über Ihre Sexualität genau im klaren, bevor Sie sich auf eine Beziehung einlassen, von der Sie sich ein Lebensglück auf Dauer erhoffen. Versuchen Sie nicht, etwas zu sein, was Sie gar nicht sind, nur um den Bedürfnissen und Vorstellungen Ihres Partners zu entsprechen. In einer guten Beziehung werden Sie beide gemeinsam nach und nach eine gemeinsame Sexualität entwickeln und aufbauen, wobei der eine dem anderen nicht nur Leidenschaft, sondern auch Geduld entgegenbringt. Am Anfang sollten Sie versuchen zu klären, wie Sie beide sexuell zueinander stehen, und die gemeinsame Erforschung der Sexualität so gestalten, daß Sie Ihnen beiden Vergnügen macht. Nur so wird sie langfristig aufregend und für beide Teile befriedigend bleiben.

Wenn ich sage, Sie sollen Ihre eigene Sexualität ausleben, dann heißt das nicht, daß Sie Ihrem Partner Vorschriften machen sollen! Das wäre grundfalsch. Es geht ganz im Gegenteil darum, daß Sie beide sich von Anfang an darüber verständigen, was Ihre Erwartungen sind – nicht bis in die kleinsten Einzelheiten natürlich, sondern ganz allgemein. Es geht nicht darum, daß Sie sagen: »Ich verlange, daß du deine Aufmerksamkeit ganz meinen drängenden sexuellen Bedürfnissen widmest, sonst trete ich in den Streik!« Es geht vielleicht viel eher darum, daß Sie Ihre gegenwärtige Unsicherheit in bezug auf Sex deutlich machen, aber auch Ihre Hoffnung auf eine glückliche Ehe in sexueller Zufriedenheit.

Das Verständnis Ihrer gegenwärtigen Sexualität und Ihrer Hoffnungen und Erwartungen für die Zukunft hilft Ihnen, bestimmte Konflikte und Katastrophen in der Ehe zu vermeiden, von denen Sie vielleicht gehört haben. Wenn Sie am Beginn einer Beziehung nichts über Ihre Sexualität wissen, dann werden Sie vielleicht in kurzer Zeit auf das, was Ihr Partner von Ihnen verlangt oder erwartet, mit Wut und Empörung reagieren! Wenn Sie dagegen genau wissen, was Ihre gegenwärtigen sexuellen Erwartungen sind, dann sollten Sie zumindest verstehen, daß diese Erwartungen für Ihren Auserwählten oder Ihre Auserwählte in seiner oder ihrer jetzigen Entwicklungsphase völlig fremd sein können.

Gehen Sie keine Beziehung ein, wenn Sie von vornherein sicher sein können, daß es Konflikte geben wird, weil Sie nicht zusammenpassen. Muß ich Ihnen das wirklich sagen? Vielleicht brauchen Sie solche banalen Ratschläge nicht, aber Sie können mir glauben: Jede Woche lerne ich Menschen kennen, die sich blindlings in eine Verbindung gestürzt haben, die von Anfang an zum Scheitern verurteilt war. Diese Leute sind so naiv zu glauben, sie könnten ihren Partner ändern. Dabei wären beide mit einem anderen, geeigneteren Partner sicher glücklicher.

Es ist nicht notwendig, daß man in allen Belangen genau zueinander paßt. Der eine muß nicht unbedingt auf sexuellem oder anderem Gebiet das genaue Spiegelbild des anderen sein. Man sollte natürlich überlegt vorgehen, wenn man eine Ehe eingehen will, aber wenn nicht gerade grundlegende Meinungsverschiedenheiten vorliegen, dann darf man sich durchaus Hoffnung machen, daß man im Laufe der Zeit gewissermaßen ›zusammenwachsen‹ wird. Natürlich kann es gegebenenfalls viel besser sein, allein zu leben, als eine verkorkste Ehe zu führen – das sollten Sie nie vergessen! Andererseits macht es nicht nur Spaß, ein vernünftiges Risiko einzugehen, sondern ist wahrscheinlich gar nicht anders möglich. Schließlich kann Ihnen niemand sagen, wie die Zukunft aussehen wird.

Aber fragen Sie sich genau, wie Ihre Sexualität in Ihrer jetzigen Entwicklungsphase aussieht, ehe Sie sie einem völlig fremden Menschen zum Geschenk machen. Sie sollten bereit sein, sich mit Ihrem Partner über das, was sich im Schlafzimmer abspielt, zu verständigen und miteinander zu reden, um Ihre unterschiedliche Sexualität so liebevoll und harmonisch wie möglich aufeinander abzustimmen.

Eine gut abgestimmte Sexualität oder gegenseitige sexuelle Anziehungskraft sollten allerdings nicht die einzigen Kriterien für eine Eheschließung sein. Es gibt noch andere Dinge im Leben und in der Ehe, und zwar sehr viele – beispielsweise Religion, Bildung oder jugendlicher Idealismus und Begeisterungsfähigkeit, die alles andere weniger wichtig erscheinen lassen. Oder die Frage, ob Sie Kinder wollen oder nicht. Was Sie von Treue halten (ich meine nicht, welche Einstellung gerade in Mode ist, sondern Ihre ganz ehrliche Meinung). Wie Sie am liebsten Ihre Freizeit verbringen und was Sie in den Ferien machen. Wie häuslich Sie sind. Und wie Sie die Zahnpastatube vorfinden möchten! Kurz, Ihre Vorstellungen von gutem Benehmen und den wichtigen Dingen des Lebens.

Es gibt Leute, die meine Vorträge über besondere Aspekte des menschlichen Sexualverhaltens hören und dann abwertend sagen, ich kümmere mich nur um die technischen Aspekte und würde immer nur von Lustempfindungen und Befriedigung sprechen. Dazu kann ich nur sagen, daß ich schließlich kein Dichter oder ein Rabbiner bin. Die Leute kommen nicht zu mir, damit ich ihnen etwas über Shakespeare oder ihr Seelenheil erzähle. Ich gebe nur Antwort auf die Fragen, die sie mir stellen. Und ich gebe mir Mühe, Sexualität im Zusammenhang mit dem ganzen Menschen zu sehen und zu zeigen, daß sie ein Teil der menschlichen Erfahrung ist – und dazu gehört auch, daß man seine Rechnungen bezahlt und Gottes Gebote beachtet. Ich bin in einer Religion aufgewachsen, die davon ausgeht, daß sexuelle Zufriedenheit und Erfüllung sowohl für den Mann wie auch für die Frau das Leben des Tempels fördert, den wir unser Heim nennen.

3.

Ehe-Phantasien

Liebe Frau Dr. Ruth: Ich mache mir zu viele Vorstellungen über meinen Verlobten. Besonders wenn wir uns lieben, aber auch sonst. Wenn ich mich zum Beispiel darauf freue, ihn zu sehen, dann stelle ich mir vor, er sei ganz anders, so ähnlich wie ein Held oder so. Dann frage ich mich natürlich, ob ich ihn wirklich als Ehemann haben möchte. Warum versuche ich mir immer wieder einzureden, daß er ganz anders sei, als er nun einmal ist? Manchmal stelle ich mir vor, er sei schwarz. Manchmal tu' ich so, als sei er ein Seeräuber oder Straßenräuber und sexuell sehr aggressiv. Dabei ist er ruhig und vernünftig, und ich glaube, daß ich ihn liebe. Ist es richtig, jemanden zu heiraten, wenn ich ihn mir insgeheim immer wieder anders wünsche? Werde ich ihn vielleicht betrügen oder verlassen wollen, wenn wir erst einmal eine Weile verheiratet sind?

Sie stellen mir da zwei ganz unterschiedliche Fragen auf einmal. Die erste ist: Wie soll ich wissen, ob ich diesen Mann wirklich genügend liebe, um ihm meine Zukunft zu schenken? Und die zweite: Welche Gefahr liegt darin, wenn ich ihn mir in meinen Tagträumen viel romantischer vorstelle, als er ist?

Beantworten wir zunächst die erste Frage: Ich bin der Meinung, Sie sollten sich sehr genau überlegen, wie es ist, mit diesem Mann – so wie er wirklich bei Tage und nicht nur in der Traumwelt Ihrer Phantasien ist – verheiratet zu sein. Sie sagen, er sei ein ruhiger, vernünftiger Mensch. Ausgezeichnet – ein solcher Mann gibt einen guten Ehemann ab. Sogar einen sehr guten. Nicht daß es nicht noch andere Arten von guten Ehemännern gäbe, aber diese Sorte ist sehr gut. Leider ist es oft so, daß eine Frau sagt, ein Mann sei gut und freundlich, und meint damit, daß er gewöhnlich und langweilig ist. Deshalb finde ich, Sie sollten sich ein möglichst realistisches Bild von Ihrem Verlobten machen und dann sehen, ob er über einen angemessenen längeren Zeitraum hinweg diesem Bild auch wirklich entspricht. Auf keinen Fall sollten Sie sich kopfüber in eine Ehe mit einem Mann stürzen, von dem Sie keinen konkreteren Eindruck haben, als daß er »ruhig und vernünftig« ist.

Ich bin jemand, der gern Listen macht, und deshalb schlage ich vor,

Sie setzen sich hin und legen eine Liste von seinen Vorzügen und seinen Nachteilen an. Ich werde Ihnen keine fertige Liste mit bestimmten Punkten geben, die Sie einfach ankreuzen sollen, ähnlich wie in diesen Persönlichkeitstests in den Zeitschriften. Es geht darum, daß *Sie* sich überlegen, welches die positiven und negativen Aspekte dieses Burschen sind, denn es geht um *Ihre* Kriterien, nicht um die von jemand anderem. Während Sie Ihre Gefühle zu diesem Mann prüfen, sollten Sie ab und zu diese Liste zur Hand nehmen und neue Beobachtungen hinzufügen oder andere, die sich als falsch erweisen, korrigieren. Das wird Ihnen helfen, sich ein genaueres Bild davon zu machen, wie dieser Mann auf Ihre Bedürfnisse eingeht. Vielleicht entdecken Sie neue Seiten an ihm, die Ihnen bisher verborgen waren. Außerdem haben Sie Zeit, über das, was Sie sich als seine Schwächen notiert haben, noch einmal in Ruhe nachzudenken. Vielleicht entdecken Sie nach einigem Nachdenken, daß Sie ihm in mancher Beziehung unrecht getan haben oder daß Ihnen diese Schwächen im Vergleich zu seinen sonstigen Vorzügen gar nicht mehr so wichtig erscheinen. In erster Linie jedoch wird diese Liste und das damit verbundene Nachdenken über Ihren Verlobten Ihnen helfen, ihn – und andere Männer – als konkrete, lebendige Personen zu sehen, die ganz anders sind als die Figuren aus Film und Fernsehen.

Wenn ich gesagt habe, Sie sollten diese Liste eine Weile aufheben, dann meine ich natürlich nicht, daß Sie sie da liegenlassen sollen, wo er oder vielleicht Ihre Mutter sie finden könnte. Manche Menschen sind sehr gut darin, solche Dinge vor den Augen anderer zu schützen, aber wenn Sie zu denen gehören, die gerne alles mögliche offen herumliegen lassen, dann würde ich an Ihrer Stelle diese Liste lieber im Kopf aufbewahren. Sie können sich ab und zu hinsetzen und die Liste mit allen Änderungen, die Ihnen aufgefallen sind, zu Papier bringen und sie dann sorgfältig noch einmal durchgehen, ehe Sie sie vernichten. Durch dieses Aufschreiben und erneute Lesen werden sich Ihnen die einzelnen Punkte sehr viel leichter einprägen.

Wenn Sie eine solche Liste anlegen und über einen Zeitraum von mehreren Wochen immer wieder darüber nachdenken, werden Sie bald an den Punkt kommen, an dem Sie Ihre Gefühle und Ihre Einschätzung des Mannes wirklich zum erstenmal richtig erkennen. Ich habe Fälle erlebt, in denen eine eher lauwarme Beziehung auf diese Weise zu einer glücklichen und leidenschaftlichen wurde – eine genauere Betrachtung führt nicht notwendig zu einer Desillusionierung! Ich weiß, daß jemand, der verliebt ist, manchmal gesagt bekommt:

»Es zahlt sich aus, wenn man noch eine Weile wartet und sich die ganze Sache sorgfältig überlegt.« Dabei weiß die Betreffende sehr wohl, daß die Person, die ihr diesen Rat gibt, kalt, unromantisch und langweilig ist und keine Ahnung hat, wie schön und faszinierend das Leben sein kann! Ein solcher Ratschlag macht einen, wenn man verliebt ist, nur noch ungeduldiger und impulsiver, weil man genau spürt, daß hinter diesem gutgemeinten Ratschlag eine kalte und häßliche Einstellung steht. Aber wenn eine liebende Frau sich ihrer eigenen Gefühle nicht sicher ist, dann muß sie versuchen, sich Klarheit zu verschaffen.

Was die Frage Ihrer Phantasien über Ihren Verlobten angeht, so sollten Sie von der Tatsache ausgehen, daß diese Phantasien für Sie unvermeidlich sind. Es nützt nichts, wenn Sie versuchen, sich dagegen zu wehren, denn sie werden trotzdem immer wiederkehren. Nur ungewöhnlich phantasielose Menschen haben keine Phantasien über jemanden, den sie lieben. Und wenn es sich um eine gute Beziehung handelt, dann können solche Phantasien sogar hilfreich und förderlich sein.

Die meisten Frauen wünschen sich mit einem Teil ihrer Seele einen Seeräuber oder etwas Ähnliches. Doch die Wirklichkeit sieht meist so aus, daß Frauen zwar von einem Seeräuber träumen, doch einen ganz vernünftigen Mann heiraten. Und wenn Sie glücklich mit einem solchen Mann verheiratet sind, dann machen Sie in Ihren Phantasien wieder einen Seeräuber aus ihm. Das ist auch ganz in Ordnung so, denn in jedem ruhigen Burschen steckt irgendwo auch ein wilder Kerl. Es ist völlig harmlos, wenn Sie ihn in Ihrer Phantasie ein wenig herausputzen, nachdem er zur Arbeit gegangen ist oder wenn Sie mit ihm schlafen. Sie denken ja nicht an einen anderen, während Ihr Mann Sie liebt – Sie sehen einfach einen ungezähmten, draufgängerischen Aspekt seiner Persönlichkeit. Das ist gut für ihn und für Sie.

Eine sehr schöne Ehe-Phantasie: Sie stellen sich vor, daß Ihr liebenswerter und zuverlässiger Ehemann, der Ihnen nie Probleme bereitet hat, weil er nie straffällig geworden ist, verhaftet wurde oder aus einem Kerker geflüchtet ist, in Wirklichkeit ein gefährlicher Verbrecher aus dem 18. Jahrhundert ist! In diesem – Ihrem! – Leben nun führt er zur Abwechslung ein normales Leben und hält seine frühere Persönlichkeit geheim, denn er ist es leid, ständig vor dem Henker zu fliehen, und möchte lieber mit Ihnen leben und für Sie sorgen. Nur Sie und er wissen von seiner geheimen Vergangenheit. Das nennt man, zwei Fliegen mit einer Klappe schlagen! Wer würde sich das nicht wünschen? Ein ehrbarer Bürger während der Geschäftszeit, ein Straßenräuber nachts im Bett.

Wenn Sie versuchen, Ihre mädchenhaft romantischen Tagträume zu unterdrücken, dann nützt das gar nichts. Deshalb sollten Sie versuchen, sie in Ihre vernünftigen Überlegungen einzubeziehen!

Ich habe einen guten Job und bin süchtig nach Macht und Ansehen im Beruf, aber im Hinblick auf meine bevorstehende Eheschließung sehe ich mich immer noch als traditionelle jüdische Braut, wie die Frauen in den Romanen von Isaac Bashevis Singer oder Shalom Aleichem. Offenbar entspricht das zwei unterschiedlichen Seiten meiner Persönlichkeit, und ich glaube, daß ich eine moderne Frau sein und gleichzeitig mein Leben als Ehefrau im traditionellen Sinne genießen kann. Ich bin sicher, daß mir diese Ehe alles gibt, was ich will – jedenfalls manchmal. Manchmal dagegen bin ich mir nicht so sicher...

Wenn ich Sie wäre, würde ich mich hüten, mich nur als die Frau auszugeben, die weiß, was sie will. Überlassen Sie sich ganz dem Teil, dessen Sie sich sicher sind. Natürlich könnte das dazu führen, daß Ihr Verlobter Sie für unterwürfiger hält, als Sie wirklich sind, und das könnte zum Anlaß für Rivalität und Machtkämpfe in Ihrer Ehe werden. Aber auch die traditionelle Ehefrau ist darauf angewiesen, stark zu sein. Außerdem ist es wahrscheinlich, daß Ihrem zukünftigen Ehemann diese Doppelrolle als dynamische Karrierefrau auf der einen Seite und liebevolle, anschmiegsame Ehefrau auf der anderen Seite wirklich gefällt – nach dem Motto: »Für die Welt draußen ist sie eine Tigerin, für mich eine Schmusekatze.« Vielleicht ist das gerade *seine* Phantasievorstellung. Wenn es aus irgendeinem Grunde doch einmal zu einem Machtkampf zwischen Ihnen beiden kommen sollte, dann sollten Sie bereit sein, mit ihm in Friedensverhandlungen zu treten, sobald sich die Gemüter wieder beruhigt haben. Vielleicht einen oder zwei Tage nach all den bösen Worten, vielleicht auch schon fünf Minuten später.

Eine gute Ehe ist für beide Beteiligten gut. Die meisten guten Ehen sind eine Verbindung von zwei mehr oder weniger widersprüchlichen Menschen, die mit den Jahren nicht nur lernen, den anderen mehr zu lieben, sondern auch besser miteinander umzugehen und zu verhandeln. Ich finde Ihren kleinen Tagtraum, in dem Sie die jüdische Braut aus dem Bilderbuch sind, ganz reizend. Das ist eine gute Ehe-Phantasie – denn der Traum handelt schließlich davon, daß Sie eine gute Ehefrau sind und nicht mit zerfetzten Kleidern draußen herumirren oder von King Kong gejagt werden. Haben Sie keine Angst davor, liebevoll und nett zu sein und gelegentlich nachzugeben. Schließlich würden Sie doch auch nicht wollen, daß er immer dann Angst davor hat, stark und beschützend zu sein, wenn Sie ihn als Beschützer brauchen.

Während ich beim Militär diente, träumte ich immer davon, mit meinem Mädchen verheiratet zu sein. Beim Einschlafen stellte ich mir vor, daß ich diese füllige Frau in meinen Armen hielt, meine Hände auf ihren großen Titten und ihren dicken Arsch an mich gepreßt. Als ich dann wieder nach Hause kam, hatte sie fünfzehn Pfund abgenommen! Als ich wegging, war sie süß und mollig gewesen. Jetzt sieht sie blendend aus – wie ein Filmstar. Es ist nicht so, daß ich deswegen eifersüchtig wäre, denn sie ist keine von den Frauen, die einen Mann eifersüchtig machen, aber manchmal muß ich schon daran denken, daß ich mir so lange eine süße mollige Frau gewünscht hatte und jetzt eine so wunderschöne Frau habe...

Nehmen Sie's wie ein Mann, wenn sie statt süß und mollig nur ›einfach‹ wunderschön ist. Schließlich gibt es schlimmere Dinge. Versuchen Sie einfach, damit zu leben.

Ein kleiner Ratschlag: Wenn Sie mit dieser Frau ins Bett gehen, dann stellen Sie sich doch einfach vor, sie sei dick, wenn Sie das Licht löschen. Im Dunkeln wird sie sich bestimmt wieder mollig anfühlen! Außerdem können Sie sich ja vorstellen, daß sie im Laufe der Zeit doch wieder schwach wird und zwischen den Mahlzeiten ein paar dickmachende Kleinigkeiten zu essen beginnt, so daß sie wieder zunimmt. Dann hätten Sie nicht nur ein süßes molliges Mädchen und eine wunderschöne Frau, die überall für einen Star gehalten wird, sondern auch noch eine sinnliche, reife Frau. Sie wären dann ein ausgesprochener Glückspilz: all das im Laufe eines einzigen Lebens!

In meiner Phantasie lebe ich mit meiner zukünftigen Frau auf einer einsamen Insel, wo sie immer nur nackt oder nur mit einem Feigenblatt vor ihrer Scham herumläuft. Ich packe sie und liebe sie unter freiem Himmel. Ich möchte sie sehr gern heiraten, aber ich bin nicht sicher, was sie davon halten würde, denn ich wünsche mir diese Art von Sex ohne Zwänge wirklich sehr.

Vielleicht sprechen Sie einfach mal mit ihr darüber – in einem geeigneten Moment, wenn Sie ganz intim sind oder auch ein wenig albern, wie es bei Leuten, die sich sehr nahestehen, oft vorkommt. Ich sehe keinen Grund, warum sie eine Phantasie, wie Sie sie in bezug auf Ihre Zukünftige haben, nicht auch mögen sollte. Im Gegenteil: Ich kenne nur sehr wenige Frauen, die diese Phantasievorstellung nicht mögen würden, und viele Frauen, die es toll finden würden, daß ein Mann so von ihnen träumt. Abgesehen davon brauchen Sie wirklich keine Angst zu haben, Ihrer Geliebten von diesen Tagträumen zu erzählen, denn schließlich sind es nur Tagträume. Sie gehören in den Bereich der Phantasie, genau wie Witze, spielerische Ideen und übertriebene Komplimente. Es kommt vor, daß ein Paar gemeinsam phantasiert, und manche können ihre Phantasien zumindest *teilweise* dem anderen erzählen, während sie bestimmte Tagträume für sich behalten und selbst vor ihren Seelengefährten verbergen. Wild und ungezwungen in der Einsamkeit zu hausen, ist eine sehr schöne Phantasie für viele Paare, die ihr Schlafzimmer zum Urwald machen und Tarzan und Jane spielen. Das ist ein Teil ihres Privatlebens.

Ich habe den Eindruck, daß es einen bestimmten Grund dafür gibt, daß Sie befürchten, Ihre Verlobte würde diesen Insel-Traum nicht mögen. Obwohl sie für Sie sehr begehrenswert ist, macht sie wahrscheinlich einen eher ernsthaften, wenig verspielten Eindruck auf Sie. Aber wenn Sie sich wirklich so stark zu ihr hingezogen fühlen und sie ehrlich bereit ist, Sie zu heiraten, dann sollten Sie sich wegen einer solchen Einstellung keine Sorgen machen, denn in der Regel ändern Frauen, die ihr Sexualleben mit einem Mann teilen, häufig ihre Auffassung darüber, was auf sexuellem Gebiet zulässig oder wünschenswert ist. Im Augenblick findet sie Ihre Phantasie von einer einsamen Insel vielleicht ein wenig zu detailliert, zu speziell oder zu kindisch; später wird sie vielleicht anders darüber denken, nämlich dann, wenn sie sich klarmacht, daß Sex etwas ist, an dem zu 90 Prozent ihre Wünsche, Phantasien und Gedanken mitbeteiligt sind.

Es ist auch möglich, daß eine junge Braut, die in den ersten Wochen der Ehe auf Dunkelheit im Schlafzimmer besteht, unter Umständen selbst das Verlangen hat, nackt über den Strand oder durch den Wald zu laufen, wenn sich die geeignete Situation ergibt. Sie sollten die Augen offenhalten, vielleicht finden Sie einen passenden Ferienort, an dem Sie beide Ihre Schiffbrüchigen-Phantasie wenigstens teilweise ausleben können. Vielleicht auf einer Insel oder irgendwo beim Zelten in der Wildnis. Wenn Sie wirklich einen solchen Platz finden sollten, dann vergessen Sie aber bitte nicht, daß Tarzan und Jane keine wirklichen Personen waren. Sie bekommen nie einen Hautausschlag von giftigen Pflanzen, und Tarzan muß sich nicht einmal rasieren. Sorgen Sie also dafür, daß Sie für Ihre Liebesszenen im Urwald auch das entsprechende Zubehör haben; dazu gehören zumindest eine Decke zum Drauflegen und natürlich auch die richtigen Verhütungsmittel!

Ich bin seit vierzig Jahren glücklich mit meiner Frau verheiratet, aber wenn ich attraktive fremde Frauen sehe, dann phantasiere ich immer noch häufig, daß ich mit ihnen so intim bin wie mit meiner Frau. Vor einiger Zeit kam ich in eine Bäckerei, wo eine sehr sympathische Frau in einem blauen Kittel damit beschäftigt war, Gebäck in Kartons zu verpacken, die sie dann schnell und geschickt verschnürte. Plötzlich sah ich mich im Stockwerk über dem Laden, in einer dieser altmodischen Ladenwohnungen, die mit den entsprechenden alten Möbeln eingerichtet war. Ich ziehe die Bäckersfrau aus; sie ist keine Hollywood-Göttin, sondern ein rundliches kleines Geschöpf... Ein andermal sah ich eine schwarze Frau im Bus, und prompt sah ich mich mit ihr in einer dieser halb verfallenen Bauernhütten zusammen... Nachdem ich den Film *The Deer Hunter* (dt.: *Die durch die Hölle gehen*) gesehen hatte, träumte ich von einer slawischen Ehefrau in einer Industriestadt mit lärmenden Hochöfen. Bei solchen Tagträumen bekomme ich keine Erektion – dafür bin ich zu alt. Ich fühle mich nur ein wenig erregt und unruhig. In meinen Phantasien träume ich immer irgendwelche Ehesituationen. Es scheint, als sei ich auf die Ehe fixiert...

Sowohl in Ihrem Leben (nach vierzig Jahren einer treuen Ehe) als auch in Ihren Phantasien sind Sie wegen Ihrer Tagträume beunruhigt. So geht es vielen Männern, die das Gefühl haben, sie seien eigentlich aus dem Alter für solche Tagträume heraus, besonders wenn diese sexueller Natur sind. Sie scheinen der Meinung zu sein, daß Sie sich in einem Alter befinden, in dem Ihre sexuellen und romantischen Bedürfnisse sich entweder erfüllt haben oder Sie sich weise damit abgefunden haben sollten, daß sie nicht erfüllt wurden. Die Tatsache, daß Sie immer noch sexuelle Phantasien haben, ist für Sie deshalb ein Zeichen von Frustration. Nun, soweit ich die Sache überblicken kann, hat man immer unerfüllte Wünsche und Bedürfnisse, solange man wirklich lebt, und die Ihren wirken auf mich sehr menschlich, weil Sie sich so für andere Menschen interessieren, die ganz anders sind als Sie! Ich finde Ihr Interesse an anderen Menschen einfach sehr menschlich und liebenswert. In der Tat scheinen sexuelle Regungen mit einem wachen Interesse an der Umwelt Hand in Hand zu gehen. Sie sollten sich also glücklich schätzen, daß Sie auch in Ihren reiferen Jahren noch so lebendig und interessiert sind. Ich würde sagen, Sie stehen dem Leben so interessiert gegenüber, daß Sie vielleicht anfangen sollten, die Veränderungen in Ihrer Umwelt mit der Kamera festzuhalten, oder vielleicht sollten Sie ein paar soziologische Kurse besuchen, ganz gezielt viel lesen oder als freiwilliger Helfer bei einer sozialen Einrichtung oder einer kirchlichen Gruppe mitarbeiten usw.

Vielleicht würde es Ihnen Spaß machen, sich mit Ihrer Ehefrau, mit der Sie seit vierzig Jahren zusammen sind, so zu lieben wie in einer der Szenen aus Ihrer Vorstellung. Wenn Sie mit dem Auto herumfahren, sollten Sie die Augen offenhalten: Vielleicht finden Sie einen Ort, der in etwa Ihren Tagträumen entspricht; die andere Möglichkeit wäre, daß Sie diese Phantasien zu Hause in Ihrem Schlafzimmer durchspielen.

Wenn man glücklich verheiratet ist, dann fragt man sich oft: »Ist es wirklich mein Partner, den ich liebe, oder liebe ich einfach die *Ehe*?« Man hat natürlich das Recht, sich alles mögliche zu fragen, aber in diesem Falle finde ich die Unterscheidung ziemlich sinnlos.

Ich bin zum erstenmal schwanger und stelle mir immer vor, das Kind in meinem Bauch sei eine Miniaturausgabe meines Ehemanns. Dann muß ich mir mühsam klarmachen, daß es wie ein Baby aussehen wird, wenn es geboren wird, und daß es wahrscheinlich sogar ein Mädchen sein wird. Neulich habe ich mir vorgestellt, ich würde den Penis meines Babys in den Mund nehmen (wobei ich natürlich wieder davon ausging, daß es ein Junge ist). Das ist etwas, was ich nicht einmal mit meinem Mann mache. Wenn ich solche Gedanken habe, ist mir immer ein bißchen merkwürdig zumute. Ich habe auch schon den Gedanken gehabt, daß ich meinem Mann die Brust gebe und ihn säuge.

Wenn man schwanger ist, dann ist es nicht erstaunlich, daß man sich manchmal etwas merkwürdig fühlt. Stellen Sie sich vor: Da wächst in Ihnen ein lebendiger Mensch heran! Daß das sehr häufig passiert, ändert nichts daran, daß es eine seltsame und wunderbare Erfahrung ist. Und für *Sie* ist es immerhin das erste Mal. Was derartige Gedanken und Bilder betrifft, so ist es fast unmöglich, das menschliche Gehirn daran zu hindern, sich alle möglichen seltsamen Dinge vorzustellen oder zu denken. Doch all dies ist harmlos, solange es in der Phantasie geschieht. So haben Frauen manchmal die Vorstellung, daß sie ihrem Baby weh tun; dieser Gedanke ist ebenso unvermeidlich wie die Vorstellung, Sie könnten ein zerbrechliches, teures Geschenk, das Sie bekommen haben, fallen lassen. Wenn Sie denken, das Baby sei Ihr Mann, dann ist auch das ganz verständlich: Es *ist* schließlich ein Teil von ihm und befindet sich in *Ihrem* Uterus, nicht wahr? Und ich nehme an, Sie werden bestimmt schon einmal daran gedacht haben, den Penis Ihres Mannes in den Mund zu nehmen. Irgendwann, wenn Sie mit Ihrem Mann Sex machen und voller Liebe für ihn sind, werden Sie das vielleicht auch einmal tun – das kommt sehr häufig vor und wird als ganz normales Verhalten betrachtet. Ihre neuen Gefühle und Ihre verwirrenden Phantasien sind nicht nur wunderschön, sondern auch Ausdruck einer tief verwurzelten Symbolik, die man als erwachsene Frau immer mehr versteht lernt.

Um Ihre Verwirrung ein wenig zu mildern, möchte ich Sie auf ein paar Dinge aufmerksam machen. Seien Sie für Ihren Mann auch wie eine Mutter, wenn er das braucht. Auch das gehört zur Rolle einer Ehefrau. Lieben Sie Ihr Kind nicht nur, weil es ein selbständiges Individuum ist, sondern denken Sie auch daran, daß es ein Teil Ihres Mannes ist. Vergessen Sie nicht, daß auch Ihr Mann plötzlich mit »merkwürdigen« Vorstellungen konfrontiert werden kann. Vielleicht denkt er daran, wie es wäre, von der Milch aus Ihren mütterlichen Brüsten zu trinken. Männer denken nicht nur daran, Sie tun es manchmal auch.

Dabei taucht natürlich die Angst vor Inzest auf. Wirklicher Inzest besteht darin, ein bestimmtes Verlangen auszuleben und dabei die Phantasie mit der Realität zu verwechseln, und nicht in einem flüchtigen Gedanken, der in unserem erstaunlich vielseitigen Gehirn plötzlich an die Oberfläche kommt. Wenn man Angst davor hat, sich seinem Kind gegenüber erotisch oder seinem Mann gegenüber mütterlich zu verhalten, dann sollte man solche Gedanken zwar zur Kenntnis nehmen, ihnen aber keine übertriebene Bedeutung beimessen. Inzest besteht in ganz bestimmten, konkreten Handlungen, die man unbedingt vermeiden sollte, aber widersprüchliche und verwirrende Gefühle gegenüber dem Partner oder dem Kind sind durchaus verbreitet, normal, gewöhnlich, natürlich usw. Solche Gefühle überlagern sich ganz einfach manchmal, und eine übertriebene Angst vor Inzest kann dazu führen, daß Sie sich dem Kind gegenüber kalt und wenig mütterlich verhalten und ihm das verweigern, was es so nötig braucht.

Eheliche Sexgefühle sind die Quelle des Lebens und der Schöpfung und nicht nur Unterhaltung – obwohl Sex in der Ehe durchaus manchmal sehr unterhaltsam sein und Spaß machen kann! Doch er ist eine Sache für Erwachsene, die Hitze und Dunkelheit respektieren, aber nicht fürchten.

Ich habe mit Absicht dieses Kapitel über Ehe-Phantasien mit aufgenommen – die sich von erotischen Phantasien im allgemeinen dadurch unterscheiden, daß sie den wirklichen Partner, die Ehe und alles, was dazugehört, zum Inhalt haben und nicht irgendwelche fremden, aus Geschichten, Bildern, Filmen oder aus der Nachbarschaft entlehnten Personen, denn solche Phantasien können die eheliche Verbindung stärken.

Es kommt vor, daß ein Therapeut seinen Klienten den Rat gibt, ihre sexuellen Aktivitäten mit Hilfe von Phantasien zu verstärken, und damit auf Widerstand stößt. Entweder die Ehefrau möchte nicht so wie Scarlett O'Hara sein, die an ihren Geliebten denkt, während sie mit ihrem Ehemann Verkehr hat, oder der Ehemann hat Hemmungen, an eine andere, ordinäre Frau zu denken, wenn er mit seiner Gattin intim ist. In Fällen, in denen es einem schwerfällt, die Phantasie spielen zu lassen und sich die erregenden Aspekte des betreffenden Partners im Geiste bis zum Extrem gesteigert vorzustellen und dem Partner spielerisch sozusagen in Verkleidung zu sehen, bieten sich Phantasien über die Ehe selbst an.

Eine starke Liebesbeziehung braucht die Bilder und die Poesie der Leidenschaft. Man sagt, daß Sex sich zu neunzig Prozent im Kopf abspielt – das ist keine wissenschaftliche Aussage, sondern eine poetische. Neunzig Prozent im Kopf und in den Gefühlen, wenn nicht sogar noch mehr! Ein sexuelles Bedürfnis entsteht vielleicht im Körper, aber es entfaltet sich im Geist, in der Phantasie.

Manchmal habe ich Schwierigkeiten, meine Klienten dazu zu bringen, sich während der Liebe *überhaupt* etwas vorzustellen! Das liegt nicht daran, daß diese Menschen von Natur aus phantasielos sind; sie tun sich einfach schwer, ihre Phantasie anzustrengen, wenn es ihnen ganz besonders helfen würde. In solchen Fällen fordere ich die Betreffenden auf, sich von Sexfilmen, Sexbüchern oder Bildern anregen zu lassen, wobei ich ihnen klarmachen muß, daß das völlig harmlos ist.

Es ist völlig harmlos, wenn Sie Ihren nackten Partner mit Hilfe der Phantasie neu kleiden. Dabei geht es nicht so sehr darum, so zu tun, als sei er oder sie jemand anders, sondern darum, daß man einen neuen, verborgenen Aspekt an seinem so vielschichtigen Partner kennen- und genießen lernt. Im ehelichen Schlafzimmer tauchen ähnlich wie bei dem bekannten Spielzeug der ›Puppen in der Puppe‹ immer wieder neue Menschen auf und lassen einen die ganze Tiefe der Leidenschaft kosten.

4.

Flitterwochen

Ich möchte gerne etwas klarstellen, was Jungfrauen und Flitterwochen in unserer heutigen Zeit betrifft, denn Sie haben vielleicht gehört, daß es keine Jungfrauen mehr gibt und auch niemand mehr Flitterwochen macht. Wenn ich hier von »Flitterwochen« spreche, dann meine ich erst einmal Flitterwochen im altmodischen Sinne, die Flitterwochen, in die man nach der Hochzeitsfeier noch »unberührt« geht und nach deren Ende man nicht mehr jungfräulich ist.

Jungfrauen: eine Tatsache

Das ist durchaus kein Kindermärchen, wie Ihnen jeder Sextherapeut bestätigen wird. Wenn Sie so denken sollten, dann scheinen Sie keine Menschen zu kennen, die streng religiös aufgewachsen sind. Vielleicht sind Sie viel zu welterfahren, um zu glauben, daß junge Männer und Frauen heute noch jungfräulich in die Ehe gehen, aber dann muß ich Ihnen sagen, daß Sie nur einen sehr kleinen Bekanntenkreis haben!

Was mich selbst betrifft, so habe ich schon früh meine Eltern verloren und zwei Weltkriege aus nächster Nähe miterlebt. Ich war Landarbeiterin und Soldat und wurde im Kampf verwundet. Ich habe mich völlig mittellos und am Ende meiner Kräfte in Paris wiedergefunden und meinen Lebensunterhalt als Hausmädchen verdient. Auch die sexuellen Entwicklungen der letzten vierzig Jahre sind meinen Augen nicht verborgen geblieben. Ich bin Sextherapeutin und Sexlehrerin und spreche regelmäßig im Radio über Sex, wobei mich die Leute ständig wegen aller möglichen Fragen und Probleme anrufen und um Rat fragen. Und ich behaupte, daß es auch heute noch sehr viele Menschen gibt, die unberührt in die Flitterwochen gehen, Männer wie Frauen, die mich sowohl vorher als auch nachher konsultieren. Also Schluß mit dem Gerede, es gäbe heutzutage keine Jungfrauen im heiratsfähigen Alter mehr!

Man erzählt sich, daß jedesmal, wenn eine Jungfrau an den steinernen Löwen am Eingang zur Stadtbücherei an der Ecke 5th Avenue und 42nd Street in New York vorbeigeht, diese Löwen sich aufrichten und laut brüllen. Aber wie man hört, geschieht das nur sehr, sehr selten.

Die Ursache dafür, daß das nicht häufiger vorkommt, liegt nicht etwa in einem Mangel an Jungfrauen begründet, sondern ganz einfach in der natürlichen Faulheit der männlichen Löwen, insbesondere wenn sie aus Stein sind. Wenn sie sich jedesmal, wenn eine Jungfrau vorbeikommt, aufrichten und brüllen würden, dann wären sie morgens schon völlig erschöpft, ehe die Geschäfte aufmachen. Es wäre einfach zuviel für sie.

Die Leute glauben alles, was ich ihnen sage, außer daß es noch Jungfrauen gibt. Wenn ich in der Zeitung, im Radio oder im Fernsehen sage, es gibt Menschen, die ständig ihren Partner wechseln oder tauschen, Sadomasochisten, Fetischisten, Menschen, die mit ihren engsten Verwandten schlafen, die Abtreibungen als Verhütungsverhütungsmittel benutzen, dann glaubt mir alle Welt aufs Wort. Wenn ich aber sage, ein Mädchen oder ein Junge sei noch jungfräulich aufgrund religiöser Erziehung oder Schüchternheit, dann bin ich plötzlich die naive alte Tante Ruth, die höchstens in der Grundschule Sexunterricht geben sollte.

Ha!

Hochzeitsnächte und Flitterwochen

In unserer jüdisch-christlichen Tradition gehen wir davon aus, daß der feurige Bräutigam in der Hochzeitsnacht der jungen Braut fröhlich die Jungfernschaft »nimmt«, als sei das etwas, was ein Mann sich nehmen könnte. Oder das Mädchen gibt ihrem Bräutigam die »Blüte« ihrer Jungfernschaft zum Geschenk, wie es oft heißt.

Wir machen gerne Witze über etwas, was schon so lange zurückliegt, daß wir nur noch aus Büchern davon wissen, nämlich das »droit du seigneur«, das Vorrecht des Grundherrn auf die erste Nacht mit jeder neuvermählten Braut in seinem Machtbereich – der Bräutigam bekommt nur, was übrigbleibt.

Unsere Tradition verlangt, daß es zu Beginn der sexuellen Beziehungen eines jungverheirateten Paares keine Panne und keine Unsicherheit geben darf. Das hat dazu geführt, daß manches junge Paar wirklich glaubt, es müsse so sein, und wenn sie nicht von Anfang an vollkommene Liebhaber sind, dann liegt das einfach daran, daß sie für die Ehe nicht geeignet sind. Natürlich haben sie sich von dieser Tradition einfach einschüchtern und irreführen lassen, aber wann werden sie das erkennen?

Hier ein paar geschichtliche Fakten: In bestimmten Ländern der Alten Welt war es üblich, daß das blutbefleckte Laken aus dem Fenster gehängt wurde, um der ganzen Welt zu zeigen, daß die Braut rein und der Bräutigam ein Held war. Es war ebenfalls Tradition, daß die Mutter der Braut, ihrer Tochter, ein Fläschchen mit Hühnerblut mit ins Schlafzimmer gab. Das blutige Laken diente einfach nur der Show, während das, was sich im Schlafzimmer abspielte, Privatsache war.

In einigen Ländern des Mittleren Ostens war es Sitte, eine alte Frau an der Schlafzimmertür des jungen Paares zu postieren, die verfolgen sollte, was drinnen vorging. Mit bestimmten, leicht verständlichen Gesten teilte sie den übrigen Wartenden mit, was in der Kammer passierte. Wenn es geschafft war, machte sie eine ganz bestimmte Handbewegung, woraufhin auf der Straße ein Mann mit einer Muskete in die Luft schoß, und die ganze Nachbarschaft in lauten Jubel ausbrach.

Die alte Frau kam auf diese Weise zu einem kleinen Taschengeld und wurde zu den Festen eingeladen. Wie oft hätte man sie wohl gerufen, wenn sie in der Hochzeitsnacht Fehlanzeige gemeldet hätte?

Der Vollzug der Ehe in der Hochzeitsnacht steht auf der gleichen Stufe mit dem Miniaturbrautpaar auf dem Hochzeitskuchen oder der Sitte, den Brautstrauß in die Menge zu werfen, oder der Aufforderung, etwas Altes, etwas Neues, etwas Geliehenes und etwas Blaues zu tragen. Das sind alles sehr hübsche Ideen, aber man sollte sie nicht unbedingt so ernst nehmen.

Natürlich kommt so was wirklich vor. Es kommt schließlich auch vor, daß eine in die Luft geworfene Münze auf der Kante landet und weder Zahl noch Adler zeigt. Aber das ist wirklich nichts anderes als ein glücklicher Zufall.

Ich würde sagen, eine Hochzeitsnacht ist dann schön, wenn das jungfräuliche Paar zusammen ins Bett geht und die beiden sich so nahe kommen wie nie zuvor. Sie umarmen und küssen sich und tauschen intime Zärtlichkeiten aus. Und sie lernen, was es heißt, sich die ganze Nacht an seinen Ehepartner zu kuscheln.

Es ist nicht anzunehmen, daß das junge Paar nicht auch versuchen wird, geschlechtlich zu verkehren – aber was sie von jetzt an tun, ist ganz allein *die Privatsache von zwei Eheleuten*. Wenn sie es trotz des Drucks von außen geschafft haben, auf vorehelichen Sex zu verzichten, dann brauchen sie auch jetzt keine Eile zu haben, die Ehe zu vollziehen. Die Nacht nach dem ganzen Trubel der Hochzeit ist nur kurz, und sie sollten sich lieber in den Flitterwochen Zeit nehmen, sich gegenseitig den Hof zu machen und den anderen immer näher kommen zu lassen, bis sie den ehelichen Akt so gut vollzogen haben, wie es ihnen in ihrer Unerfahrenheit und ihrer liebenswerten Hilflosigkeit möglich ist.

Wenn aufgeregte und nervöse Paare vor der Hochzeit zu mir kamen, dann habe ich ihnen oft den Rat gegeben, in der Hochzeitsnacht zu Bett zu gehen und sich einfach zu entspannen, einer in den Armen des anderen schlafend, und erst dann den Geschlechtsverkehr zu versuchen, wenn sie gut ausgeruht sind.

Wir Sexexperten predigen immer wieder, daß die Frau vor dem Geschlechtsverkehr wirklich erregt sein und den Verkehr auch wirklich wollen muß. Ein kluger Mann dringt nicht mit Gewalt in einen trockenen Schoß ein! Das ist besonders wichtig, wenn ein Paar zum erstenmal miteinander verkehrt. Wenn ein Paar, gleich ob noch jungfräulich oder nicht, zum erstenmal gemeinsam Sex hat, dann sollten beide Partner auf den anderen Rücksicht nehmen und sich eher auf die Freude an der gemeinsamen Intimität konzentrieren als auf das größtmögliche sexuelle Vergnügen, welches man ohnehin erst nach einer gewissen Erfahrung erreicht.

Natürlich werden unsere jungfräulichen Flitterwöchner noch nicht die sexuellen Fertigkeiten haben, über die sie in ein paar Wochen, Monaten oder Jahren verfügen werden. Trotzdem sind sie ein großartiges Liebespaar, wie es besser gar nicht geht. Die beiden sind nackt zusammen im Bett, und die einzigen Grenzen, die es zwischen ihnen gibt, werden von ihnen selbst gezogen, wenn sie sich gegenseitig immer zärtlicher und intimer berühren und berühren lassen.

Der Sinn der Flitterwochen besteht ganz einfach darin, daß man lernt, wie man sich gegenseitig erotisch näherkommt, wie man den Koitus vorbereitet, wie man die Penetration vollzieht (oder »eindringt«) und wie man sich gegenseitig Vergnügen und Lust bereiten kann. In diesem Sinne können die Flitterwochen durchaus weitergehen, wenn dar Paar von der Reise zurückgekehrt und in sein neues Heim eingezogen ist.

Die Ungeduld der Jungvermählten

Unsere Tradition verlangt, daß ein Bräutigam vor Begierde zerspringen, gleichzeitig aber die Geduld eines Engels besitzen soll. Die Braut dagegen soll bescheiden und zurückhaltend sein, auch wenn in ihrem Innern ein Sturm widersprüchlicher Gefühle tobt. Beide müssen eine schwierige Rolle spielen – eine Art Doppelrolle wie bei Dr. Jekyll und Mr. Hyde. Das beste ist, beide Partner von diesem Zwang zu befreien und ihnen klarzumachen, daß man nichts zu fühlen braucht, was man nicht wirklich, ehrlich fühlt.

Nehmen wir einmal an, Sie seien die Braut. Würden Sie sich wirklich darüber freuen, wenn er die eiserne Selbstbeherrschung zur Schau trägt, die manche Lehrer von ihm verlangen? Oder würden Sie eher den Eindruck haben, er sei gefühllos und blind für Sie oder schüchterner, als Sie ihn sich wünschen? Wenn wir von der Defloration einer Jungfrau sprechen, dann denken wir in der Regel an ein Mädchen, das zwischen dem Wunsch, die Jungfernhaut zu verlieren und der Angst davor, hin und her gerissen ist. Oder sie denkt mit Schrecken an die bevorstehende Invasion ihres Körpers, so daß man ihr noch viel Aufmerksamkeit schenken muß, ehe sie sich darauf einlassen kann. Das ist die Braut.

Im Gegensatz dazu gehen wir bei dem Mann, der vor seiner ersten Entjungferung steht, davon aus, daß er zu starken Erektionen neigt und den fast unbezwingbaren Drang verspürt, aggressiv in den weiblichen Körper einzudringen.

In fast allen Fällen trifft es zu, daß der Mann stark erregt ist, und vielleicht glaubt er wirklich, er müsse sich so ungeschickt verhalten. Aber es ist einfach nicht wahr, daß jede jungfräuliche Braut bei dem Gedanken an Entjungferung vor Angst erstarrt. Es gibt Bräute, denen der Gedanke an einen kleinen Schmerz gleichgültig ist, und manche sind so fest entschlossen, die Sache hinter sich zu bringen und ihre Jungfräulichkeit endlich zu beenden, daß sie den Bräutigam sogar auffordern: »Tu mir weh! Ich will, daß du mir weh tust!«

Wenn eine Braut nun Angst hat oder nicht, so lassen sich daraus keinerlei Rückschlüsse auf ihre zukünftige Sexualität ziehen. Wer als Braut mutig ist, erweist sich als erfahrene Frau manchmal als nicht so heißhungrig wie eine andere, die in der Hochzeitsnacht schreckliche Angst hatte.

Eine gelassene Einstellung und wie man sie erreicht

Sagen wir einfach, das Jungfernhäutchen oder Hymen wird gedehnt – das ist jedenfalls das, was normalerweise passiert. Was die Angst vor der Dehnung dieser Membran angeht, so ist es schon vorgekommen, daß ein Mädchen so viel Angst davor hatte, daß sie nicht einmal spürte, wie ihr Bräutigam eingedrungen war. Ehe sie merkten, was los war, war alles schon vorbei. Manchmal gibt das Hymen nach wie ein nasses Papiertaschentuch. Und häufig ist es so, daß die Mädchen nach ihrer Initiation sich über ihre jungfräuliche Angst sogar lustig machen, wie ich leider festgestellt habe.

Natürlich will ich damit nur sagen, daß die Angst manchmal ein viel größeres Hindernis auf dem Wege ins eheliche Sexualleben darstellt als das eigentliche Jungfernhäutchen. Allerdings sollte man beides mit Respekt behandeln. Mag manche angstvolle Braut überrascht sein, wie leicht sie ihre Jungfernschaft verloren hat, so gibt es auch tapfere Frauen, die lernen mußten, daß ein Hymen noch hartnäckiger sein kann als sie selbst und unter Umständen nur schwer loszuwerden ist.

Aber zumindest die Angst vor der Zerstörung des Hymens läßt sich weitgehend beseitigen, wenn Braut und Bräutigam sich darauf einigen, daß sie gemeinsam und entspannt an die Sache herangehen und, falls sie den Mut verlieren sollten, sich einfach mit einer der vielen möglichen Arten des Liebesspiels beschäftigen wollen, bis die Braut in ihrer sexuellen Erregung so weit ist, daß sie die Penetration unbedingt will.

Der Bräutigam sollte auf keinen Fall den Fehler machen, sich selbst die Schuld zu geben, wenn er beim ersten Versuch Schwierigkeiten hat, und sich davor hüten, der Braut Vorwürfe zu machen. Umgekehrt sollte sich natürlich auch die Braut nicht etwa einreden, daß es sein Fehler sei, wenn es Schwierigkeiten gibt. Insbesondere sollte er nie das Gefühl haben, daß er mit seiner Behutsamkeit und Rücksichtnahme wie ein Versager oder Schwächling, ein »Schlappschwanz« erscheint. Das ist nicht die richtige Belohnung für sein sanftes, liebevolles Vorgehen. Wir haben uns ganz bewußt viel Mühe gegeben, den jungen Männern beizubringen, daß sie Zurückhaltung üben und auf die Gefühle der Frau Rücksicht nehmen, und es wäre ein Fehler, wenn wir ihnen nun ihr sanftes Vorgehen zum Vorwurf machen wollten.

Der Versuch, die Jungfernhaut zu durchstoßen, sollte immer nur kurz sein. Wenn der Widerstand zu groß ist, dann sollte man die Sache für diesen Abend aufgeben und sich damit begnügen, sich gegenseitig zu umarmen und zu küssen.

Van de Velde, die klassische Autorität auf dem Gebiet der ehelichen Liebe, hat den Vorschlag gemacht, daß das Paar nach vier vergeblichen ernsthaften Versuchen einen guten Gynäkologen konsultieren sollte, der psychologisch Rat und Hilfe leisten und gegebenenfalls das Hymen mit dem Skalpell völlig schmerzlos beseitigen kann. Das ist durchaus ein vernünftiger Vorschlag, nicht zuletzt weil das Wissen, daß es eine sichere Lösung für das Problem gibt, zur Entspannung beiträgt, was oftmals dazu führt, daß die Defloration doch zu Hause gelingt.

Wenn das Hymen fehlt

Bei manchen indianischen Völkern war es üblich, daß die Frauen vor der Heirat selbst ihr Jungfernhäutchen beseitigten, um es den Kriegern einfacher zu machen. In anderen heidnischen Kulturen wurde das Hymen von den Priestern rituell mit Hilfe eines steinernen Phallus zerrissen. Nach verbreiteter Auffassung sollte das verhindern, daß die Braut diese unangenehme Initiation mit dem Bräutigam selbst in Verbindung bringt.

Auch heute kommt es vor, daß eine Braut kein Jungfernhäutchen mehr hat. Manchmal ist das Hymen von Geburt an so klein, daß es überhaupt kein Hindernis darstellt, manchmal zerreißt es verhältnismäßig leicht beim Spielen oder beim Sport. In einigen Fällen wird es auch vom Gynäkologen zum Zwecke einer Vaginaluntersuchung operativ beseitigt. All das kommt wirklich vor und ist nicht einfach nur eine bequeme Ausrede gegenüber einem mißtrauischen Kavalier oder Bräutigam!

Wenn Ihre jungfräuliche Braut ein sehr kleines oder gar kein Hymen hat, dann schätzen Sie sich glücklich und glauben Sie ihr, was sie Ihnen sagt. Wenn Sie ihr in diesem Falle Glauben schenken, dann ist das nur das Beste, Ehrenvollste, Vernünftigste, was Sie tun können – Sie beweisen Ihr damit auch, daß Sie ihr vertrauen.

Furchtlos, aber nicht blind

»Wir umarmten und küßten uns, und plötzlich wußten wir beide, auch ohne zu sprechen, daß der Zeitpunkt gekommen war. Ich fühlte mich wie in einem weichen, warmen Nebel, und als er sich verzogen hatte, war ich keine Jungfrau mehr. Ich fühlte mich ein wenig wund da unten, aber ich war sehr zufrieden.«

Nun, ich will nicht behaupten, daß es nie so abläuft oder daß es nicht so ablaufen sollte. Ich sage nur, daß Sie nicht davon ausgehen können, daß es so läuft.

Das Mädchen, das ich da eben zitiert habe, ging beim erstenmal blind und furchtlos an die Sache heran. Ich bin sehr dafür, daß man furchtlos ist, ja, aber nicht blind.

Man kann furchtlos sein, weil man weiß, daß es keine Tragödie ist, wenn etwas schiefgeht.

Unterhalten wir uns kurz über ein paar Dinge, die den ersten Versuch scheitern lassen können.

Wenn die Braut nicht mehr will

Das Hymen leistet Widerstand, und die Braut will nicht mehr. Und nun? Hören Sie auf und versuchen Sie es ein andermal, wenn die Braut dazu bereit ist, und vergessen Sie nie, daß kein Mensch schreckliche Schmerzen erdulden muß, um sexuell aktiv zu werden. Sie finden immer Hilfe bei Ihrem freundlichen Gynäkologen. Um den Mann zu trösten, sollte die Frau ihm zeigen, wie sehr sie seine Selbstbeherrschung, seine Geduld und Zärtlichkeit zu schätzen weiß, und auch Verständnis dafür zeigen, wenn er an sich selbst zweifelt und enttäuscht ist.

Wenn eine Braut eine »erfahrene« Jungfrau ist – d. h. wenn sie vor der Hochzeit mit dem Bräutigam schon sexuelle Kontakte hatte, ohne jedoch wirklich Geschlechtsverkehr zu praktizieren –, dann könnte sie ihn auch jetzt auf die gleiche Weise zum Orgasmus bringen wie zuvor. Es kann sehr nützlich sein, wenn man in den Flitterwochen in solchen Situationen auf vertraute sexuelle Intimitäten zurückgreifen kann.

Es ist durchaus möglich, daß die Braut viel zu aufgewühlt und dazu nicht in der Lage ist. Umgekehrt hat auch der Bräutigam vielleicht keine Lust zu solchen »Kindereien«, weil es ihn viel stärker nach dem ehelichen Akt verlangt. In solchen Fällen sollte der eine den anderen in Ruhe lassen oder auch in den Arm nehmen und streicheln, wenn er oder sie es will. Auf jeden Fall sollte man Ärger und Tränen möglichst vermeiden, und wenn das nicht gelingt, mit Verständnis reagieren.

Der Mann verliert die Kontrolle

Das Hymen leistet Widerstand, aber der Mann kann in seiner Erregung seine Stöße nicht kontrollieren, auch wenn er es will.

Ich sage, er *kann* sich kontrollieren, wenn er sich wirklich darauf konzentriert. Aber wenn er trotzdem die Kontrolle verliert, dann sollten beide daran denken, daß das Spiel mit dem Sex auch seine Gefahren hat. Darum ist Sex etwas für Erwachsene. Je eher es dem Mann leid tut und er das auch zeigt, um so besser. Denken Sie daran, daß Tausende von Paaren damit fertig geworden sind.

Vorzeitige Ejakulation

Der Bräutigam nähert sich dem Hymen mit seinem Penis, ejakuliert aber zu früh und kann nicht mehr eindringen.

Vorzeitige Ejakulationen kommen in dieser Situation sehr häufig vor. Das Paar sollte einfach darüber lachen und sich eine Weile, zwanzig Minuten oder eine Stunde lang, mit Petting beschäftigen, um es dann erneut zu versuchen.

Ich weiß, daß es Leute gibt, die glauben, die Situation sei so ernst und feierlich, daß man nicht lachen oder kichern dürfte. Ich wünschte, es wäre nicht so! Lachen tut einer Ehe wirklich gut und hilft einem, viele Hindernisse zu überwinden.

Wenn Sie über ein sexuelles Mißgeschick kichern, dann heißt das noch lange nicht, daß Sie auch kichern werden, wenn alles gut läuft, wenn Sie Erfahrungen gesammelt haben. Wenn die Leidenschaft Sie packt, wenn Sie anfangen zu fliegen, dann hört alles Kichern von allein auf. Aber Kichern ist eine sehr angemessene Reaktion, wenn die ersten Flugversuche lächerlich werden.

Die Angst vor Funktionsstörungen

Glauben Sie nicht, wenn er am Anfang beim Sex zu früh kommt, daß bei Ihrem Mann die vorzeitige Ejakulation chronisch sei. Häufig verschwindet das Problem im Laufe der Zeit, wenn das Paar sich aufeinander eingespielt hat. Und denken Sie daran: Wenn die vorzeitige Ejakulation wirklich chronisch sein sollte, dann läßt sich diese Störung von allen sexuellen Problemen am leichtesten beseitigen. Darum sollte sich keiner der beiden Partner von diesem Gedanken beunruhigen lassen.

Mangelnde Konzentration

Der Bräutigam hat eine Erektion und ist bereit, aber wenn er das Kondom überstreift und mit Gleitmittel befeuchtet, verliert er seine Erektion.

Die Ursache für diese Störung ist mangelnde Konzentration. Bei erfahrenen Ehepaaren empfehle ich, das Überstreifen des Kondoms in das Vorspiel aufzunehmen. Die Frau erregt den Penis durch Streicheln, dann streift sie das Kondom über den Penis und sorgt durch Streicheln und Kitzeln dafür, daß er erigiert bleibt. Nur selten kann ein Penis solcher liebevollen Behandlung widerstehen. Aber eine schüchterne Jungfrau, die mit ihren eigenen Ängsten zu kämpfen hat, wird nicht immer dazu in der Lage sein. Dann muß der Bräutigam es eben öfter probieren, bis es ihm gelingt, die Erektion aufrechtzuerhalten.

Wenn die Braut mutiger geworden ist und sich daran gewöhnt hat, nackt mit diesem nackten Mann und seinem erstaunlichen Penis im Bett zu liegen, kann sie dazu übergehen, mit dem Penis zu spielen, ihn zur Erektion zu bringen, das Kondom überzustreifen und ihn durch liebevolle Zuwendung steif zu halten.

Zumindest kann sie sich ermutigend verhalten und dem Bräutigam zeigen, daß sie in dieser Sache ganz auf seiner Seite ist.

Gleitmittel sind eine große Hilfe

Ich habe eben Gleitmittel erwähnt. Es ist eine gute Idee, ein solches Mittel in die Flitterwochen mitzunehmen, denn wenn man den Penis damit anfeuchtet, wird es viel leichter, die jungfräuliche Öffnung zu durchstoßen. Solche Gleitmittel sind auch für Kondome geeignet, weil sie den Gummi nicht angreifen und so die empfängnisverhütende Wirkung nicht beeinträchtigen. Bei der Verwendung von Vaseline dagegen ist Vorsicht angebracht, denn man hat mir gesagt, dieses ansonsten wunderbare Mittel könne Gummi angreifen.

Für den ersten Geschlechtsverkehr mit einer Jungfrau ist das Kondom das Verhütungsmittel der Wahl – wie soll man schließlich ein Pessar einsetzen, wenn das Hymen noch intakt ist? Eine andere Möglichkeit wäre natürlich die Pille, aber in diesem Falle sollte man unbedingt vorher den Gynäkologen konsultieren.

Wenn ein junges Paar so bald wie möglich Kinder haben will, dann braucht es sich natürlich wegen der Verhütung keine Gedanken zu machen.

Früher war es üblich, daß der Bräutigam möglichst unauffällig ein »Gummi« überstreifte und anfeuchtete, ohne daß die Braut es bemerken sollte. Ich bin absolut dagegen, daß die Empfängnisverhütung sozusagen hinter der Bühne stattfindet, damit keiner was bemerkt. Erstens wird der andere es sowieso mitbekommen, und außerdem wird der Bräutigam durch solche Heimlichtuerei nur noch mehr verunsichert, als er sowieso schon ist. Alle Beteiligten sollten sich der Empfängnisverhütung bewußt sein und sich die notwendige Zeit dafür nehmen. Selbstverständlich wird das Kondom über den erigierten Penis gestreift, wobei die Erektion manchmal etwas zurückgehen kann. Sie kann aber leicht wieder verstärkt werden, sobald der Bräutigam seine Aufmerksamkeit wieder dem Körper der Braut zuwendet und sie den Penis streichelt oder reibt, ehe beide den Koitus versuchen.

Wenn die Erektion ganz zurückgehen und das Kondom abrutschen sollte, sollten Sie unbedingt ein neues verwenden. Wenn das Kondom abgenommen und zum zweitenmal verwendet wird, ist die empfängnisverhütende Wirkung nicht mehr gewährleistet.

Und noch ein Hinweis auf etwas, das zwar nicht unbedingt notwendig ist, aber den ersten Koitus erleichtern kann, und warum sollten Sie es nicht damit versuchen? Ich meine ein Kissen, das unter das Gesäß der Braut gelegt wird. Dadurch wird das Eindringen des Penis in die Vagina sehr viel einfacher. Ich ziehe es vor, wenn die Braut den Penis selbst an die Öffnung ihrer Vagina führt, da sie höchstwahrscheinlich sehr viel besser weiß, wo sich diese befindet, als ein unerfahrener Mann. Ich gehe natürlich davon aus, daß sie sich vor der Hochzeit ausreichend mit ihrem Schoß vertraut gemacht hat, um zu wissen, wo der Eingang zur Vagina liegt.

Viele Menschen, die sich auf dem Gebiet nicht auskennen, sind der Meinung, daß die äußeren Geschlechtsorgane der Frau, die Spalte zwischen ihren Beinen, einen einzigen großen Trichter bilden, der in die Vagina führt. In Wirklichkeit befindet sich die Öffnung der Vagina ziemlich versteckt etwa auf halber Höhe der Spalte, ein gutes Stück unterhalb der Klitoris. Zu *dieser* Öffnung dirigiert die Braut den Penis des Mannes. Wenn sie das nicht tut, dann sollte der Mann zumindest eine ungefähre Ahnung haben, wo es langgeht.

Wenn die Braut die Führung übernimmt, kann sie die Richtung sowie die Stärke des Stoßes bestimmen. Dieses Wissen kann dazu beitragen, daß sie sich sicherer fühlt.

Wenn es dem Bräutigam gelungen ist, in die Vagina einzudringen, dann sollte er nicht versuchen, aus diesem ersten Koitus eine Art Marathon zu machen. Er sollte versuchen, mit schnellen Stößen so bald wie möglich zum Höhepunkt zu kommen, und sich dann aus der empfindlichen Öffnung zurückziehen. Dieser erste Akt hat ohnehin eher symbolische Bedeutung und bildet niemals den Höhepunkt des Liebeslebens.

Es gibt Jungfrauen, die wirklich bereit sind, »es« zu tun. Das Mädchen liegt da mit intaktem Hymen, die Vaginalsekrete fließen, und sie will ihn in sich haben. Sobald er seinen Penis zwischen ihre Schamlippen und an die kleine Öffnung im Hymen stößt, drückt sie kräftig dagegen – er ist drin! Jetzt sollte er möglichst schnell kommen und sich dann aus der Vagina zurückziehen. Aber diese Ex-Jungfrau verlangt noch mehr; sie ist erregt und noch keineswegs befriedigt. In diesem Falle sollte er ihre Klitoris streicheln, ohne dabei den Eingang zur Vagina zu berühren, und zwar so zärtlich oder so stark, wie sie es verlangt, bis sie einen glücklichen Seufzer ausstößt und sich entspannt.

Meiner Meinung nach sollte der Mann frühestens am nächsten Abend versuchen, erneut seinen Penis in ihre Vagina einzuführen. Unter Umständen sollte er sogar zwei oder drei Nächte warten, bis die wunde Stelle völlig verheilt ist – oder sogar volle sieben Nächte, wie es bei den orthodoxen Juden üblich ist!

Ich sage, er sollte ihr mindestens vierundzwanzig Stunden Ruhe gönnen, aber die Braut selbst ist vielleicht anderer Meinung!

Keine Angst vor dem bißchen Blut

Bei der Dehnung des Hymens muß es nicht unbedingt immer zu einer Blutung kommen. Sollte wirklich Blut fließen, kann man keine bessere erste Hilfe leisten als die Vagina in Ruhe zu lassen. Die Blutung wird von allein aufhören. Falls das wider Erwarten nicht der Fall ist, sollte man natürlich einen Gynäkologen konsultieren.

Die Managerin eines vornehmen New Yorker Hotels erzählte mir, vor einigen Jahren habe es ein paar Fälle gegeben, in denen die Braut das Zimmermädchen beiseite genommen und ihr das Bettlaken abgekauft habe. Sie wollte das Laken mit nach Hause nehmen und stolz ihrer Mutter zeigen, die aus der Alten Welt stammte und das Beweisstück zweifellos ihren Verwandten und Bekannten vorgezeigt hat, um sich vor ihnen nicht schämen zu müssen.

Sie sollten sich wegen des befleckten Lakens jedenfalls keine Gedanken machen – es ist Aufgabe des Hotels, die Laken zu reinigen und nicht die Gäste zu beleidigen, die vielleicht aus irgendeinem Grund ein Laken beschmutzt haben.

Ich persönlich gebe den Zimmermädchen immer ein kleines Trinkgeld, obgleich diese schöne Sitte völlig aus der Mode zu kommen scheint. Dabei ist es völlig gleichgültig, ob ich nun das Bettlaken mit Borschtsch bekleckert habe oder nicht! Unter Umständen fühlen Sie sich besser, wenn Sie dem Zimmermädchen ein Trinkgeld geben, nachdem Sie das Laken beschmutzt haben, obwohl ein blutiges Bettlaken für das Hotel-Personal durchaus etwas Alltägliches ist und wahrscheinlich kaum beachtet wird. Doch zahlen Sie bitte für den selbstverständlichen Service nicht übertrieben viel – das wirkt lächerlich!

Ein Szenario: Die erste Nacht im Hotel

Wenn der Hausdiener sein Trinkgeld bekommen und das Zimmer verlassen hat (vielleicht haben Sie gleich eine Flasche Champagner bestellt? Ganz wie Sie wollen!), sind Sie endlich allein. Was machen Sie als nächstes? Hören wir, was andere Paare darüber berichten:

Ich sagte: ›Gib mir erst mal einen Kuß!‹ Das tat er auch mit Freuden. Dann sagte ich zu ihm: ›Ich weiß, daß du ein großer starker Mann bist, aber ich bin ziemlich nervös; also wenn du auch nervös bist, dann verstehe ich das sehr gut. Wir werden einfach so tun wie ein altes Ehepaar, unsere Sachen auspacken, sie in die Schubladen tun und auf die Bügel hängen und uns dabei fröhlich über alles mögliche unterhalten, und dann gehen wir in die Heia.‹

So machten wir es auch. Das heißt, ich machte das, denn er blieb stumm vor Aufregung. ›Hast du deine Zunge verschluckt?‹ fragte ich ihn mit einem leichten Zittern in der Stimme. Er nahm mich in die Arme, und ich stand da in Höschen und Strümpfen und fing an zu weinen, und er küßte mir die Tränen ab.

Ich sagte ihm, er solle mich ausziehen. Ich hatte Angst, aber ich wollte die Initiative behalten und den Ball ins Rollen bringen. Bald war ich splitternackt, während er immer noch Hosen, Hemd und Schuhe anhatte. ›Ich muß mir noch schnell die Zähne putzen und so. Du willst doch keine Frau mit Mundgeruch, oder?‹ meinte ich und ging ins Badezimmer, um zu duschen und so. Als ich wieder ins Zimmer kam, sagte ich: ›Jetzt bist du dran.‹ Und er ging rein und duschte und kam nackt wieder heraus, und ich wandte meine Augen ab und machte das Licht aus.

Dann kroch er zu mir ins Bett, und ich war so aufgeregt, daß ich auf ihn drauf kletterte, nur um meine Nervosität loszuwerden, und er fing an, mich anzufassen, wobei ich ihn ermunterte. Dann versuchten wir es zu tun, und Gott sei Dank klappte es. Es tat überhaupt nicht weh, und ich war so froh, daß alles vorbei war, daß ich anfing zu weinen. Er dachte natürlich, er hätte mir sehr weh getan, aber ich küßte ihn unter Tränen, und wir kuschelten uns aneinander. Nach einer Weile nahm ich seinen Penis in die Hand. Der Gedanke kam mir ganz spontan. Und so fielen wir in Schlaf. Wir waren völlig erschöpft.

Machen wir es ganz langsam

Hier der Bericht eines anderen Paares:

Wir waren schrecklich aufgeregt, und ich hatte sehr viel über das erste Mal gelesen, deshalb sagte ich: ›Ich möchte, daß wir es ganz langsam machen, Schritt für Schritt.‹ Er war einverstanden. ›Wir wollen uns zusammen ausziehen, einer vor dem anderen, und dann zusammen duschen‹, schlug ich vor. Ich ließ mich von ihm von oben bis unten waschen und machte dann das gleiche mit ihm. Ich dachte, sein Penis würde mir Angst machen, aber so war es nicht – er sah einfach nicht so aus, wie ich ihn mir vorgestellt hatte. Als ich ihn wusch, war er ganz steif, und er sagte: ›Das Ding ist geladen, weißt du.‹ Ich meinte, das wüßte ich, und dann ging das Ding los, während ich es wusch.

›Wie lange wird es dauern, bis er wieder steif wird?‹ Er sagte, normalerweise würde es eine Woche dauern, aber der Penis wurde fast sofort wieder hart. Ich hatte schon davon gelesen. Wir trockneten uns gegenseitig ab, und ich war zwar teilweise sehr glücklich darüber, daß wir beide nackt zusammen waren, hatte aber auch noch Angst, deshalb umarmte ich ihn ganz fest. Sie verstehen, was ich meine. Dann gingen wir ins Bett, und er drückte mich an sich, und ich war da unten schon ganz feucht, aber er ›machte‹ trotzdem das Vorspiel, genau wie in den Büchern, und dann versuchte er, in mich einzudringen, aber ich war verkrampft, und er hörte auf. Ich flüsterte ihm ins Ohr, daß ich gerne bis zum nächsten Morgen warten würde.

Wir schliefen eng aneinandergekuschelt, und am Morgen versuchte er es dann wieder, aber es tat mir weh, und er hörte wieder auf. Ich wollte kein Spielverderber sein und versuchte, ihn zu masturbieren, aber ich stellte mich sehr ungeschickt an, deshalb rieb er sich an mir, bis er kam. Ich steckte den Finger in die Flüssigkeit und roch daran und probierte, wie es schmeckt. Daraufhin ging er an mir runter, und seine Zunge fühlte sich einfach phantastisch an, und ich sagte: ›Mmmh.‹ Er fühlte sich einfach toll an. Ich wußte nicht, ob das ein Orgasmus war oder nicht. Es war keiner – aber es war sehr aufregend! Er küßte mich überall und rieb sich wieder an mir und schlief dann in meinen Armen ein.

Als wir um Viertel vor elf aufstanden, hatte das Restaurant bereits geschlossen, deshalb machten wir einen Spaziergang ans Wasser und kauften uns einen Burrito und Kaffee und gingen dann wieder ins Hotel zurück. Das Bett war bereits wieder gemacht. Wir legten uns hin und spielten miteinander bis zum Mittagessen. An diesem Abend waren wir dann beide sehr erregt, und er probierte es wieder, und ich nahm all meinen Mut zusammen und drückte fest, und dann war er drin.

Diesmal hatte es also geklappt, und wir hatten es zum erstenmal ›gemacht‹. Anschließend rieb er mich kräftig mit seiner Hand, und ich bekam einen Orgasmus, aber das war wohl reine Glückssache. Wir konnten einfach nicht die Hände voneinander lassen, aber zwei Tage lang wollte er nicht mit mir schlafen; erst dann machten wir es wieder. Tagsüber besichtigten wir immer die Sehenswürdigkeiten, und wir waren sehr stolz darauf, daß wir jetzt keine Jungfrauen mehr waren, sondern ganz legale Wüstlinge.

Ich wollte ihn nicht lassen

Eine andere Braut erzählt:

»Er fragte mich: ›Wie möchtest du es haben?‹ Und ich sagte, ich wollte, daß wir uns erst im Dunkeln berühren und dann später Licht anmachen. Wir machten immer wieder Petting, und ich mochte das sehr, aber während der ersten drei Tage wollte ich nicht, daß er es probiert. Wir mußten ständig lachen. Ich brachte ihn zum Höhepunkt, und er versuchte immer wieder, das gleiche für mich zu tun, und schließlich wurde ich ganz wild und forderte ihn auf, ›es‹ zu machen. Aber es dauerte einfach zu lange, den Gummi überzustreifen und mir das Kissen richtig unter den Hintern zu legen, so daß ich kalt wurde und meine Schenkel zusammenkniff. Ich sagte ihm, daß ich ihn liebe, und er sagte, das wüßte er. Ich zog mein Nachthemd an, und er umarmte mich zärtlich die ganze Nacht. Dann versuchten wir es noch einmal, doch er kam zu früh und sagte: ›Scheiße!‹

Das war das zweite Mal, daß ich ihn dieses Wort sagen hörte. Das erste Mal gebrauchte er diesen Ausdruck, als er in New York Staub in die Augen bekommen hatte.

Ich meinte zu ihm: ›Laß uns im Bett bleiben. Häng einfach das Schild ›Nicht stören‹ draußen an die Tür.‹ Wir versuchten es wieder, und es tat ziemlich weh, und er sagte: ›Das reicht für heute.‹ Daraufhin widersprach ich ihm und meinte, wir sollten eine Weile warten und es dann noch einmal probieren. Er sagte, wir sollten ruhig eine Pause machen, Dr. Ruth hätte das empfohlen. Ich sagte, diesmal solle er nicht auf Dr. Ruth hören. Ich war wütend und bedrängte ihn richtig, und er blieb hart. Und dann war er drin! Er dachte, ich sei böse darüber, daß *er* so grob geworden war. Er kam auf den Gedanken, weil ich nur so dalag und auf sein liebevolles Verhalten nicht reagierte. Aber ich war einfach erschöpft. Es schmerzte, aber ich war froh, daß wir es geschafft hatten. Er stand auf, um zu duschen und sich zu rasieren, und als er zurückkam, inspizierte ich gerade das Bett. Ich nahm seine Hand und zeigte auf das Blut. Ich sagte: ›Das ist schon besser!‹ Dann ging ich duschen und anschließend gingen wir zusammen in eine Nachmittagsvorstellung, wobei wir uns die ganze Zeit an den Händen hielten.«

Ich habe den Ehemann aus der oben zitierten Episode gefragt, wie er sich während dieser Vorgänge gefühlt habe, und er sagte, es sei ziemlich frustrierend gewesen und er habe überlegt, ob es nicht besser sei, wenn er einen Semesterkurs über Sex in der Ehe belege, aber gleichzeitig habe er es sehr genossen, mit einer richtigen Frau intim zu sein, auch wenn es kein vollkommener Sex gewesen sei. Und die Schwierigkeiten, die sie zu überwinden hatten, machten den ersten Erfolg zu einem um so größeren Triumph. »Ich habe von ihr wirklich eine Menge über Frauen gelernt«, sagte er.

Wenn die Flitterwochen vorüber sind

Die Flitterwochen sind eine Zeit entspannter Intimität – aber in der Regel auch eine Art Prüfung. Auch wenn der Sex leichtfällt, stellt man nur zu bald fest, daß es am Anfang durchaus nicht einfach ist, sich daran zu gewöhnen, daß man jetzt Teil eines Paares ist. Der erste Teil der Flitterwochen ist zu Ende, wenn die beiden zum erstenmal ihre neue Wohnung betreten. Der zweite Teil der Flitterwochen ist erst dann zu Ende, wenn jeder für sich an dem Punkt angekommen ist, an dem er sich sagt: »So ist es also, wenn man richtig verheiratet ist.«

Es heißt oft, »die Flitterwochen sind vorüber«, wenn eine neue Situation zur Gewohnheit und damit langweilig geworden ist. Das hasse ich. Nicht, daß nicht etwas Wahres daran wäre, aber *das hasse ich*! Ich sage immer, die Flitterwochen sollen ruhig zu Ende gehen, denn richtig und fest verheiratet zu sein ist viel besser als die Flitterwochen.

Viele Leute sprachen davon, daß die zweiten Flitterwochen oft besser sind als die ersten. Das kann alles mögliche bedeuten: besseren Sex, mehr Zeit für die Ferien, mehr Geld zum Ausgeben, alle möglichen Dinge, die mehr Sicherheit bringen. Ich finde jedoch, daß die Aufregung, das Neue, das Abenteuer der ersten Flitterwochen, der wirklichen Hochzeitsreise, eine wunderbare Reise in die Welt der reifen Liebe ist. Dieser Aufbruch mit Begeisterung, aber auch Angst, in eine sehnlichst erträumte unbekannte Welt ist einfach nicht wiederholbar. Ich habe in meinem Archiv zahlreiche weitere Flitterwochen-Geschichten – manche endeten mit einer vermeidbaren Katastrophe, manch scheiterten daran, daß da zwei Menschen zusammenkamen, die einfach nicht zusammenpaßten. Aber mutige junge

Leute haben wirklich das Bedürfnis, dieses große Risiko einzugehen. Es gibt Fälle, wo es anfänglich mit dem Sex nicht so recht klappt. Aber ich habe schon häufig gehört, daß Menschen nach monatelanger sexueller Frustration mir gesagt haben, diese Zeit der Prüfung sei eine bittere, aber gleichzeitig auch süße Phase ihrer Liebe gewesen, in der sie im anderen eine Stärke und Sanftheit entdeckt hätten, die ihnen bei einem unproblematischen Beginn vielleicht verborgen geblieben wären. Ich führe ihre Erfahrungen hier nur an, um ihnen den gebührenden Respekt zu erweisen, und nicht etwa, weil die Flitterwochen immer so »bitter-süß« verlaufen müßten.

Versuchen Sie es mit einem Beinahe-Koitus

Unter Umständen kann es empfehlenswert sein, eine Weile einen sogenannten Beinahe-Koitus zu probieren. Beide sind erregt, das Kondom wird über den Penis gestreift, und dann versucht er, zum Orgasmus zu kommen, indem er den Penis stoßweise an dem Venushügel der Frau reibt – das ist die behaarte Wölbung oberhalb der Vulva, der äußeren weiblichen Geschlechtsorgane. So kann sich der Penis gleichzeitig an die dünne Schutzhülle und an die Nähe der Vagina gewöhnen und weniger Gefahr laufen, beim Versuch, die Jungfernhaut zu durchstoßen, die Erektion zu verlieren.

Der größte Fehler, den man in dieser Situation begehen kann, besteht darin, von einem unerfahrenen Partner zu erwarten, daß er oder sie sich wie ein Großmeister im Sex verhält. Diese Meisterschaft werden Sie beide im Laufe der Zeit und mit wachsender Erfahrung erreichen – aber jetzt können Sie sie noch gar nicht besitzen.

Nur Sie beide gegen die ganze Welt

Vergessen Sie nicht, daß jeder Mensch das Bedürfnis hat, umarmt zu werden, ohne daß es dabei um Sex geht, und jetzt ist ausgiebig Zeit dafür.

Und denken Sie auch *daran*: Es liegt im Wesen dieser engen Beziehung, besonders in der Anfangszeit, daß zwischen den beiden Ehepartnern eine besondere Bindung entsteht, die sie aus ihrer Umwelt heraushebt und sie in gewisser Weise mit der ganzen übrigen Welt in Konflikt bringt. Darum ist es selbstverständlich, daß keiner von Ihnen

Außenstehenden vom intimen sexuellen Verhalten des anderen erzählt und beide sich darüber einig sind. Das ist nicht nur wichtig für das Selbstbewußtsein, sondern auch für guten Sex.

Nach außen hin sollten Sie wie ein glückliches Liebespaar wirken und sich gegenseitig immer wieder ermutigen im Vertrauen darauf, daß Sie in Kürze sexuell erfolgreich sein werden.

5.

Ein kluges Hochzeitsgeschenk

Ich spreche von einem Geschenk, das eine kluge Tante ihrer Nichte zur Hochzeit schenkt, denn die Dame, der ich diese Idee verdanke, hat ihrer Nichte ein solches Hochzeitsgeschenk gemacht. Als die Nichte es auspackte, hielt sie ein sehr schönes, in Leder gebundenes Adreßbuch in der Hand, welches bereits einige Eintragungen in der markanten, gut leserlichen Handschrift ihrer Tante enthielt. Auf einer beigelegten kleinen Karte war zu lesen, daß das Leben zum großen Teil aus einer Kette kleiner Notfälle bestehe, die sich meistens sofort bewältigen lassen, wenn man nur weiß, welche Telefonnummer man anrufen soll.

Sie werden vielleicht denken: »Na ja, eine reiche Tante und eine reiche Nichte. Die brauchen bloß den Telefonhörer abzuheben.« Aber auch wenn Sie sehr bescheiden leben, ja selbst wenn Sie stolz darauf sind, wirklich *arm* zu sein, brauchen Sie ein paar Telefonnummern. Vielleicht nicht gerade für ein Teppichreinigungsgerät, weil Ihr Fußboden mit Linoleum ausgelegt ist, vielleicht auch nicht für den Kaviarlieferanten, aber dennoch gibt es ein paar Nummern, die Ihren Bedürfnissen entsprechen. Dabei brauchen Sie keineswegs eine kluge Tante oder auch ein teures Adreßbuch mit Ledereinband – Sie können Ihre Telefonnummern in ein kleines, aber stabiles Merkheft eintragen.

Besagte Tante trug die folgenden Nummern in das kleine Buch ein: den Hausarzt, den Zahnarzt, den Gynäkologen, den Urologen, die Polizei, die Feuerwehr, die Notaufnahme des Krankenhauses, den Elektriker, den Klempner, die Notrufnummer für einen Gasrohrbruch, die Informationsstelle für Vergiftungen, die Tierklinik, einen Geistlichen (für den Fall, daß jemand ganz plötzlich heiraten will) und eine ganze Reihe von Läden, die einem gutes Fleisch, guten Fisch, Käse, Gebäck, verschiedene Arten von Kleidung und ganz besonders gute Pfefferminzplätzchen liefern! Eine gute Mischung von notwendigen, nützlichen, praktischen, angenehmen und auch einigen ausgefallenen Telefonnummern.

Natürlich hoffte die Tante, das Büchlein würde ihre Nichte ermuntern, ganz gezielt weitere Telefonnummern zu sammeln und einzutragen, und ihr vielleicht sogar zur Erkenntnis verhelfen, daß es für einen Erwachsenen praktisch überall Anlaufstellen gibt, die einem immer weiterhelfen können.

Die zukünftige Braut erkannte natürlich sofort, wie nützlich das Büchlein war, denn es enthielt zahlreiche Nummern für alle möglichen Notfälle, denen sich ihre Tante im Laufe der Zeit ausgesetzt gesehen hatte. Sie erkannte, wie wichtig es ist, daß jeder eine solche Liste über die kleinen Katastrophen, die einem im Alltag passieren, führt, und was man unternommen hat, um das jeweilige Problem zu lösen – vor allem, welches die richtige Telefonnummer war. Dann braucht man später nicht so lange zu suchen. Außerdem kann man diese nützlichen Tips der nächsten Generation weitergeben.

Warum gehört ein Sextherapeut ins Telefonbuch?

Sie sollten in Ihr Büchlein auch die Telefonnummer eines Sextherapeuten eintragen oder zumindest die einer sexuellen Beratungsstelle. Warum denn nicht? Vielleicht werden Sie die Nummer nie brauchen, aber schaden kann es keinesfalls!

Viele Ehepaare kommen ihr ganzes Leben lang ohne den Rat eines Sexualtherapeuten aus, und ich bin auch keinesfalls dafür, in diesem Bereich unbedingt Probleme entdecken zu wollen. Aber wenn man weiß, an wen man sich in Notfällen wenden kann, kann man sich unter Umständen viel Kummer und viele Sorgen ersparen, die wirklich vermeidbar sind. Wenn man also sexuell aktiv ist und plötzlich Freunde zu einem kommen und um Hilfe bitten, dann sollte man zumindest wissen, welche Spezialisten für solche Fälle zuständig sind und wie man sie möglichst schnell erreicht; dazu gehören der Gynäkologe, der Urologe, der Geburtshelfer, der Eheberater, der Sextherapeut, eine Institution, die einem die neuesten Informationen auf dem Gebiet der Empfängnisverhütung vermitteln kann, und die Beratungsstelle oder Klinik für Geschlechtskrankheiten.

Der Gynäkologe ist für die Frau der Facharzt, der für alle Probleme zuständig ist, die mit dem Bauch, der Vagina usw. zusammenhängen, während der Mann bei allen Fragen, Geschlechtsorgane und Harnwege betreffend, den Urologen konsultiert.

Der Geburtshelfer wird herangezogen, wenn eine Frau wirklich schwanger ist.

Normalerweise vermittelt einem der Hausarzt einen Gynäkologen, Urologen und Geburtshelfer, aber es ist gut zu wissen, daß man sich diese Fachärzte selbst aussuchen kann – für den Fall, daß einem eine bestimmte Form der Behandlung nicht zusagt.

Warten Sie nicht ab, bis Sie in einer Notsituation plötzlich zu einer solchen Entscheidung gezwungen sind. Seien Sie lieber darauf vorbereitet, den Arzt oder die Ärztin ihrer Wahl jederzeit anrufen zu können, wenn es nötig sein sollte.

Eheberater sind Fachleute, die dann helfen können, wenn es im Zusammenleben zu Schwierigkeiten kommt: wenn es ständig Streit gibt, wenn man sich mehr und mehr voneinander abgrenzt, kurz: bei allen Problemen, die das betreffende Paar ohne Hilfe von außen nicht mehr in den Griff bekommt. Eheberater haben schon viele gute Ehen gerettet, die zum Scheitern verurteilt zu sein schienen.

Sextherapeuten sind schließlich darauf spezialisiert, einem Paar oder auch einem einzelnen Individuum bei Störungen oder Problemen im Sexualleben zu helfen. Diese Experten sind zuständig für Bereiche, die in der Regel von den verwandten Disziplinen, d. h. Psychologen, Gynäkologen und Urologen, nicht abgedeckt werden. Die psychosexuelle Therapie, wie man die Sextherapie offiziell nennt, sollte sich nur über einen kurzen Zeitraum erstrecken. Während die Psychoanalyse eher langfristig angelegt ist und normalerweise mehrere Jahre in Anspruch nimmt, beschäftigt sich die Sextherapie mit bestimmten, konkreten Störungen des Sexuallebens, und häufig reicht zu deren Behandlung bereits ein einmaliger Besuch. In vielen Fällen ist nur sexuelle Aufklärung oder Information erforderlich. Dabei kommt es durchaus manchmal vor, daß der Gynäkologe oder auch der Urologe eine Ausbildung als Sextherapeut hat oder, wie in meinem Fall, der Sextherapeut gleichzeitig Eheberater ist.

In meiner eigenen Praxis schicke ich meine Patienten oft zuerst einmal zum Gynäkologen oder Urologen, um feststellen zu lassen, ob vielleicht ein physisches Problem vorliegt, aber auch, um meine Patienten und mich selbst zu beruhigen, daß *keine* physische Störung vorliegt.

Manchmal unterbreche ich die Sextherapie auch für eine Weile und gehe zur Eheberatung über, wenn die sexuellen Schwierigkeiten in der Ehe durch andere Dinge verstärkt werden, die die Ehe belasten, wie zum Beispiel ein Streit über Geld oder über die Schwiegereltern, nicht verdauter Ärger über frühere Vorfälle – hier können sehr viele Dinge eine Rolle spielen.

Die Bereitschaft zu helfen

Eine Beratungsstelle, die die neusten Informationen über Empfängnisverhütungsmethoden bereithält, ist vielleicht nicht so wichtig für ein Paar, das sich wahrscheinlich bereits für eine Verhütungsmethode entschieden hat, die für beide am geeignetsten erscheint, aber man sollte trotzdem eine solche Adresse bereit haben, um gegebenenfalls anderen die verläßlichsten Informationen vermitteln zu können.

Es kommt vor, daß Freunde sich vertraulich und besorgt an den Ehemann oder die Ehefrau wenden, weil sie befürchten, sich eine Infektion zugezogen zu haben – eine Geschlechtskrankheit, wie es früher hieß, oder besser gesagt: eine sexuell übertragbare Krankheit, wie man heute sagt. In einem solchen Falle sucht man sich die Nummer der nächstgelegenen Klinik für solche Krankheiten heraus, schreibt sie auf einen Zettel und drückt diesen seinem Freund bzw. seiner Freundin in die Hand, damit sie so schnell wie möglich behandelt werden können. Jedes Zögern oder Warten wäre hier fehl am Platze.

Die Telefonnummern all dieser Spezialisten für sexuelle Fragen sollten unbedingt in jedem Adreßbuch stehen. Wenn man alt genug ist, um ein Sexualleben zu haben, dann ist man auch alt genug, um zu lernen, wie man verantwortungsvoll damit umgeht.

6.

Offenheit

In diesem Buch geht es nicht um die offene Ehe, um offene Beziehungen oder darum, Sex mit Außenstehenden anzupreisen. Warum nicht? Nun, ich habe nun einmal ein starkes Vorurteil gegen diese Vorstellung! Und schließlich kann ich in diesem Buch nicht auf alles eingehen. Dieses Buch ist einfach für Menschen gedacht, die in unserer heutigen Welt an Monogamie festhalten wollen.

Die Offenheit, um die es hier geht, ist die Offenheit zwischen Ehefrau und Ehemann. Im Idealfall können beide ganz freimütig miteinander umgehen, weil sie wissen, daß es diese Partnerschaft ist, die ihnen die größte persönliche Unterstützung garantiert. Wenn Ihnen das Herz überläuft, dann können Sie zu Ihrem Ehepartner gehen und Ihr Herz ausschütten und werden bei ihm oder ihr Liebe, Trost und guten Rat finden. Ihrem Ehepartner gegenüber brauchen Sie nicht auf der Hut zu sein, ganz gleich wie sehr Sie sich anderen Menschen gegenüber unter Kontrolle haben müssen. Dazu ist die Ehe doch schließlich da, oder nicht?

Ich finde durchaus, daß es so ist, aber ich sage auch, daß Sie wissen sollten, wie stark Ihr Ehepartner ist, bevor Sie ihm oder ihr all Ihre Sorgen aufbürden. Vielleicht ist es besser, Sie behalten einen Teil Ihrer Sorgen für sich, wenn Sie der Meinung sind, daß Ihr Partner schon genug Sorgen zu tragen hat. Das bedeutet natürlich, daß man etwas zurückhält und nicht völlig offen sein kann. Ich empfehle also diese Art von eingeschränkter oder selektiver Offenheit, obwohl ich genau weiß, daß einige meiner Leser darüber erschrecken werden!

Hier sind ein paar Dinge, die man vielleicht besser herunterschlukken und selbst verarbeiten sollte, anstatt sie ganz offen seinem Ehepartner anzuvertrauen.

Nehmen Sie einmal an, daß jemand unter Ihren Arbeitskollegen sexuelles Interesse für Sie zeigt. Wenn die Sache nicht gerade so problematisch ist, daß sie für Sie zu einer echten Lebenskrise wird, wenn es also etwas ist, was Sie ignorieren oder ganz einfach mit einem Lachen übergehen können, dann sollten Sie Ihren Ehepartner nicht damit belasten. In den meisten Ehen sind Mann und Frau jeden Tag viele Stunden voneinander getrennt, und wenn man getrennt ist, dann muß man dem anderen gegenüber einfach Vertrauen haben, damit beide in der Lage sind, ihren täglichen Pflichten nachzukommen. Dieses Vertrauen beinhaltet nicht nur die Sicherheit, daß der andere sich nicht sofort austobt, sobald die Luft rein ist, sondern auch, daß man dem anderen zutraut, daß er einen Flirtversuch als reines Kompliment auffassen und alle ernsteren Annäherungsversuche schnell und eindeutig zurückweisen wird. Es kommt im Alltagsleben und in allen Arbeitssituationen immer wieder vor, daß jemand versucht, sich mit jemandem einzulassen, der verheiratet ist; das passiert eben nicht nur im Showgeschäft, das gibt es auch in Büros, in Krankenhäusern, in Fabriken und an der Universität. Welcher Pfarrer oder Rabbiner hat es nicht schon erlebt, daß eine Frau ihn bedrängt? Und gerade diese Männer müssen sehr diskret auf derartige Annäherungsversuche reagieren, denn sie sind für das Wohl der gesamten Gemeinde und jedes einzelnen verantwortlich, auch der Irregeleiteten. Darum müssen sie oft derartige Avancen zurückweisen, ohne ihrer Frau etwas davon zu sagen. Ein Geistlicher muß die Freiheit haben, zu sagen: »Einigen wir uns darauf, daß nie etwas vorgefallen ist. Damit ist die Sache erledigt.« Ohne die potentielle Verführerin an irgend jemanden zu verraten.

In meiner Radio-Talkshow kommt es immer wieder vor, daß mich Männer anrufen und erzählen, ihre Schwägerin sei hinter ihnen her. Frauen berichten mir, wie sich Väter, Brüder oder Freunde ihrer Ehemänner in verräterischer Absicht um sie bemüht hätten. Ich rate ihnen in der Regel, den Eindringling aufzufordern, damit aufzuhören und ihm zu drohen, sie würden andernfalls ihren Ehepartner davon in Kenntnis setzen – natürlich ohne dem Ehepartner tatsächlich davon zu erzählen. Wenn es nämlich gelingt, die ganze Sache zu beenden und zu verheimlichen, dann ist der ganzen Familie damit meist sehr viel mehr gedient.

Was Lügen angeht, so habe ich große Hemmungen, andere zum Lügen zu ermuntern, auch wenn ein Rabbiner Ihnen sagen wird, daß gewisse kleine Unwahrheiten oder Notlügen keine Lügen im eigentlichen Sinne sind und nicht gegen die Gebote verstoßen. Beispielsweise wenn man einem Geistesgestörten gegenüber die Unwahrheit sagt. Aber auf jeden Fall brauchen Sie nicht unbedingt eine Wahrheit herauszuposaunen, mit der Sie weit mehr Schaden anrichten als Gutes tun würden.

In ziemlich regelmäßigen Abständen höre ich immer wieder eine bestimmte Frage von einer liebenswerten jungen Frau (andere haben mir ähnliche Fragen gestellt). Seit einem oder zwei Jahren lebt sie mit einem jungen Mann zusammen, und zwar nach einer Vereinbarung, die getroffen wurde, um eine ehrliche, offene Beziehung ohne jede Heuchelei zu ermöglichen; wenn sich einer der beiden Partner nicht mehr darin wohl fühlt, kann die Beziehung jederzeit gelöst werden. Beide haben die Freiheit, sich mit anderen einzulassen, wenn sie das wollen. Keiner von beiden braucht sein Interesse an anderen oder seine sexuellen Beziehungen zu anderen zu verheimlichen. Soviel zum Hintergrund der Frage. Die Frage selbst kann sehr unterschiedlich formuliert werden, beinhaltet aber letzten Endes immer das gleiche Problem: Hat sie das Recht, ihren ehrlichen, offenen und nichts verheimlichenden Liebhaber zu bitten, all das zu vergessen und ihr treu zu sein?

Meine Antwort auf diese Frage lautet immer, daß sie selbstverständlich das Recht hat, Änderungen der Regeln ihres Zusammenlebens zu verlangen. Und wenn sie mit diesem Wunsch nach anderen Regeln auf Ablehnung stößt, die Beziehung zu lösen und ihren Liebeskummer auszuleben und dann wieder zu sich selbst zu finden und sich einen neuen Partner und eine neue Beziehung zu suchen, in der sie sich besser fühlt. Natürlich ist das ihr gutes Recht unter den Bedingungen, auf die sie sich eingelassen hat.

Es ist erstaunlich, wie schmerzhaft es sein kann, aus einer offenen Beziehung auszusteigen. Alles ist darauf angelegt, das zu erleichtern, aber wenn es soweit ist, dann muß man plötzlich die enge Verbindung lösen, seine Abhängigkeiten überwinden und seine festen Gewohnheiten durchbrechen. Die meisten Leute suchen danach eine Beziehung, die verbindlicher ist und mehr Einschränkungen verlangt. Das Leben in Freiheit hat sich einfach als zu einsam, zu bedrohlich und schmerzhaft erwiesen. Man stellt plötzlich fest, daß Liebeskummer und Herzweh wirklich Herzschmerzen verursachen – und hatte doch immer geglaubt, das sei nur poetisches Geschwätz. Also gut, nun bin ich also doch auf offene Beziehungen eingegangen.

Die moderne Ehe, die man früher als angelsächsisch oder amerikanisch bezeichnete, die aber jetzt genau wie Coca-Cola und Fast-Food-Restaurants überall anzutreffen ist, funktioniert nach folgendem Prinzip: Zwei Menschen begegnen sich und erleben die Euphorie der Liebe, oft auch der Sexualität. Diese Liebe wollen sie ewig bewahren und binden sich deshalb mit einem Vertrag aneinander. Wenn die erste Phase der Liebe, dieser wundervolle Rausch, vorbei ist, dann gibt es zwei Möglichkeiten: entweder die Ehe scheitert oder die beiden Ehepartner pflegen sie sorgfältig, so wie ein Haus mit Garten, in dem sie sicher leben können und sich gegenseitig Trost und Freude schenken.

Ein weises Ehepaar wird alles tun, was die Ehe fördert und stärkt, und sich, wie versprochen, bemühen, keine Dinge zu tun oder auch zu sagen, die verletzen könnten.

Das Wichtigste dabei ist das Miteinander-Reden; man könnte sagen, es ist die Grundlage der Ehe. Je mehr gute, hilfreiche, amüsante und tröstende Worte und je weniger verletzende Sie in die Ehe einbringen, um so angenehmer wird sich dieses lange Gespräch entwickeln.

»Mein Mann und ich sprechen ganz offen miteinander«, plappert eine Frau während der Dinnerparty mit zwei weiteren Ehepaaren drauflos, obwohl sie seit einer Stunde niemand anders hat zu Wort kommen lassen. Und plötzlich zeigt sich ein leichtes Lächeln auf den Gesichtern ihrer Zuhörer, nach einigem Zögern auch bei ihrem Ehemann. Alle denken im stillen, daß einer der beiden Ehepartner weniger offen ist als der andere, vielleicht auch nur, weil *sie* ununterbrochen redet. Aber immer, wenn zwei Menschen miteinander sprechen, gleich ob sie verheiratet sind oder sich erst vor fünf Minuten kennengelernt haben, ist einer immer offener als der andere.

Die oben erwähnte Dame scheint zu denen zu gehören, die an absolute Offenheit glauben. Das ist eine weitverbreitete Haltung, mit der sich Sextherapeuten und Eheberater immer wieder konfrontiert sehen, unter der aber auch gewöhnliche Mitmenschen häufig zu leiden haben. Ein Mann schilderte mir, wie sich in der Eisenbahn eine ihm völlig fremde Dame mittleren Alters zu ihm gesetzt und ihm von den Menstruationsproblemen ihrer Tochter erzählt habe. Auch das wäre einer von den Fällen, in denen eine Person völlig offen ist und die andere damit einfach überschüttet wird.

Dabei muß es durchaus nicht immer der weibliche Partner sein, der offen ist, während der andere kühl und zurückhaltend bleibt. Eine Ehefrau, die jeden Abend ein paar Minuten vor ihrem Mann nach Hause kommt, erzählt mir, daß sie dann unbedingt eine halbe Stunde Ruhe um sich herum braucht, aber wenn ihr Mann kommt, fängt er sofort an, ihr seinen ganzen Tagesablauf zu erzählen.

Ich finde, daß Offenheit zwischen den Ehepartnern eine wunderbare und schöne Sache ist, aber auch eine wirkliche Leistung darstellt. Es geht eben nicht einfach darum, daß zwei Menschen einen Wettbewerb in Offenheit führen, bei dem einer immer gewinnt.

Echte Offenheit ist erst dann erreicht, wenn einer der beiden anfängt, dem anderen aufmerksam zuzuhören.

Als Sextherapeutin und Eheberaterin finde ich Offenheit in meiner

Praxis sehr nützlich, aber ich kann Ihnen versichern, daß es durchaus Situationen und Zeiten gibt, in denen ich sie einfach ermüdend finde. Ich treffe immer wieder Leute, die mich in ihre intimsten Privatsachen einweihen, und dann wünsche ich mir oft ein wenig mehr Zurückhaltung. Dabei ist es gar nicht einmal so, daß jemand mit dieser Offenheit ganz einfach Hilfe für ein persönliches Problem sucht, während ich mich gerade von meinem Beruf als Ratgeberin zu erholen versuche. In gewissem Umfang erwarte ich das sogar – das gehört einfach zum Beruf des Therapeuten und Beraters. Ich erwarte keine Bezahlung für jede kleine Hilfestellung, die ich ratlosen Freunden oder Bekannten leiste. Aber ich habe wie jeder andere Mensch ein genaues Gespür für jemanden, der sich auf jedes kleinste Symptom stürzt oder ständig nach unwichtigen, halb ehrlichen, halb gespielten Reaktionen auf belanglose Vorkommnisse sucht und dabei erwartet, daß man ihm aufmerksam zuhört. Es ist Egoismus der niedrigsten Sorte, anderen Menschen ausführlich zu erzählen, wo es einen juckt und kratzt und wie es mit der Verdauung klappt, wenn man vage erotische Neigungen hat, sich über die Größe seines Penis Gedanken macht oder über die Tatsache, daß man vor fünfzehn Jahren mal mit irgendwem oralen Sex hatte – und all das ohne die geringste Scheu, ohne daß es einem in den Sinn kommt, man könnte seine Zuhörer damit langweilen. Und wenn es darum geht, seinem Liebhaber oder Gatten alles zu erzählen, ohne daran zu denken, daß man ihn oder sie mit sinnlosen Enthüllungen oder irregeleiteten Erlebnissen aus der Vergangenheit schwer verletzen könnte, so kann man auf diese Weise leichtfertig eine Beziehung vergiften.

Eine junge Frau, die als Teenager eine Reihe von homosexuellen Erlebnissen hatte, fragt mich, ob sie das ihrem Freund erzählen solle. Sie habe Angst davor, er könne, wenn sie sexuell zusammen seien, feststellen, daß sie lesbisch sei.

Lachen Sie nicht! Sie befürchtet vielleicht, diese Erfahrung könnte Spuren an ihr hinterlassen haben. Schließlich hat man ihr ja auch gesagt, daß Geschlechtsverkehr mit einem Jungen sie so verändern würde, daß jeder andere Junge danach sofort merken würde, daß sie keine Jungfrau mehr ist. Und daß sie bei einer Schwangerschaft Dehnungsnarben am Bauch bekommen würde, die deutlich verraten, daß sie ein Kind bekommen hat. Daß Selbstbefriedigung die Klitoris vergrößert. Darum möchte diese junge Frau, die ja keine Physiologin oder Sexspezialistin ist, wissen, ob es irgendwelche verhaltensmäßigen oder körperlichen Merkmale gibt, an denen man erkennen kann, daß sie sexuelle Erfahrungen mit Mädchen gehabt hat.

Ich beruhige sie, daß es so etwas nicht gibt. Das ist alles, was dazu zu sagen ist: Man kann so etwas nicht erkennen. Und natürlich braucht sie ihm davon nichts zu erzählen, besonders nicht in der Anfangsphase ihrer Beziehung. Ich gebe ihr den Rat, mit niemandem darüber zu sprechen. Es ist ganz einfach ein vorübergehendes Stadium, das manche Menschen in ihrer Jugend durchlaufen, bevor sie sich für das andere Geschlecht zu interessieren beginnen.

Insbesondere am Anfang einer Beziehung sollten weder der Mann noch die Frau ihre früheren Erfahrungen wie ein Schild um den Hals tragen, als sei es ein Schandmal. Das wäre genauso, als würde man sagen: »Laß die Finger von mir und versuche nicht herauszufinden, was für ein Mensch ich bin – ganz gleich, was dir an mir auf den ersten Blick gefällt. Sieh doch nur, welches Etikett ich mir umgehängt habe!«

Auch wenn man heute sehr viel freizügiger miteinander umgeht als früher, ist es durchaus nicht nötig, aggressive Offenheit an den Tag zu legen. Sie müssen nicht gleich sagen: »Ich habe mit dreizehn meine Jungfernschaft verloren«, »Ich habe zwei Abtreibungen hinter mir« oder »Im letzten Jahr habe ich mich nach einem großen Fußballspiel der ganzen Mannschaft hingegeben«. Ein solches Verhalten ist einfach abscheulich, so als würde man sagen: »Mein Vater hat 50 Millionen Dollar« oder »Damit du gleich Bescheid weißt: Ich bin noch Jungfrau und möchte es auch bleiben«. Wenn Sie sich so verhalten, dann dürfen Sie sich nicht wundern, wenn die Leute nur sagen »Herzlichen Glückwunsch!« und Sie stehen lassen.

Ganz gleich, wie lange Ihre Beziehung dauert, eine Woche oder fünfzig Jahre: Sie brauchen dem anderen nie etwas zu sagen, was Sie tief in Ihrem Innern verborgen haben, wenn Sie es nicht selbst wollen. Auch wenn Sie in eine allgemein bekannte Geschichte verwickelt waren, dann müssen Sie sie ja nicht unbedingt ständig wieder aufwärmen. Nehmen wir einmal an, Sie waren das Mädchen, das sich von einem bestimmten Jungen aus der Abschlußklasse überreden ließ, mit ihm zu schlafen, weil Sie glaubten, daß er Sie liebe und schwer leiden würde, wenn Sie so grausam wären, sich ihm zu verweigern; und später erfuhren Sie dann, daß er danach vor allen anderen Mitschülern damit geprahlt hat. Eine solche Geschichte hält sich manchmal eine ganze Ewigkeit, und wenn Sie glauben, daß Ihr Mann eines Tages davon erfahren könnte, dann wollen Sie natürlich nicht ständig mit dieser Befürchtung herumlaufen und warten, bis es passiert. Aber ich bin keineswegs dafür, daß Sie Ihren Verlobten vor der

Hochzeit mit dieser Sache konfrontieren. Sie sollten sich nur überlegen, was Sie tun und sagen werden, wenn er irgendwann einmal mit dieser Geschichte zu Ihnen kommt.

Eine Ehefrau hat in einer solchen Situation das gute Recht zu sagen: »Das ist eine Sache, die passiert ist, bevor wir uns kennengelernt haben. Du hast vor unserer Hochzeit genug Zeit gehabt, um mich nach meiner Vergangenheit zu fragen, wenn du gewollt hättest. Was damals geschah, war das Schlimmste, was man mir in meinem Leben je angetan hat. Es war zwar teilweise auch meine eigene Schuld, aber ich war noch sehr jung damals.«

Man kann ohne weiteres davon ausgehen, daß ein Mann, der sich damit abfindet, daß seine Frau vor ihm schon mit anderen Männern Sex hatte, auch akzeptieren wird, daß sie Fehltritte und Enttäuschungen hinter sich hat. Wenn er sie nie danach fragt, dann läßt er die Vergangenheit stillschweigend auf sich beruhen.

Das Klügste ist vielleicht, den anderen nach seiner Vergangenheit zu fragen, bevor man den Hochzeitstermin festsetzt. Auf keinen Fall jedoch danach.

Wie man sich durch Schweigen schützt

In der Bronx lebte einmal ein Buchhalter (so hätte Boccaccio die Geschichte begonnen), der die Asche seiner Zigarre in einer Kristallschale abstreifte. Da er wußte, daß sich seine Frau darüber ärgern würde, wusch er die Schale später aus, wobei er sie im Spülbecken zerbrach. Das war sehr schlimm, denn die Schale war seiner Frau von ihrer Schwester geschenkt worden, die mittlerweile verstorben war. Seine Frau hing deshalb sehr an dem Erinnerungsstück. Er nahm die größte der Scherben, wickelte sie in Papier und ging in einen teuren Laden an der Fifth Avenue, wo er dem Verkäufer ein Vermögen anbot, falls er ihm eine ebensolche Schale besorgen könnte. Der Verkäufer meinte, das sei nicht nötig: fünfundvierzig Dollar würden ausreichen, denn sie hätten diese Schale am Lager. Unser Buchhalter stellte die neue Schale zu Hause an den gleichen alten Platz, und in den folgenden Jahren sah er immer wieder, wie seine Frau sie betrachtete und in liebevollem Andenken an ihre Schwester immer wieder in die Hand nahm. Was soll man von so einem Mann halten, der gleichzeitig ein Feigling, ein listiger Schurke und ein liebender Ehemann ist? Ich muß gestehen, daß er mir sehr sympathisch ist.

Nehmen wir seine Handlungsweise als eine Täuschung, die notwendig war, um bestimmte wichtige Gefühle aufrechtzuerhalten.

Liebe Dr. Ruth: Ich habe mit meiner Schwägerin geschlafen und kann die Belastung jetzt kaum noch ertragen. Meine Schwägerin und ich haben vereinbart, daß wir uns nie wieder berühren und die Sache geheimhalten werden, aber ich habe ein schlechtes Gewissen, weil ich meine Frau betrogen habe. Dabei sind wir immer ganz offen miteinander gewesen...«

Welchen Rat ich diesem Mann gegeben habe? Ich sagte ihm, er solle seinen Mund halten und nicht darüber sprechen! Er und seine Schwägerin seien die Schuldigen. Warum sollten seine Frau und der Rest der Familie darunter leiden, wenn sie nichts damit zu tun haben? Der Ehebruch mit der Schwägerin sei ein großer Fehler gewesen, doch seine Ehe zerstören und die ganze Familie ins Unglück stürzen, sei ebenso verhängnisvoll. Ich riet ihm, diese Last für sich zu behalten.

Als Eheberaterin passiert es mir nicht sehr häufig, daß mich erfahrene Ehebrecher um Rat fragen – meist sind solche Menschen hartgesotten und kommen selten zu unsereinem. Aber ich habe es oft mit Menschen zu tun, die aus Leichtsinn, Schwäche oder mangelnder Beherrschung einen Fehler gemacht haben – und nun aus Leichtsinn, Schwäche oder mangelnder Beherrschung am liebsten alles ihrem Ehepartner beichten und damit die ganze Last des Problems dem Opfer aufbürden würden. Wenn Sie gegen Ihre Ehe gesündigt haben, dann haben Sie sich damit nur selbst geschadet. Sie haben das gute Bild, das Sie von sich selbst und von Ihrer Ehe hatten, zerstört. Den damit verbundenen Schmerz sollten Sie, soweit es geht, allein auf sich nehmen. In fast allen solchen Fällen würde ich sagen, daß es falsch wäre, dem betroffenen Ehepartner davon zu erzählen.

Ein Ehemann kam zu mir und erzählte mir die folgende Geschichte: Er war seiner Frau untreu gewesen und hatte sich gezwungen, darüber Stillschweigen zu bewahren, obwohl er ihr eigentlich alles gestehen wollte. Diese Unehrlichkeit bereitete ihm Kummer, und gleichzeitig machte er sich Sorgen, daß sie alles herausfinden könnte, und wollte diese Angst dadurch loswerden, daß er ihr alles selbst erzählte. Nun, das ist menschlich durchaus verständlich, so wie es verständlich ist, daß man sich wie ein Baby verhält und seine Frau wie die Mutter dieses Babys behandelt. Das Ergebnis war jedoch, daß er sich von seiner Frau schlecht behandelt fühlte! Jedesmal wenn sie sauer war oder herumnörgelte oder ihn ungerecht behandelte, dachte er bei sich: »Wenn du wüßtest, wieviel Kummer ich ertragen muß, um dich vor Kummer zu bewahren!«

Ich sagte zu ihm: »Sehen Sie, Sie ärgern sich über Ihre Frau, nur weil Sie sich nicht ganz auf der Höhe fühlt und nicht ständig vollkommen ist. Nur weil Sie selbst eine Dummheit gemacht haben, muß sie immer vollkommen sein! Diese ganze Sache quält Sie und verstellt Ihnen den Blick. Der Grund dafür ist, daß Sie in Ihrem Kopf ein gigantisches Bild von drei Menschen mit sich herumtragen. Ihre Ehefrau ist für Sie eine Frau, die Sie zwar betrogen, aber auch vor einer Katastrophe bewahrt haben. Sie schützen sie, indem Sie alles still erdulden. Sie selbst sind ein Sünder und ein stumm Leidender. Was die andere Frau angeht, so sehen Sie in ihr, gleich wie ihr Leben sonst aussehen mag, nur Ihre Mitsünderin. Ich möchte, daß Sie dieses Bild ändern, das Sie von diesen drei Menschen haben. Was Sie selbst betrifft, so machen Sie sich eine Liste mit all Ihren guten Eigenschaften und Vorzügen. Ich habe nichts dagegen, wenn Sie ein bißchen dick auftragen dabei, aber verzichten Sie auf jeden Fall auf diese ›gute Tat‹, die Sie tun, indem Sie schweigen. Was die andere Frau betrifft, so sollten Sie sie unabhängig von dieser Affäre sehen. Denken Sie sich zehn gute Eigenschaften, die sie auszeichnen, und drei schlechte, die alle nichts mit Ihnen selbst zu tun haben. Bei Ihrer Frau machen sie das gleiche. Jedesmal wenn Sie dann an eine dieser drei Personen denken, sollten Sie sich auf einige dieser Eigenschaften konzentrieren, die, wie gesagt, nichts mit dieser albernen Geschichte zu tun haben. Das Ganze ist aus und vorbei und sollte von allen Beteiligten möglichst schnell vergessen werden. Verfremden Sie diese drei Personen, dann wird es leichter. Betrachten Sie sich selbst zum Beispiel als den ›Direktor‹ und den ›Burschen‹, der am Wochenende immer das Auto saubermacht. Nennen Sie die andere Frau einfach die ›Tennisspielerin‹ (vorausgesetzt sie spielt Tennis). Und nennen Sie Ihre Frau die ›Bibliothekarin‹ oder ›Vogelkundlerin‹. Suchen Sie sich passende Eigenschaften und rufen Sie sich diese in Erinnerung, wenn Sie an die betreffenden Personen denken. Vergessen Sie solche Etikettierungen wie ›die betrogene Ehefrau‹, ›der Betrüger‹ und ›die andere Frau‹. Sie müssen trainieren, zu vergessen, was Sie vergessen sollten.«

»Und wenn meine Frau die Sache herausbekommt?«

»Dann wird sie sich schon was einfallen lassen. Aber überlassen Sie das ihr und tun Sie es nicht selber. Wahrscheinlich wird sie nie davon erfahren, und falls doch, wird sie vielleicht gar kein Wort darüber verlieren. Auf jeden Fall werden Sie auf diese Weise diese drei Personen als das sehen, was sie wirklich sind, und nicht als das, was sie irgendwann einmal für eine kurze Zeit waren. Sie müssen dafür sorgen, daß die banale alltägliche Wahrheit diese schreckliche Übertreibung verdrängt.«

Eine Ehefrau kam zu mir und beklagte sich, daß ihr Mann immer damit angab, wie andere Frauen auf ihn fliegen. Er hatte die alberne Vorstellung, er sei ein universelles Sexsymbol und würde alle Frauen verrückt machen. Und weil er seiner Frau gegenüber so offen war, vertraute er sich ihr an. Im Verlaufe einer Sitzung gestand er mir und seiner Frau, daß das Ganze nur ein harmloses Vergnügen war, eine Phantasie, die er sich ausmalte. Er wollte nicht, daß seine Frau die Sache ernstnehme; sie sollte sich einfach nur über ihn und mit ihm amüsieren. Schließlich erklärte er sich bereit, auf dieses Amüsement zu verzichten. Seine Offenheit in bezug auf diese Tagträume schadete seiner wirklichen Ehe. Das Bild, das er seiner Frau von seinem Leben außerhalb der Familie zeichnete, beunruhigte sie zutiefst, und er selbst sah sich als eine Art Don Juan, der zwar keine echten Eroberungen machte, von dieser Vorstellung jedoch besessen war.

Und hier ist noch etwas, was Sie lieber für sich behalten sollten: intime Augenblicke aus Ihrer Vergangenheit, bevor Sie Ihren Partner oder Ihre Partnerin kennenlernten. Ihr Partner kann durchaus mit dem Gedanken leben, daß Sie schon andere geliebt und mit früheren Geliebten oder Partnern auch Sex gehabt haben – solange dieses Wissen einigermaßen unbestimmt bleibt. In der Vertrautheit und Offenheit der Ehe jedoch kann es durchaus vorkommen, daß man über das gesunde Maß hinausgeht. Am nächsten Morgen wünscht sich der oder die Betreffende dann vielleicht, er oder sie hätte die eine oder andere Sache doch lieber für sich behalten. Ich denke da zum Beispiel an den Fall, daß eine Ehefrau ihrem Mann unbedachterweise erzählte, welche Kosenamen ihr Verflossener sich für ihre und seine Genitalien ausgedacht hatte. Eine andere Frau berichtete ihrem Mann leichtsinnigerweise alle Einzelheiten eines Campingausflugs, den sie mit drei anderen Männern gemacht hatte.

Jede gute Ehe überlebt solches Fehlverhalten. Wenn Sie etwas erzählt haben, was Sie lieber hätten für sich behalten sollen, oder wenn Sie etwas gehört haben, was Sie lieber nicht gehört hätten, dann ist es das beste, Sie denken eine Woche voraus; dann wird sich das Gewicht dieser Erzählung etwas relativiert haben und das gute Einvernehmen zwischen Ihnen und Ihrem Partner nicht mehr ganz so überschatten.

Wenn Sie nicht mehr darum herumkommen

Sie kommen nicht mehr darum herum, wenn Sie sich auf dem Betriebsfest einen Herpes geholt haben. Dann müssen Sie Ihrem Partner oder Ihrer Partnerin erklären, warum Sie dem Sex aus dem Wege gehen, warum Sie Ihre Genitalien verstecken und plötzlich darauf bestehen, daß niemand anders Ihr Handtuch benutzt. Sie müssen zusammen besprechen, welche Vorsichtsmaßnahmen von nun an beim Sex beachtet werden müssen. In dieser Situation gibt es einfach keine andere Möglichkeit, und Sie sollten sich nur überlegen, wie Sie die Sache jetzt anpacken, um alles nicht noch schlimmer zu machen.

Im Falle anderer sexuell übertragbarer Krankheiten gelingt es Ihnen vielleicht, die ansteckende Phase zu überstehen, bis Sie die Infektion überwunden haben, ohne Ihrem Partner/Ihrer Partnerin etwas sagen zu müssen. Syphilis und Gonorrhoe sind – im Frühstadium – normalerweise heilbar und flammen nicht wieder auf.

Wenn jemand versucht, Sie zu erpressen, dann ist es das beste, Sie erklären Ihrem Partner oder Ihrer Partnerin den Grund und nehmen der betreffenden Person so den Wind aus den Segeln.

Es gibt einen Weg, wie man so etwas am geschicktesten macht. Diese Methode erfordert zwar auch einigen Mut und wird Ihnen beiden weh tun, aber es ist einfach die schonendere Art. Sagen Sie Ihrem Partner oder Ihrer Partnerin, daß Sie eine ernste persönliche Angelegenheit zu besprechen haben. Ein guter Ort für so etwas ist im Auto, irgendwo, wo Sie niemand kennt. Natürlich nicht während der Fahrt, sondern auf einem Parkplatz. Auf keinen Fall sollten Sie darüber reden, wenn einer von Ihnen beiden gerade fährt. Auf diese Weise hat Ihr Partner bzw. Ihre Partnerin Gelegenheit, ohne Rücksicht auf andere Leute, zum Beispiel die übrigen Gäste in einem Restaurant oder die Kinder zu Hause, laut zu schreien, zu weinen oder wonach ihm oder ihr sonst zumute sein mag, ohne dabei beobachtet zu werden. Verzichten Sie darauf, sich mit einem Drink Mut anzutrinken – Sie werden einen nüchternen Kopf und klaren Verstand brauchen, wenn Sie die Sache hinter sich bringen wollen.

Auf diese Weise wird sich vielleicht Ihre Ehe nicht retten lassen (obwohl viele Ehen eine solche schwere Krise überstehen), aber auf jeden Fall ist dies der erträglichste Weg, eine unangenehme Wahrheit zu sagen.

Wenn Sie die Sache nicht auf diese Weise im geparkten Auto besprechen können, dann müssen Sie es wahrscheinlich zu Hause tun –

aber bitte nicht vor den Kindern! Wenn es geht, sollten die Kinder dabei überhaupt nicht im Hause sein.

Wie Sie zu einer vorsichtigen Offenheit finden

Eine Ehe spielt sich nicht im luftleeren Raum, sondern in der Wirklichkeit ab; es gibt also immer wieder schwierige Dinge zu besprechen, und Meinungsverschiedenheiten zwischen zwei Menschen sind ganz natürlich. Deshalb ist es das beste, von Anfang an solche Meinungsverschiedenheiten zu bereinigen und sich aufeinander einzuspielen. Erzählen Sie dem anderen, was in Ihnen vorgeht, und hören Sie dem anderen aufmerksam zu. Es ist unerläßlich, sich einander mitzuteilen.

Es wäre jedoch ein Fehler, dabei eine brutale Offenheit um jeden Preis zu suchen, sich gegenseitig aufzuziehen oder sich in gegenseitigen Beschimpfungen zu ergehen. Das ist nicht etwa »modern«, sondern ganz einfach kindisch und verantwortungslos. Ein erwachsener Mensch hat keine Angst, seine Liebe und Zuneigung mit Worten auszudrücken.

Offenheit bedeutet vor allem, daß man offen ist für den Austausch von Liebe und Zärtlichkeit zwischen Mann und Frau. Wenn Sie wirklich offen sind, dann sagen Sie etwas Nettes!

Es dauert eine Weile, bis man die richtige Mischung aus intimer Offenheit und rücksichtsvollem Taktgefühl in der Ehe gefunden hat. Was dabei richtig und was falsch ist, ist nicht nur bei jedem Paar anders, sondern ist auch in jeder Ehe ständigen Veränderungen unterworfen. Sie müssen bereit sein zu lernen, daß Ihr Partner oder Ihre Partnerin plötzlich in die Luft geht, wenn Sie einen bestimmten Nerv berühren – ganz so wie bei einem Fremden.

Wenn Sie das erste Mal bei einem Ehepaar zu Gast sind, dann überrascht Sie vielleicht der lockere Ton, in dem die beiden miteinander sprechen. Sie spüren, daß die beiden ein zufriedenes, entspanntes Paar sind – aber gleichzeitig ziehen sich die beiden in ihrer lockeren Unterhaltung ständig gegenseitig auf und scheinen mit dem Feuer zu spielen!

In Wahrheit ist es einfach so, daß die beiden sich vertrauensvoll in bekannten Gewässern bewegen und sorgfältig alle gefährlichen Stellen und Untiefen meiden. Sie vermeiden dabei alle Themen, die sie nur mit größter Vorsicht gemeinsam angehen, und auch nur, wenn sie unter sich sind. Die beiden kennen ganz einfach ihr Revier.

7.

Was habe ich in Ihrem Schlafzimmer zu suchen?

Ich weiß zufällig, daß in vielen Schlafzimmern überall im Land plötzlich immer wieder mein Name fällt.

Die Frau sagt: »Noch nicht.«

»Warum denn nicht?«

»Noch nicht.«

»Aber du bist bereit!«

»Ich weiß selbst, wann ich bereit bin.«

»Du bist ganz feucht da unten. Deine Bartholinschen Drüsen arbeiten auf Hochtouren. Du bist bereit – du weißt es nur nicht.«

»Dr. Ruth hat gesagt, Männer glauben immer, daß eine Frau bereit ist, wenn sie feucht wird. Aber das stimmt eben manchmal nicht.«

»Aber *ich* bin soweit! Wenn ich noch länger warte, dann geht meine Erektion zurück. Oder ich platze!«

»Du wirst schon wieder eine Erektion kriegen. Und platzen wirst du auch nicht. Dr. Ruth hat gesagt...«

»Dr. Ruth! Dr. Ruth! Soll ihr doch ein Telefon aus den Ohren wachsen!«

Nun bin ich bei weitem nicht der einzige Sex-Guru, der im Schlafzimmer anderer Leute auftaucht. Das erwähnte Paar könnte genausogut von einem der vielen anderen psychosexuellen Therapeuten sprechen – Dr. Gut, Dr. Weise, Dr. Wunderbar und wie sie alle heißen mögen. Ist das gut so? Sollte das Paar in seinem Schlafzimmer nicht besser allein sein?

Erinnern wir uns an jene mißlungene sexuelle Begegnung, bei der die Frau gerade in dem Augenblick, als ihr Mann zum Höhepunkt kam, fragte: »Hast du auch nicht vergessen, den Wecker zu stellen?« Ihr Mann fand, daß die Stimmung in diesem Augenblick durch eine solch banale Überlegung zerstört wurde. Sie hätte lieber bei der Sache sein sollen in diesem heiligen Augenblick, in dem sie doch vielleicht gerade ein neues Leben zeugten. Und auch ohne den Gedanken an eine Schwangerschaft haben viele Liebende etwas dagegen, in einem solchen Augenblick intimster Erfüllung mit derartigen Äußerlichkeiten konfrontiert zu werden.

In Wirklichkeit bin ich meilenweit weg

Ich persönlich habe nichts dagegen, zusammen mit Ihnen im Schlafzimmer zu sein, solange ich nicht wirklich körperlich anwesend bin! Aber was kann es schaden, wenn ein Paar in dieser intimen Situation an mich denkt? Grundsätzlich betrachte ich mich als ein guter Freund mit ein paar guten Kenntnissen, die Liebenden von Nutzen sein können. Und das ist ein sehr angenehmes Gefühl!

Aber es wird immer Leute geben, die an Sexualerziehung und Sextherapie etwas auszusetzen haben und behaupten, ich würde mich in das Privatleben anderer Menschen einmischen. Sie sagen, ich würde den Sex so mechanisch, so hedonistisch, so prosaisch sehen und die seelischen Aspekte vernachlässigen.

Teilweise schuldig, Euer Ehren

Ich gestehe gern, daß ich mich in gewisser Weise durchaus einer Einmischung schuldig mache. Ungefragt und ungebeten nehme ich jede Gelegenheit wahr, bestimmte Gedanken zu verbreiten, die ich den Leuten auch in ihren intimsten Momenten mit auf den Weg geben möchte. Was macht es schon, wenn ein Junge und ein Mädchen plötzlich von der Lust überwältigt werden und einer von ihnen eine bekannte Stimme im Ohr hat, die ruft: »Verhütung!« Das große Ereignis, das gerade stattfinden sollte, wird solange verschoben, bis für die nötige Empfängnisverhütung gesorgt ist – das dauert vielleicht ein paar Minuten, vielleicht auch einen oder zwei Tage, aber was macht das schon?

Gut so! Ausgezeichnet! Und es gibt noch eine ganze Reihe ähnlicher Überlegungen, die ich den Liebenden gerne ans Herz legen möchte, auch wenn sie mich nicht darum gebeten haben. Wahrscheinlich haben sie mich ganz einfach deshalb nicht darum gebeten, weil sie von allein nie darauf gekommen wären. Gerade das macht Sexualerziehung aus, ob im Schulunterricht, im Vortragssaal, im Radio oder wo auch immer.

Sie müssen wissen, was sie tun

Lassen Sie mich etwas zu dem Vorwurf sagen, ich würde den Sex allzu »mechanisch« behandeln. Das bedeutet ganz einfach, daß ich die körperliche oder physiologische Seite zu sehr betone. Nun, Sex *ist* eine körperliche Angelegenheit und erfordert eine gewisse Technik, die man erlernen muß. Denken Sie nur daran, was passiert, wenn die Wärter im Zoo versuchen, die Tiere auch in der Gefangenschaft zur Paarung zu bringen und dafür zu sorgen, daß sie ihre Jungen richtig aufziehen. Eine Äffin oder eine Pandabärin wird sich meist weigern, sich mit dem von menschlichen ›Heiratsvermittlern‹ angebotenen Männchen zu paaren. Selbst wenn sie künstlich befruchtet wurde, wird sie sich nicht so um ihre Jungen kümmern, wie es sich für eine gute Tiermutter gehört. In der freien Wildbahn lernen diese Tiere alles, was sie über die Paarung und die Aufzucht der Jungen wissen müssen, durch die Beobachtung ihrer Artgenossen. Wenn sie dagegen isoliert aufwachsen, wie Gefangene, dann können sie nicht lernen, was ihre Artgenossen ihnen normalerweise beibringen würden.

Auch in der menschlichen Gesellschaft muß das notwendige Wissen über Sex und Kindererziehung vermittelt werden. Ich vergleiche die Menschen nicht gerne mit den Tieren, denn ich bin stark von der jüdischen Überzeugung geprägt, daß wir innerhalb der göttlichen Schöpfung einzigartige Wesen sind. Dennoch bin ich der Meinung, daß wir als intelligente Menschen durchaus von den Tieren etwas lernen können. Insbesondere von den Affen, die je nach Auffassung entweder uns wie Karikaturen auf fast peinliche Weise ähneln oder genauso liebenswert sind wie wir. Wir sollten nicht zu stolz sein, auch von Lebewesen zu lernen, die nicht so hochentwickelt sind wie wir selbst.

Sex und Religion

Und nun zu dem Vorwurf, daß Sexualerziehung viel zu hedonistisch sei, in erster Linie die Genußsucht fördere und die Sinnlichkeit in den Mittelpunkt des menschlichen Lebens stelle und nicht Familie, Wohlwollen gegenüber unseren Mitmenschen und Gottesfürchtigkeit. Nun, ich bin der festen Überzeugung, daß guter Sex auch für die Familie gut ist, daß Mann und Frau das Recht haben, ein sicheres und glückliches Familienleben zu führen, und daß die Kinder Anspruch darauf haben, in einer glücklichen Familie aufzuwachsen und von den

Eltern menschliches Glück und Weisheit vermittelt zu bekommen. Alle Freuden des Daseins, die dazu beitragen, daß wir uns wohl fühlen und nicht krank werden, sind es wert, gefördert zu werden. Es ist sehr wichtig, daß jeder einzelne glauben darf, daß diese Welt für sein oder ihr Vergnügen da ist, ohne daß man sich selbst oder anderen schaden soll. Es ist eine Sünde, auf ein erlaubtes Vergnügen zu verzichten. Also folgen wir, wenn wir das vernünftige Streben nach sexuellem Vergnügen lehren, einem biblischen Gebot und tun eine gute Tat.

Für religiöse Menschen ist Sex auch eine Sache der Seele, ein grundsätzliches Bedürfnis – ebenso wie Essen, Arbeiten, Erholung und Geselligkeit.

Ich habe den Eindruck, daß wir Menschen mit seelischen Bedürfnissen auf die Welt kommen, aber ohne die entsprechenden Kenntnisse, die wir von unseren Eltern und Lehrern vermittelt bekommen. Ohne einen Lehrer lernt auch ein kleiner Christ nicht, seine Hände zu falten und niederzuknien oder seinen Nächsten zu lieben wie sich selbst. Das Wissen um unser Verhältnis zu Gott und zu unseren Mitmenschen entsteht nicht von selbst, und ein junger Mensch, der eher wild aufwächst, läuft Gefahr, sich selbst und andere zu verletzen. Auf jeden Fall wird sich seine Unwissenheit in seinem sexuellen Verhalten zeigen, wenn der Sexualtrieb auch ohne Anleitung durch andere immer stärker wird und sein Recht fordert.

Alles menschliche Verhalten erfordert menschliches Lernen, angefangen vom Gang zur Toilette bis hin zu den höchsten mathematischen oder philosophischen Überlegungen, und die Sexualität bildet da keine Ausnahme – auch wenn man das früher so gern geglaubt hat. Wenn ich und andere Sex-Lehrer sich also in das Schlafzimmer anderer Menschen drängen, dann geschieht das nicht, weil wir uns zwischen die Liebenden oder zwischen sie und ihre seelischen Bedürfnisse stellen wollen.

Sex und Moral

Was die Seele betrifft, so bin ich ein überzeugter Pluralist und erwarte von anderen nicht, daß sie ihre seelischen Bedürfnisse auf eine Weise ausleben, die mir angenehm ist. Aber zur sexuellen Aufklärung gehören auch bindende moralische Gebote: Sei verantwortungsbewußt. Sei liebevoll. Sei rücksichtsvoll. Vermeide es, dir selbst oder anderen weh zu tun.

Der Aspekt der Schönheit

Und nun zu dem Vorwurf, daß sexuelle Aufklärung notwendig prosaisch sein muß. Das mag zutreffen, wenn man biologischen Unterricht für prosaisch hält. Vielleicht ist es ganz einfach eine Sache der jeweiligen persönlichen Ästhetik. Ich kenne Studenten, die beim Blick durch das Mikroskop auf einen Tropfen Wasser aus einem Teich die Schönheit des Universums zu erkennen glauben und für die ein Blatt von einem Baum nicht weniger schön ist als eine Kathedrale.

Es gibt einen Fernsehfilm über Empfängnis und Geburt, der nicht nur Einblick in die Physiologie des Menschen gewährt, sondern gleichzeitig eine Stunde voller Schönheit und Wunder zeigt. Für mich und für die meisten anderen Menschen, denen keine Abneigung gegen »Eingeweide« und Nacktheit anerzogen wurde oder gegen die vielen anderen Dinge, die in den plüschigen Salons unserer Urgroßeltern nicht erwähnt wurden – für uns sind die einfachsten biologischen Fakten der Sexualität nicht nur interessant, sondern auch sehr nützliche Informationen und alles andere als prosaisch.

Was die neunzig Prozent des sexuellen Erlebens des Menschen betrifft, die im Kopf stattfinden, so ist dieser Teil so poetisch und so dramatisch, wie es der Betreffende zuläßt. Auch viele Künstler tragen dazu bei, die geistig-seelische Freude am Sex anzuregen. Dichter, Geschichtenerzähler, Musiker, Maler, Architekten, Innenausstatter, Winzer, Modeschöpfer, Köche, Pastoren, Lehrer, Propheten – sie alle tragen zum Gesamtbild des sexuellen Erlebens bei.

Die Kunst spielt schon seit langem eine bedeutende, fast heilige Rolle für die Entwicklung und Förderung der Sinnlichkeit. Das Hohelied Salomons ist das beste Beispiel dafür in der hebräischen Literatur.

So sind viele wohlmeinende Hände bemüht, unsere Freude am Sex zu vergrößern. Der Sextherapeut dagegen beschäftigt sich in erster Linie mit den grundlegenden sexuellen Funktionen – dafür sind wir schließlich da.

Sextherapeuten sind Spezialisten und verfügen über eine Menge Informationen, die sie in Vorträgen, Zeitungsartikeln, Büchern oder im Gespräch mit ihren Patienten vermitteln können. Niemand kommt zu uns mit der Erwartung, wir würden ihm ein Instrument vorspielen oder ein Gedicht rezitieren. Das ist nicht das, was die Leute von uns wollen. Das heißt jedoch nicht, daß das, was wir machen, die erotische Seite der Kultur ausschließt – im Gegenteil: Sie wird sogar oft gefördert!

Ich selbst habe durchaus meine eigenen Vorstellungen, was die Wirkung der Kultur auf die Liebe angeht. Ich glaube, etwas mehr Musik und etwas weniger Fußball am Wochenende würde sich auf die durchschnittliche amerikanische Ehe durchaus positiv auswirken, und auf jeden Fall wären weniger aufregende Bilder und eine weniger harte Sprache als die der abendlichen Spätnachrichten im Fernsehen besser für unsere Nachtruhe und unser Sexualleben. Wenn man sich die Liebesszenen und die Schönheit des bekleideten oder unbekleideten menschlichen Körpers vor Augen hält, wie sie auf Hunderten von Bildern in Museen und Kunstbüchern zu sehen sind, dann ist das auf wunderbare Weise entspannend und regt die eigene Phantasie an, und ich wünsche mir, daß wir unserer sinnlich anregenden Kultur und Kunst nicht nur unsere Augen und Ohren, sondern auch unsere Schlafzimmer öffnen.

»Die Leute gehen zum Eheberater mit ihren privaten Eheangelegenheiten, die sie selbst bereinigen sollten. Wenn einmal ein Streit ausbricht, dann laufen sie genauso zum Eheberater, wie sie ins Badezimmer rennen, um sich ein Aspirin oder ein Pflaster zu holen. Und sie bringen es nicht einmal fertig, sich ohne Anleitung eines Sexualtherapeuten zu lieben.«

Diese Art von Kritik höre ich ständig. Ist sie wirklich berechtigt?

Zuerst einmal: Was die Eheberater angeht, so glaube ich, daß die Sitte, einen solchen Schlichter aufzusuchen, noch viel zu neu ist, um ihre Wirksamkeit angemessen beurteilen zu können. Aber wir wissen, daß die Menschen früher mit ihren Eheschwierigkeiten zu einem Pfarrer oder Rabbiner gegangen sind oder sich an eine Autoritätsperson in der traditionellen Großfamilie gewandt haben. Oder sie haben sie mit Erfolg allein gelöst. Oder die Probleme steigern sich zu einer nicht mehr zu kurierenden Feindschaft. Heute geht man zu einem professionellen Ratgeber, der weit mehr auf solche Dinge spezialisiert ist als ein Pfarrer oder ein Rabbiner. Das ist ganz einfach ein Weg, um den Dialog wieder in Gang zu bringen oder einen Streit zu beenden, den die Betroffenen allein nicht beenden können. Ohne Zweifel rennen manche Paare vielleicht zu schnell zum Eheberater, aber das ist immer noch besser, als einen Streit jahrelang immer weiter auszudehnen. Deshalb glaube ich, daß die Einwände gegen diese Praxis unüberlegt und häufig auch nicht stichhaltig sind.

Was die Konsultation eines Sexualtherapeuten betrifft, so liegt dafür nach meiner Erfahrung in der Regel ein guter Grund vor. Viele

Menschen *wissen* wirklich nicht, wie man Liebe macht, und dabei haben sie ihr ganzes Leben lang immer wieder gesagt bekommen, das sei das Schönste auf dieser Welt. Häufig kann ein Sextherapeut ihnen in überraschend kurzer Zeit aus ihrer Unwissenheit und ihrem Unglück heraushelfen. Warum also nicht einfach ans Telefon gehen und einen Termin ausmachen?

Sex als wichtiger Bestandteil einer dauerhaften Beziehung läßt sich mit dem geeigneten Wissen durchaus verbessern. Stümperhafter Sex reicht völlig aus, um unwissende Mädchen zu schwängern – in der Tat habe ich viele Frauen kennengelernt, die überrascht feststellten, daß sie schwanger waren, ohne daß der sexuelle Kontakt ihnen Vergnügen gemacht hätte. In der Vergangenheit gab es immer wieder einen bestimmten Prozentsatz von jungen Paaren, die auch ohne großes Wissen zum lustvollen Liebesspielen und Geschlechtsverkehr gefunden haben. Andererseits war in jeder Generation für viele der sexuelle Aspekt der Ehe nur eine große Enttäuschung, der man mit professioneller Anleitung und Führung bestimmt hätte entgegenwirken können. Ich bin froh, daß ich in der heutigen Zeit lebe, in der ich trotz aller Vorbehalte doch in der Lage bin, anderen Menschen in ihrem Bemühen um eheliche Freuden zu helfen.

Ich weiß genau, daß diese Menschen das, was ich ihnen sage, mit ins Schlafzimmer nehmen. Sie verlassen meine Praxis mit meinen guten Ratschlägen, und am nächsten Tag rufen sie mich an, um mir die Ergebnisse mitzuteilen.

»Dr. Westheimer, hier spricht Don.«

»Hallo, Don. Wie ist es gelaufen?«

»Sehr gut. Es lief alles ausgezeichnet.«

»Sie hat Ihnen geholfen und mit Ihnen gespielt, und Sie sind eingedrungen und haben in ihr ejakuliert?«

»Ja.«

»Bravo! Machen Sie so weiter!«

Dann fragt Don: »Soll ich nächste Woche wieder zu Ihnen kommen?«

»Nein. Machen Sie einfach genauso weiter und rufen Sie mich dann in drei Wochen an und erzählen mir, wie es läuft.«

»Okay, das werde ich.«

»Wiederhören, Don.«

»Wiederhören, Frau Doktor.«

Nach einem solchen Telefongespräch fühle ich mich wirklich glücklich. Don wird mich in der Folgezeit nicht mehr häufig anrufen. Vielleicht ruft er nicht einmal nach den vereinbarten drei Wochen an. Sehr bald wird er im Schlafzimmer überhaupt nicht mehr an mich denken oder nur noch ganz selten. Vielleicht kommt er nie wieder in meine Praxis. Für den Sextherapeuten ist das ein großer Erfolg.

8.

Wenn sich zwei Traumwolken vereinen

Genau das passiert, wenn zwei Menschen sich begegnen, sich umwerben und für eine Weile oder für ein ganzes Leben ein Paar werden. Dann werden zwei Träume Wirklichkeit – oder, wie es im Film oft heißt: »Er findet seine Traumfrau.«

Manchmal kann einer der Beteiligten sich nicht damit abfinden, daß der andere ein Recht hat, heimlich oder auch offen geäußerte Phantasievorstellungen davon zu haben, wie zwei Menschen zusammenkommen, insbesondere wie sie im Bett zusammenkommen.

(Wenn ich »zusammenkommen« sage, dann meine ich damit die intime Vereinigung der beiden. Auf *keinen* Fall ist damit gemeint, daß die beiden gleichzeitig zum Orgasmus kommen – das geschieht nur sehr selten und ist für tollen, befriedigenden Sex keineswegs notwendig, wirklich nicht!)

Es kommt häufig vor, daß Mann und Frau das eigene Recht auf Phantasievorstellungen zwar nicht in Frage stellen, doch gleichzeitig empört sind, wenn der Partner auch seine Phantasien hat.

Bob liegt mit Ann im Bett, und gerade als er sich auf dem Höhepunkt seiner Vereinigung mit ihr oder mit der Leidenschaft befindet, hört er sie sagen: »Dave! Oh, Dave!«

Ich gebe zu, es ist ein ziemlich harter Brocken, wenn man so etwas hört, und Bob ist nur schwer davon zu überzeugen, daß Dave nur eine Phantasievorstellung ist und nicht jemand, den sie am Strand getroffen hat, als sie siebzehn war. Aber es gibt viele Bobs, die einen solchen Dave oder auch einen Roger überlebt haben.

Ann hat in ihrer Verbindung mit Bob einen Punkt erreicht, der für sie fast vollkommene Seligkeit bedeutet und traumhaftes Liebesspiel mit einem tiefen gegenseitigen Verständnis auf allen Ebenen verbindet. Da wird sie von Bob schüchtern gebeten, doch einmal Reizwäsche zu tragen, wie er sie in Soft-Pornos gesehen hat. Im Zeitalter der Strumpfhose bittet er sie, einen schwarzen Strumpfbandhalter und Seidenstrümpfe anzuziehen – nur um der ganzen Sache mehr Pfiff zu geben. Sie ist entsetzt, und ihr eigener Traum eines tiefen Verständnisses mit Bob zerplatzt wie eine Seifenblase.

Bob hatte auf sie immer so nett und normal gewirkt – nun, vielleicht ein wenig *zu* normal, aber das war immerhin *ungefährlich* – und entpuppte sich jetzt als ein ekelhafter Wüstling!

»Er liebt gar nicht *mich*!« heult Ann. »Ich dachte immer, er würde mich mit meinen schicken Kleidern und mit meiner klassischen nackten Schönheit wollen, aber es sieht so aus, als würde er in Wirklichkeit an eine dieser ekligen Huren denken, wenn er sein Ding in *mich* reinsteckt! Ich bin für ihn nur wie ein Stück Fleisch aus dem Supermarkt, weil er nicht kriegen kann, was er eigentlich will, weil er Angst hat, sich eine Geschlechtskrankheit zu holen!«

Wenn ich einen meiner Patienten so negativ über seinen Partner sprechen höre, dann denke ich sofort: »Da stimmt etwas nicht, abgesehen von einer gestörten Sexualfunktion und der Tatsache, daß sie keine Reizwäsche mag.« Wenn einer der beiden Partner sich so gehen läßt, dann ist das oft ein Zeichen für ein tiefergehendes Beziehungsproblem. Sonst würde seine Bitte, doch einmal Reizwäsche zu tragen, nur als Verspieltheit aufgenommen werden, oder nicht? Aber hier haben wir es mit einem klaren Fall von Ablehnung einer unliebsamen Phantasievorstellung des Partners zu tun, verbunden mit der Überlegung, daß der andere sich nur deshalb etwas *vormachen* muß, weil die Realität offensichtlich für ihn langweilig ist. Der Grund dafür liegt einfach in der Weigerung, den anderen als ein Wesen mit einer langen persönlichen Geschichte zu sehen, als einen Menschen, der sich seit seiner Kinderzeit in einer ständigen Entwicklung befunden und genau wie Sie und ich eine Menge Tagträume und Phantasien hat.

Ihr Bild von ihm wird wiederhergestellt

Wahrscheinlich werde ich mich mit meiner Patientin ganz zwanglos über die harmlose Phantasievorstellung von Bob unterhalten und fragen, was sie daran so sehr stört. Dabei werde ich aufmerksam zuhören und auf jede Andeutung eines tiefergehenden Problems zwischen den beiden achten. Ich frage sie, ob es nicht ganz offensichtlich ist, daß Bob eine wohlerzogene, natürliche junge Frau wie sie möchte, denn warum würde er sich sonst mit ihr einlassen? Schließlich entspreche sie ja seinen Wünschen. Die Sache sei nur, daß der Anblick eines solchen Mädchens in Strapsen und Strümpfen, wobei ihre intimsten Stellen unbekleidet bleiben, etwas sehr Erregendes hat. Aus seiner Sicht mache sie mit diesen raffinierten Dessous deutlich, daß sie ganz besonders sexy sein möchte und ihm diesen ganz privaten Aspekt ihrer Weiblichkeit zum Geschenk machen will. Eigentlich sei das alles doch nur ein Kompliment für sie und...

An dieser Stelle wird sie glauben, daß ich ihr etwas vormache und meine Argumentation doch *sehr* weithergeholt sei! Aber ich habe ihre Ablehnung von Bobs Tagtraum doch schon ein Stückweit durchbrochen. Nach kurzer Zeit unterhalten wir uns dann über Bobs gute Seiten, und bald sieht ihr Bild von Bob wieder ganz vernünftig aus.

Das Problem ist nämlich, daß *sie* eine Phantasievorstellung von ihrem Bob hat, und wenn der arme Kerl, ohne es zu ahnen, aus dieser ihm zugedachten Rolle fällt, dann kommt er sofort in Schwierigkeiten.

In Wirklichkeit kommt ihr Bild von Bob als nettem Kerl der Wahrheit sehr nahe. Wenn sie den Eindruck hat, er liebe nur eine Frau wie sie, die gerne an der frischen Luft ist und Liebesromane liest, dann wird er sich gern dazu bekennen. Sie kann ihm vorwerfen, daß er das heimliche Bedürfnis hat, weiße Baumwollsocken zu tragen, und er wird nicht protestieren. Aber wenn er ihr seine Begeisterung für Strumpfbänder gesteht, dann kommt ihr doch ziemlich rigides und klischeehaftes Bild von ihm plötzlich ins Wanken.

Wir dürfen nicht vergessen, daß diese Vorliebe für Strumpfbänder bei Männern wie Bob ziemlich weit verbreitet ist. Das mag vielleicht jungenhaft oder sogar pubertär sein, aber es ist nichts Besonderes oder gar Abwegiges. Es gehört ganz einfach zu seiner durchaus anständigen, ordentlichen, konformistischen und leistungsorientierten Lebensauffassung. Es ist nicht mehr als die harmlose Phantasievorstellung, ein Mädchen in einer Art weiblicher Unterwäsche zu sehen, die heute nur noch sehr selten getragen wird.

Ich unterhalte mich mit Ann ganz freundlich über diese ganz normale Seite ihres ganz normalen Bob, und schon ist ihr Bild von ihm wieder in Ordnung – mit ein paar kleinen nützlichen Korrekturen.

Es gibt kein »nur mich«

»Ich will, daß er nur mich liebt«, sagt eine Frau, und ich antworte ihr, daß es so etwas wie »nur sie« nicht gibt.

»Vielleicht gibt es irgendwo in der Welt einen natürlichen Organismus, den man unter bestimmten Bedingungen als ›sie‹ bezeichnen könnte«, sage ich zu ihr. »Aber selbst dieser Organismus hat einen Bauch und bestimmte Gefühle in diesem Bauch und bestimmte Ideen im Kopf, die Bauchschmerzen zur Folge haben. So wird jedes körperliche Wesen durch Gedanken und Vorstellungen beeinflußt.«

Daraufhin sieht sie mich fragend an.

»Es gibt kein ›sie‹ ohne Gefühle und Gedanken«, erkläre ich. »Wenn Sie ein starkes Schlafmittel nehmen und bewußtlos daliegen, dann atmet Ihr Körper vielleicht, aber dieses Wesen sind nicht Sie. Ihm fehlen Ihr Gesichtsausdruck, Ihre normalen Bewegungen. Sie sind so, wie Sie sich wahrnehmen, wie ich Sie wahrnehme, wie Ihr Liebhaber Sie wahrnimmt. Was Ihr Liebhaber in Ihnen sieht, setzt sich aus mehreren Komponenten zusammen: wie Sie aussehen, wie Sie sich anfühlen, und nicht zuletzt, was Sie ihm von Ihrem Selbstverständnis vermitteln – und zwar so, wie er das alles wahrnimmt, mit seinen eigenen, individuellen Gefühlen und Vorstellungen von der Welt, von den Menschen, von Frauen. Als er Ihnen begegnete, hatte er seinen eigenen Traum von der Welt im Kopf, und Sie wurden ein Teil davon. Sie paßten in seine Phantasievorstellung. Sie haben sie natürlich ein wenig verändert und werden sie auch weiterhin verändern. Aber wenn er nicht ein fertiges Bild oder eine Vorstellung von der Welt und von seinem Leben gehabt hätte, was hätte er dann mit ihnen anfangen sollen?«

»Ich will aber nicht das Produkt seiner männlichen Phantasie sein!«

»Haben Sie nicht auch Ihre eigene Vorstellung, Ihr eigenes Bild vom Leben? Und in dieses Bild haben Sie ihn eingegliedert, als Sie ihn kennenlernten. Stimmt das nicht? Haben Sie nicht hundertmal davon geträumt, einen solchen Mann kennenzulernen, zu einer bestimmten Tageszeit, in der Hoffnung auf alle möglichen Verabredungen und Ausflüge und viele andere schöne Dinge? Haben Sie sich nicht gefragt, ob andere Männer in dieses Bild passen würden? Vielleicht haben Sie manchmal ein Auge zugedrückt, damit ein bestimmter Mann doch ein bißchen besser da hineinpaßt?«

»Na ja...«, sagte sie und gab damit zu, daß ich ins Schwarze getroffen hatte.

Wenn ich dieses kleine Argument gewonnen habe, dann nicht etwa, weil ich schlau bin. Ich habe schon viele solcher Unterhaltungen hinter mir. Die Idee, daß sich zwei Menschen begegnen und sich gegenseitig in ihre jeweilige Lebensphantasie einbauen, stammt keineswegs von mir. Aber sie gefällt mir sehr.

Keine Phantasie, kein Leben

Ich habe vorhin von Ann und Bob gesprochen. Das sind ganz einfach zwei Namen, die ich verwende, wenn ich bestimmte Zweipersonen-Situationen beschreiben will, ohne die Namen derjenigen zu nennen, an die ich dabei denke. Wenn es da draußen wirklich zwei Menschen gibt, die Ann und Bob heißen, möchte ich mich bei ihnen dafür bedanken, daß sie mir ihre Namen zur Verfügung stellen, und sie daran erinnern, daß ich hier nicht von ihnen spreche, auch wenn sie den Eindruck haben sollten.

Ich habe zwei kleine hölzerne Gliederpuppen in meiner Praxis – nennen wir sie einfach Ann und Bob. Ich benutze sie, um unterschiedliche sexuelle Stellungen zu demonstrieren, wenn jemand nicht genau weiß, wovon ich spreche. Diese beiden hölzernen Wesen sind sehr kooperativ und tun miteinander alles, was ich verlange, ohne sich jemals zu beschweren. Sie haben nichts dagegen – schließlich sind sie ja nur aus Holz. Wenn diese beiden zusammenkommen, dann sind sie die einzigen Sexpartner, die ich kenne, die keine Phantasien voneinander haben oder von dem, was sie zusammen machen.

Wenn sie plötzlich lebendig würden, dann würden sie ganz sicher ihre eigenen Phantasien in ihre Arbeit einfließen lassen. Sie würden sich Kleider anziehen, statt nackt herumzulaufen (obwohl ihre hölzernen Körper völlig geschlechtslos sind). Alle Menschen ziehen sich aus unterschiedlichen Gründen an, wie jedes Schulkind weiß, aber der wichtigste Grund ist der, sich selbst darzustellen und ein Bild von sich zu projizieren.

Bob zieht sich seinen Jogging-Anzug an und wirkt sportlich, modisch, locker und entspannt; wenn er seinen Geschäftsanzug anhat, sieht er ganz anders aus und *fühlt* sich auch ganz anders. Ann (eine lebendige Ann in diesem Fall) zieht sich je nach Tageszeit, Wochentag und Jahreszeit unterschiedlich an – um unterschiedlich auszusehen und sich unterschiedlich zu *fühlen*. Beide kleiden sich entsprechend den unterschiedlichen Teilbereichen ihrer Lebensphantasien.

Niemand lebt wirklich ohne Phantasien über das Leben und sich selbst.

Gestern, heute und morgen

Anns Vergangenheit, ihre Gegenwart und ihre Vorstellungen von der Zukunft sind in ihrem Kopf lebendig und entsprechend ihrem Wunschdenken gefärbt. Nehmen wir zum Beispiel an, daß sie sich daran erinnert, wie jemand sie vor zwanzig Jahren auf dem Schoß gehalten hat, dann hat sie durchaus eine konkrete Vorstellung davon, was diese Person dabei empfand, als sie die bezaubernde kleine Ann auf dem Schoß hielt. Auch sie selbst hat vielleicht schon einmal ein Kind auf dem Schoß gehabt, weil sie jemand darum gebeten hat, und vielleicht hat sie dabei im stillen gedacht, wie klebrig das Kind war und daß es ihr Kleid beschmutzen würde; außerdem hatte sie gerade einen Krampf und mußte sich beeilen, den 4 Uhr 15-Bus zurück in die Stadt noch zu erwischen. Aber wenn sie sich daran erinnert, wie sie selbst auf dem Schoß gehalten wurde, dann ist sie der festen Überzeugung, der Erwachsene, der sie damals hielt, hätte damit seine Liebe für sie ausgedrückt.

Ann hat auch ihre eigene Geschichte davon, wie sich ihre Eltern kennen- und lieben gelernt haben, bevor sie geboren wurde. Diese Geschichte beruht auf einigen wenigen Informationen und ein paar alten Photos und ist ein Teil von Anns Phantasie über ihre Vergangenheit. Sie träumt auch von der Zukunft, die so unrealistisch ist, daß man sich wundert, wie eine vernünftige junge Frau an so etwas glauben kann, aber das ist eben ihre Zukunft. Eines Tages wird sie große Augen machen und sich fragen, was daraus geworden ist! Ich will keineswegs behaupten, daß sie nicht verhältnismäßig glücklich sein wird. Auf jeden Fall braucht sie in jeder Phase ihres Lebens ein Bild, eine Phantasievorstellung ihrer Zukunft.

Bob hat seine eigenen Phantasien in bezug auf seine Vergangenheit und seine Zukunft, die ganz anders aussehen als bei Ann. Bob und Ann kennen zumindest einen Teil der Phantasievorstellungen des anderen, und in der ersten Zeit ihres Zusammenlebens haben sie sich vielleicht ein paarmal wegen ihrer nicht übereinstimmenden Phantasien gestritten, aber dann haben sie festgestellt, daß das lächerlich und langweilig ist.

Jetzt befinden wir uns in der Gegenwart. Ann und Bob sitzen gerade in ihrem viel zu teuren Apartment und essen aufgewärmtes Rindfleisch und Tofu mit chinesischen Gemüsen. Ann stellt sich gerade vor, sein Vater sei gestorben und hätte ihnen das kleine Haus am See in Wisconsin vermacht, und nun ist sie dabei, das Haus ganz nach ihrem eigenen Geschmack neu einzurichten. Bob ist in Gedanken schon zwei Stunden voraus und stellt sich vor, daß er Ann dazu überredet hat, im Wohnzimmer mit ihm zu schlafen, und nun lieben sie sich a tergo bei gelöschtem Licht und aufgezogenen Vorhängen. Im Haus gegenüber sehen sie, wie ein junges Paar gerade die Zierfische füttert.

So phantasieren sie Tag und Nacht, und nur selten weiß der eine, woran der andere gerade denkt. Ab und zu kommt die Wahrheit zum Vorschein und verursacht Ärger! Aber die beiden sind nicht dumm, und wenn man sie ernsthaft fragt, dann würden beide sagen, daß der Mensch zum großen Teil in seiner Phantasiewelt lebt.

Und während sie es tun

Später lieben sie sich. Bob hat es geschafft, daß er Ann im Wohnzimmer liebt, a tergo und ohne Licht, aber mit aufgezogenen Vorhängen – genau wie er es sich gewünscht hatte. Das junge Paar im Haus gegenüber scheint nicht zu Hause zu sein, aber in seiner Phantasie sind sie da. Er hat keine Ahnung, wie sich das auf den Sex auswirkt, aber es wirkt irgendwie. Es erregt ihn auch, daran zu denken, daß im Stockwerk darunter eine Chinesenfamilie wohnt. Aber warum sollte er Ann das erzählen? Schließlich hat sie sich doch schon wegen der Strumpfbänder so aufgeregt! Ann stellt sich inzwischen vor, daß sie sich auf der neuen Terrasse des Sommerhauses ihres verstorbenen Schwiegervaters in Wisconsin lieben. Und beide erreichen einen absolut phantastischen Orgasmus! Zuerst Bob, dann Ann.

Sich gegenseitig festhaltend, schlafen die beiden wohlig erschöpft ein. Sie spüren beide, wie sehr sie einander lieben.

9.

Liebe am Morgen

Als er in die Pubertät kam, hatte er plötzlich tolle neue Gefühle gehabt, die deutlich anders waren als die älteren, bekannten Gefühle wie zum Beispiel die *Liebe* für seine Mutter und seine Großmutter und seinen Collie, aber auch anders als die Bewunderung, die er für bestimmte Filmschauspielerinnen empfand oder für die Frauengestalten in den Büchern über die Eroberung des Westens. In jenem Alter hatte er damit begonnen, sich sexuelle Phantasien auszumalen von Frauen, die sich vor ihm auszogen und sich von ihm anschauen und anfassen ließen, wie es sein Herz – und seine Genitalien – begehrten. Er war hellwach, wenn er sich diese Phantasien zusammenbastelte, und in seiner Vorstellung spielten sie sich zu allen möglichen Tageszeiten ab. Manchmal auch nachts, aber vor allem bei Tageslicht.

»Das Tageslicht hatte den ganz einfachen Vorteil, daß ich dann alle verbotenen Zonen des weiblichen Körpers genau sehen konnte«, erklärt er.

Er spielte mit Nymphen im Wald, mit Meerjungfrauen am Strand, mit den dunkelhäutigen Frauen aus dem *National Geographic* usw. Eine dieser Phantasien handelte von einer ziemlich ordinären Blondine in reiferen Jahren, die in einer schmutzigen Seitenstraße in Queens wohnte. In seiner Phantasie hatte er mit ihr verabredet, ihr zu helfen, auf illegale Weise ihre Stromrechnung herunterzusetzen. Als Gegenleistung war sie ihm dann oben im Schlafzimmer zu Willen. Den ganzen Tag lang bis ihr Mann von der Arbeit nach Hause kam, konnte er mit ihr machen, was er wollte.

Der besondere Reiz dieser Phantasievorstellung lag darin, daß er eindeutig verbotene Dinge tat und zwischen ihnen beiden keinerlei Zuneigung bestand. Und ein wichtiger Aspekt dieser unmoralischen Geschichte war, daß sich alles bei Tageslicht abspielte, während des Arbeitstages.

Fünfzig Jahre später erinnerte er sich nur noch mit Erstaunen an diese Phantasie, denn seine Einstellung zu Sex bei Tageslicht hatte sich grundlegend gewandelt. Es war für ihn völlig legitim, Liebe zu machen, wann immer er dazu in Stimmung war. Vorausgesetzt, seine Frau war einverstanden – und das war sie, denn sie war der Meinung, er könne sexuell ruhig etwas aktiver sein. Aber er hatte jetzt etwas dagegen, es bei Tageslicht zu machen, denn das war die

Zeit, wo er es wirklich *konnte*. Es war für ihn wie mit dem Autofahren: Am besten ging es morgens, wenn das Licht gut und seine Kräfte und seine Aufmerksamkeit auf dem Höhepunkt waren. Er konnte es morgens vor allem deshalb am besten, weil dann sein Testosteronspiegel am höchsten war – genau um sieben Uhr morgens, wenn er aufwachte.

Das will ich jetzt aber genau wissen

»Das will ich jetzt aber genau wissen«, sagte er zu mir in meiner Praxis. »Soll das heißen, daß bei einem jungen Burschen der Testosteronspiegel nachts am höchsten ist, bei einem alten Kerl dagegen am Morgen?«

»Keineswegs«, antwortete ich. Und dann erklärte ich ihm, daß der Testosteronspiegel bei jedem Mann, ob jung oder alt, dann am höchsten ist, wenn er morgens gut ausgeruht aufwacht. Aber während bei einem jungen Mann der Testosteronspiegel zu allen Zeiten ausreichend hoch ist, um sexuell aktiv zu sein, ist der Spiegel bei einem älteren Mann meistens niedriger, steigt aber gegen Morgen so deutlich an, daß er manchmal sogar mit einer Erektion aufwacht.

Eine volle Blase ist nicht dafür verantwortlich

Natürlich haben die meisten Menschen eine volle Blase, wenn sie morgens aufwachen. Das ist der Grund, warum viele Männer glauben, daß ihre morgendliche Erektion, die besonders stark und lang anhaltend erscheint, eben auf die volle Blase zurückzuführen sei. Aus diesem Grunde haben manche Männer den Gang zur Toilette bis nach dem morgendlichen Geschlechtsverkehr aufgeschoben – was in der Tat möglich ist. Auf jeden Fall wird ein Mann nicht urinieren, wenn er eine Erektion hat – das ist gar nicht möglich. Er kann ohne weiteres eine Erektion bekommen und den ganzen Zyklus bis zur Ejakulation und nachfolgenden Abschwellung durchmachen – während seine Blase voll ist –, ohne dabei zu urinieren.

Aber es ist nicht unbedingt immer eine volle Blase, die für diese schönen morgendlichen Erektionen verantwortlich ist. Eine weitere Ursache ist, wie gesagt, die hohe Konzentration des Hormons Testosteron, das in den Hoden gebildet wird – und häufig sind es auch erotische Träume, die man kurz zuvor im Schlaf geträumt hat.

Eine schöne Angewohnheit

Viele junge Paare haben sich angewöhnt, auch morgens manchmal miteinander zu schlafen, und ich wünschte, das würden möglichst viele tun. Im Laufe der Zeit kann das jedoch auch zur bloßen Routine werden, und wenn sie dann irgendwann zu mir kommen, finden sie den Gedanken an morgendlichen Sex höchst ungewöhnlich.

Ich erinnere mich an ein Paar in mittlerem Alter. Sie war diejenige, die den Mund aufmachte und alle Fragen ganz offen beantwortete, während er ziemlich mürrisch und reserviert wirkte. Sie war der Meinung, *er* sei seit seiner Pensionierung etwas bedrückt, und ein wenig sexuelle Aktivität würde ihn vielleicht munterer machen.

»Und wie ist es bei Ihnen?« fragte ich sie.

»Na ja, ich könnte natürlich auch ein bißchen Sex gebrauchen«, antwortete sie freimütig.

Bei diesen Worten richtete er sich plötzlich auf und sagte: »Ach! Ich hätte nie gedacht, daß du so etwas sagen würdest.« Er hatte immer den Eindruck gehabt, er selbst sei ein alter Lustmolch, während sie auf ihn ziemlich prüde wirkte.

Ich stellte ihnen eine Reihe von meinen sextherapeutischen Fragen in bezug auf ihr Intimleben, und sie antwortete so ungezwungen, als befände sie sich auf einem Gemeindetreffen und würde sich über Kuchenrezepte unterhalten. Nun, meiner Erfahrung nach verhalten sich zumeist Frauen so offen und ohne sich zu schämen. Vielleicht kommt das daher, daß Frauen vor den Augen männlicher Ärzte Kinder bekommen und beim Gynäkologen die Beine hochlegen und ihn in ihren Körper hineinschauen lassen. Und dergleichen mehr.

Die beiden hatten seit etwa einem Jahr keinen Geschlechtsverkehr mehr gehabt, aber sie meinte: »Oh, aber morgens hat er immer eine sehr schöne Erektion.« Das brachte mich auf den Gedanken, ihnen zu empfehlen, es doch mal mit morgendlichem Sex zu versuchen – eines der billigsten Aufputschmittel für den Lebensabend. Natürlich ist das keine besonders originelle Idee. Bei älteren Menschen raten wir Therapeuten häufig zu Sex am Morgen – und zwar mit großem Erfolg.

Einige Hindernisse

Nun führten die ersten Versuche, die morgendlichen Erektionen des Ehemanns zu nutzen, keineswegs gleich zu solchen Hochgefühlen, wie sie der hoffnungsfrohe Leser vielleicht erwartet hätte. Als das größte Hindernis dabei erwies sich der Ehemann selbst. Er sagte, er fühle sich irgendwie unnormal dabei, es »zur falschen Tageszeit« zu tun. Außerdem brauche er morgens erst einmal ein Frühstück, weil sein Magen heftig knurre und diese Geräusche irgendwie unromantisch seien. Er würde aus dem Mund riechen und habe einen schrecklichen Geschmack auf der Zunge. Und obwohl sein Penis hellwach sei, würde *er* erst einmal einen Kaffee brauchen.

Ich erwiderte, diese Einwände seien häufig zu hören von Leuten, die ihr Leben lang ganz konventionellen Sex immer nur nachts gehabt hätten. Was da zu machen sei, sei folgendes: Aufstehen, rasieren, Zähne putzen und Haare kämmen, ein kleines Frühstück mit Saft und Kaffee und einem Brötchen; dann zieht man die Vorhänge zu und schafft sich eine Art Nachtstimmung mit angenehmer Hintergrundmusik aus dem Radio usw.

Sie meinte, wenn er sich ihr morgens nähere, dann mache sie sich nichts daraus, wie sie aussehe, aber wenn sie *nach* dem Frühstück miteinander ins Bett gingen, dann müsse sie sich ein bißchen zurechtmachen. Sie legte sich eine neue Frisur zu, die sie ohne viel Aufwand ausbürsten kann, und ein paar neue Nachtkleider, mit denen sie dann ins Schlafzimmer zurückkommt und die er ihr dann ausziehen kann!

Das Ganze fand durchaus nicht jeden Morgen statt. Meistens behielten sie ihren alten Rhythmus bei, aber so alle zehn Tage hatten sie eine Verabredung in ihrem eigenen Schlafzimmer, und es bestand kein Zweifel, daß seine Stimmung sich enorm verbesserte – und zwar so sehr, daß er das Auto in die Werkstatt brachte und die beiden dann eine gemütliche Tour von Mamaroneck bis nach Oregon machten, um ihre Kinder zu besuchen.

Der besondere Reiz des morgendlichen Sex

Sextherapie bedeutet, daß man seine Ratschläge immer wieder auf die persönlichen Bedürfnisse und Geschmäcker seiner Patienten abstimmen muß. Ich möchte betonen, daß es nicht bei jedem Paar nötig ist, am Morgen eine abendliche Atmosphäre zu schaffen, damit es mit dem Sex funktioniert. Für viele Liebende hat gerade die frühe Morgenstunde ihren besonderen Reiz. Draußen singen die Vögel, und die anderen Leute gehen ihren Geschäften nach, während Sie beide das Glück haben, im Schlafzimmer herumzutollen. Das verschafft einem das Gefühl, in den Ferien zu sein und die Last des Alltagslebens hinter sich zu lassen.

Schon frühzeitig in Ihrem sexuellen Leben regelmäßig oder wenigstens ab und zu die Liebe am Morgen zu genießen, hat noch einen Vorteil: Man findet dadurch sehr viel leichter zu immer neuen ehelichen Freuden. Sex am Morgen führt zu Sex am Mittag und am Nachmittag und Sex in der Dämmerung und erleichtert – bei zunehmendem Alter – den Übergang zur generellen Verlagerung der sexuellen Aktivitäten vor allem auf den Morgen.

10.

Über Sex reden

Ich fürchte, ich habe für Sexwitze nicht besonders viel übrig. Das soll nicht heißen, ich hätte nie einen gehört, der wirklich witzig war, aber allzu viele dieser Witze sind ziemlich grausam, und das mag ich nicht. Sehr oft gehen sie auf Kosten der Frauen oder irgendeiner Minderheit oder jemand mit einem sexuellen Problem, und ich habe einfach ein zu gutes Herz, um das gut finden zu können. Selbst wenn die Witze tatsächlich manchmal lustig sind, verdirbt mir ihre Grausamkeit den Spaß. Außerdem sind die meisten Sexwitze grundsätzlich sexfeindlich oder gefühlsfeindlich, auch wenn sie von Leuten zum besten gegeben werden, die sich für besonders klug und weise halten. Der männliche Vertreter oder die »harte« Frau sind häufig im Grunde ihres Herzens puritanisch, was sich daran zeigt, daß in ihren Erzählungen der Sex immer nur witzig oder grausam ist. Wenn das Gespräch auf Zuneigung, Zärtlichkeit oder Ernsthaftigkeit im Sex kommt, dann sind sie meist peinlich berührt.

Ich spreche nicht gerne über Sex, wenn ich im Restaurant bin – nicht etwa, weil es mir den Appetit verderben könnte, sondern aus Rücksicht auf die Leute am Nachbartisch. Ich finde, es gibt für alles einen passenden Ort und eine geeignete Zeit. Oder besser gesagt: Orte und Zeiten – lassen Sie Ihren gesunden Menschenverstand walten, anstatt unumstößlichen Regeln zu folgen.

So könnten Sie es sich vielleicht zum Grundsatz machen, nie in einer Synagoge oder ähnlichen Orten über Sex zu sprechen. Allerdings bin ich schon öfter eingeladen worden, in einer Synagoge einen Vortrag zu halten, direkt vor der Bundeslade und den Schriftrollen, ebenso wie ich auch schon vor christlichen Gruppen in Kirchen oder Gemeindehäusern gesprochen habe usw. Diese Gruppen waren der Meinung, daß unsere neue Art, ernsthaft und helfend über Sex zu reden, für ihre jeweiligen Gemeinden von Nutzen sein würde und gefördert werden sollte.

Ich lache oft und gern, aber nicht über Sexwitze. Jedenfalls nicht in meinen Radioprogrammen in New York und Kalifornien und in meinen Fernsehshows. Manchmal rufen mich Leute an und fragen mich, was sie ihrem Freund sagen sollen oder wie man im Bett dieses oder jenes macht, und dann ertappe ich mich dabei, wie ich verschwörerisch kichere, so wie ein Schulmädchen über ein Rendezvous oder so etwas giggelt. Das ist einfach ein freundliches, lustiges Lachen. Über Witze lache ich dagegen nicht oft.

Natürlich hat die Sache noch einen Haken: Oft *verstehe* ich bei solchen Sexwitzen die Pointe gar nicht! Sie gehen eben häufig von einer Einstellung aus, die ich nicht teile. Manchmal verstehe ich auch die englische Umgangssprache nicht ganz, aber in den meisten Fällen fehlt mir einfach die sexfeindliche Einstellung, die Voraussetzung dafür ist, daß man einen solchen Witz lustig findet.

Das ist ganz einfach ein Eingeständnis – ich will mich keineswegs als besseren Menschen darstellen. Ich möchte einfach betonen, daß *niemand* – auch nicht der Sexperte in der Spätshow im Sonntagsfernsehen – für alle Arten von Sex-Gesprächen der geeignete Partner ist.

Meine Ablehnung gegenüber Sexwitzen ist zum Teil, vielleicht sogar zum größten Teil, berufsbedingt. Wenn ich einen solchen Witz höre, dann denke ich sofort: »O weh, das würde bei vielen die Angst vor dem Sex nur noch verstärken.« Schließlich besteht mein Beruf darin, die sexuelle Angst- oder Hemmschwelle zu senken. Und das ist etwas, was mich den ganzen Tag über ständig beschäftigt.

Manchmal kann man reden, manchmal nicht

Ich finde, wir sollten jedem Menschen das Recht zugestehen, nicht in Stimmung zu sein. Manchmal nicht in Stimmung für Sex. Manchmal nicht in der Stimmung, über Sex zu reden. Vielleicht auch nicht in der Stimmung, in das Lachen der anderen über einen Witz einzustimmen. Wenn ich einen grausamen Witz höre, dann reagiere ich ganz unwillkürlich. Ich lächele über das Bemühen des betreffenden Erzählers, mich zu amüsieren, und sage dann zu ihm: »Das finde ich nicht besonders gut – das geht mir zu sehr gegen Frauen und gegen oralen Sex.« Ich will den anderen nicht mit meiner Kritik erschlagen, sondern versuche ganz einfach, den Witz als einen unter vielen einzuordnen.

Vielleicht sind Sie manchmal mit einem Menschen zusammen und möchten ihm oder ihr gerne sagen: »Ich habe keine Lust, mich jetzt über Sex zu unterhalten.« Wenn der oder die andere für Ihre Stimmung empfänglich ist, dann ist die Sache damit erledigt, und Sie brauchen nicht zu befürchten, daß der andere das Gefühl hat, etwas falsch gemacht zu haben.

Auf jeden Fall muß man sich manchmal aussprechen

In einer Ehe oder einer langfristigen Beziehung muß man jedoch auch ab und zu einmal über Sex reden. Es kann nicht immer so sein, daß einer der beiden Partner das Gespräch abwürgt, denn man *muß* einfach irgendwann einmal miteinander über ernsthafte Dinge reden.

Das Verlangen, sich einem Mann oder einer Frau sexuell zu nähern, ist *instinktiv*. Aber jede sexuelle Handlung, ob man nun einfach Händchen halten, den anderen küssen oder ihn zum Orgasmus bringen möchte, will gelernt sein. Das Küssen zum Beispiel ist eine Sitte bestimmter Völker, die sich genauso wie der Weihnachtsmann über die ganze Welt verbreitet hat, so daß auch die Japaner sich heutzutage küssen, ebenso wie andere Völker in entlegenen Teilen der Welt. Sie übernehmen dieses Verhalten aus den westlichen Filmen. Alles, was ein Paar sexuell miteinander macht, muß erlernt werden, und wenn beide das größtmögliche Vergnügen daran haben sollen, dann müssen sie einfach üben und sich auch immer wieder sagen, was sie gern haben und was sie im Augenblick lieber nicht möchten.

Der Beginn einer solchen Unterhaltung über sexuelle Dinge ist fast immer etwas steif und unbeholfen, wenn es darum geht, was ich will und was du willst, wenn unsere intimsten Wünsche und Ängste angesprochen sind und wir darüber in einen Dialog eintreten wollen. Deshalb schlage ich immer wieder vor, daß das Paar gemeinsam meine Radiodiskussionen anhört. Außerdem sollten sie, um mehr über Sex zu lernen, sich gegenseitig laut aus Büchern vorlesen – Sexhandbücher, Broschüren über die verschiedenen Arten von Empfängnisverhütung, Gedichte, Liebesgeschichten, Romane mit sexueller Symbolik und Gefühlen wie zum Beispiel bestimmte Arten von Science Fiction, und so weiter. Das gemeinsame Lesen aller Art von Sexliteratur – informative, anregende oder gefühlsbetonte Literatur – liefert dem Paar nicht nur Gesprächsstoff und stellt einen gemeinsamen Bezugsrahmen her, sondern sie können auf diese Weise auch üben, sich über Sex zu unterhalten.

Im Bett darüber sprechen

Natürlich kann ein Paar auch während des Sex miteinander sprechen. Warum sollte unsere wunderbare Fähigkeit sprachlicher Verständigung davon ausgeschlossen bleiben? Vielleicht sind gar keine Worte nötig; vielleicht gibt es manchmal einen direkteren, schnelleren Weg, seinem Partner etwas mitzuteilen. Zum Beispiel kann eine Frau, die von ihrem Partner gestreichelt und erregt werden möchte, seine Hand oder seinen Penis oder seinen Mund führen, auch ohne dabei ein einziges Wort zu sagen. Aber warum sollte unsere Fähigkeit zu sprechen hier fehl am Platze sein?

Ein junges Paar kam im Bett mit so wenig Worten wie möglich aus, und wenn einmal wirklich Worte notwendig waren, dann sprachen die beiden miteinander in ihrem Schul-Französisch. Das ist wirklich rührend und gehört in eine Zeit, die heute schon fast vorbei ist. Im Laufe der Zeit legte sich jedoch ihre Scheu und sie begannen, einander auf Englisch zu sagen, was sie sich wünschten. Das war sehr gut – denn in ihrer eigenen Sprache verfügten sie natürlich über sehr viel mehr Wörter!

Wenn man miteinander ins Bett geht, sollte man die Gefühle des anderen respektieren. Es ist nicht der geeignete Augenblick, um die Leistung des anderen zu kritisieren – das sollte man besser ein andermal tun, und nicht im Schlafzimmer, dem Tempel der Liebe. Aber ein gewisses Maß an Unbeholfenheit und Ungeschicklichkeit ist unvermeidlich. Auch Liebende stoßen manchmal mit dem Kopf zusammen! Oder ihre Brust wird unter seinem Gewicht eingequetscht, oder einer von beiden stößt sich den Ellenbogen. Dann muß man schon einmal, in aller Freundlichkeit, ein Wort des Protestes äußern können, ohne daß der andere dadurch verletzt wird.

In einigen sextherapeutischen Übungen, die eigentlich sexuelle Freuden sind und zum festen Bestandteil der sexuellen Praktiken eines Paares werden können, werden auch Worte benutzt. In den Start- und Stopp-Übungen, auf die ich später noch ausführlich eingehen werde, *sagt* (oder vielleicht sollte ich lieber sagen: *bittet*) der Mann, wann sie anfangen oder aufhören und ob sie schneller oder langsamer machen soll. Und wenn einmal das Schweigen gebrochen ist, dann benutzt das Paar ganz von allein Worte, um sich einander mitzuteilen, wenn es notwendig ist – ohne dabei die Stimmung zu zerstören. An diesem Punkt sind Worte nicht mehr unerwünscht oder störend.

Ich möchte keineswegs, daß der Liebesakt zu einer langweiligen Diskussion ausartet! Worte können ganz einfach und informativ oder auch spielerisch, ermutigend oder liebevoll sein.

Ich habe den Verdacht, daß bestimmte verbale Äußerungen während des Sex wenigstens gelegentlich zum Repertoire jedes guten Liebespaares gehören. Ein ständiges Plappern kann allerdings durchaus manche Menschen beim Sex stören, und in einer guten Beziehung ist es völlig legitim, seinen Partner zu bitten, seine Kommentare einzuschränken.

Ein bestimmter Mann hatte die Angewohnheit, beim Sex immer in Babysprache zu sprechen um zu zeigen, wie sehr er es genoß. Und auch um ihr mitzuteilen, wie überaus lustvoll die Empfindung an seiner Peniswurzel war. Das finde ich großartig, wenn die Frau das mag oder zumindest nichts dagegen hat. Aber die Frau dieses Burschen ging dabei fast die Wände hoch und bat ihn, sich ein wenig zurückzuhalten.

Das verletzte seine Gefühle, aber er kam darüber hinweg.

Häufig hat einer der Sexpartner das Bedürfnis, von vornherein zu sagen, daß dieses oder jenes beim Sex für ihn oder sie nicht angenehm sei, verzichtet aber darauf, um die Gefühle des anderen nicht zu verletzen. Ich schlage vor, Sie machen einen Kompromiß! Sagen Sie einfach, der Sex sei so toll, daß sie in dieser Situation nicht durch dieses oder jenes abgelenkt werden möchten! Sagen Sie damit eine Unwahrheit? Ich glaube nicht.

Es sind in den weitaus meisten Fällen Frauen, die sagen, sie wollten die Gefühle ihres Partners nicht verletzen. Sie scheinen den Eindruck zu haben, daß die Selbstsicherheit des Mannes auf recht tönernen Füßen steht. Aber wenn Sie einen Mann so behandeln, als könne er es nicht überleben, wenn Sie ihm in bezug auf Ihre Gefühle ein wenig auf die Sprünge helfen, dann behandeln Sie ihn damit wie einen Idioten. Machen Sie sich nicht so viele Gedanken über das männliche Selbstbewußtsein. Es richtet sich genauso wie sein Penis immer wieder auf.

Eine wöchentliche Unterhaltung über Sex

Manche Leute (zum Glück sind es Tausende!) haben es sich zur Gewohnheit gemacht, meine Talkshows am Sonntagabend einzuschalten. Nicht alle von ihnen tun das, um einen fachmännischen Rat zu bekommen oder sich Aufklärung zu verschaffen. Für sie ist es ganz einfach Unterhaltung. Manchmal – das ist mir durchaus bewußt – amüsieren sie sich sogar darüber. Es ist einfach eine milde, harmlose Form des Voyeurismus: Vielen macht es Vergnügen, andere Leute über ihre intimsten Freuden oder Probleme reden zu hören. Gleichzeitig nehmen sie dabei in leicht verdaulicher Form eine ganze Menge Informationen auf. Meine gute alte Radioshow!

Nun, ich finde, daß es eine gute Idee ist, wenn ein Paar regelmäßig einmal in der Woche über Sex diskutiert. Bei diesen Diskussionen sollte jeder der beiden Partner in freundlicher, hilfreicher Weise ein Thema zur Sprache bringen, das ihm am Herzen liegt. Das braucht nicht unbedingt eine todernste Diskussion zu sein; ein wenig Frivolität und Verspieltheit ist durchaus am Platze, und es ist anders als in meiner Talkshow immer Zeit für kleine Abschweifungen vom Thema. Jedenfalls sollte das Paar regelmäßig einmal in der Woche ganz sachlich über sein Sexualleben sprechen. Machen Sie es sich ganz einfach zur Gewohnheit, ihre besonderen Freuden mitzuteilen, aber auch ihre Beschwerden, falls Sie welche haben. Damit haben Sie schon sehr viel getan, um es zwischen Ihnen beiden nicht zu einer großen Schweigsamkeit kommen zu lassen.

Nur mit mir redest du nicht!

Es ist wirklich eine Schande, wieviele Ehemänner und Ehefrauen und Liebende es gibt, die nicht in der Lage sind, wichtige Dinge, die beide Partner betreffen, zu besprechen!

Es ist eine wunderbare Sache, daß ein Mann sich in unserer aufgeklärten Zeit ohne weiteres mit seiner Sekretärin oder seiner Bürochefin über Sex unterhalten kann, ohne Anstoß zu erregen, und daß seine Frau mit dem Busfahrer oder vielleicht sogar mit dem Pastor sexuelle Anspielungen austauschen kann. Wenn es aber um Probleme in ihrem eigenen Schlafzimmer geht, dann verschlägt es diesem so freizügigen Paar plötzlich die Sprache. Nach außen hin wirken sie sexuellen Dingen gegenüber völlig offen, aber wenn sie ihre wahren Gefühle offenbaren sollen, dann fühlen sie sich ins vorige Jahrhundert zurückversetzt. Und während die Probleme immer ernster werden, wird das Schweigen zwischen den beiden immer tiefer, so daß sie in der Öffentlichkeit wie zwanglose moderne Menschen auftreten und mit sexuellen Anspielungen nur so um sich werfen, während in ihrem Privatleben Sex zum Tabu wird.

Es gab einmal einen sehr schönen Witz über die Busse in Israel, demzufolge überall auf der Welt vorne im Bus ein Schild angebracht ist mit der Aufschrift: WÄHREND DER FAHRT BITTE NICHT MIT DEM FAHRER SPRECHEN! Nur in Tel Aviv lautet die Aufschrift: WARUM SPRECHEN SIE EIGENTLICH NUR MIT IHM?

In manchen Ehen wäre es gut, wenn einer der beiden ein Schild um den Hals trüge mit der Aufschrift: WARUM SPRICHST DU EIGENTLICH NUR MIT MIR NICHT ÜBER SEX?

Noch viel absurder ist es, wenn Mann und Frau *zusammen* ganz konventionell über Sex plaudern und Anspielungen machen, aber niemals, auf gar keinen Fall, die Sprache auf jenes ernste Thema bringen, das sie zwischen sich vergraben haben.

Der schlechte Liebhaber und die ungeliebte Ehefrau

Agnes und Bert stellen fest, daß sich bei ihnen im Schlafzimmer immer weniger tut, aber keiner von beiden will darüber sprechen, weil er sich schämt oder gekränkt ist. Er ist überzeugt, daß er ein schlechter Liebhaber ist. Sie hat das zwar nie behauptet, aber er nimmt an, das liege nur daran, daß das gar nicht nötig ist. Er glaubt, daß sie zwischen Nachsicht und Verachtung für seine letzten paar Versuche hin und her schwankt und deshalb beschlossen hat, lieber still zu sein. Erst waren es nur Tage, dann Wochen, dann sogar Monate ohne Sex oder jedes ernste Gespräch darüber.

Agnes dagegen ist sich ganz sicher, daß er sie nicht begehrenswert findet. Der Reiz des Neuen ist verflogen, er hat endlich erkannt, daß sie weder eine Lilie noch eine Rose, noch ein Cremehütchen, noch sonst irgend etwas in der Richtung ist, sondern höchstens eine kalte, übriggebliebene Pellkartoffel. Er mag sie nicht mehr anfassen und hüllt sich darüber in grausames Schweigen. Und was die letzten drei mißlungenen sexuellen Vorstellungen betrifft, so beweist das nur, daß sie recht hat. Er findet sie einfach nicht mehr attraktiv.

Wenn die beiden es sich einfach früh genug zur Regel gemacht hätten, nicht nur oberflächlich und unverbindlich-witzig über Sex zu sprechen, dann hätten sie das Problem schon vor langer Zeit aus der Welt schaffen können, und es wäre vielleicht gar nicht erst aufgetaucht.

Die eifersüchtige Ehefrau
und der erschöpfte Ehemann

Sie ist überzeugt, daß er der behrenswerteste Bursche auf der ganzen Welt ist. Das hat sie von Anfang an deutlich gemacht. Er fühlte sich dadurch so geschmeichelt, daß er sie geheiratet hat. Solche Bewunderung erfährt man nicht alle Tage! Aber sie ist sicher, daß überall – im Büro, in den Geschäften, in den Cafés und in der U-Bahn – alle möglichen Frauen nach ihrem Helden die Angel auswerfen. Sie *weiß*, daß sie ihn nur dann an ihrer Leine halten kann, wenn sie ihm jeden Tag seinen Samen abnimmt. Wenn er einmal keine Erektion hat, dann beginnt sie sofort, ihn mit Fragen zu löchern, um herauszufinden, was er jede Minute in den letzten vierundzwanzig Stunden gemacht hat.

Schließlich weigert er sich, regelmäßig wie ein Uhrwerk jeden Abend pünktlich um halb zwölf mit ihr zu schlafen, und sie schreit ihn an, er würde sich wahrscheinlich im Büro austoben. Er verstummt, und nach ein paar Tagen gibt sie es auf, die Namen der drei anderen Frauen aus ihm herauszupressen.

Er will ihr nicht sagen, daß er sexuell einfach erschöpft ist. Warum liebt sie ihn denn sonst? Wegen ihrer übertriebenen Vorstellungen von seiner Ausstrahlung und seiner sexuellen Potenz. Er kann ihr nicht sagen, daß er nur ein ganz normaler Angestellter ist, der ab und zu auch mal einen freien Tag haben möchte. Er fängt an, sich zu wünschen, er hätte die eine seiner Kolleginnen geheiratet, weil sie so aussieht, als würde sie Sex hassen.

Nur weil sie sich einbildet, er sei ein Filmstar, und er sich darüber ärgert, daß er ihren Ansprüchen nicht genügt, können die beiden das entscheidende sexuelle Problem zwischen ihnen nicht besprechen. Unter solch schmerzhaften Bedingungen ist es sehr schwer, das notwendige Gespräch zu beginnen, und der wahre Grund dafür liegt darin, daß sie in der Vergangenheit noch nie ein ernsthaftes Gespräch über Sex geführt haben, auf das sie sich beziehen könnten.

Der Kartoffelstampfer und die zarte Blüte

Irgendwann einmal hat er gehört, daß er sich leidenschaftlich und energisch verhalten müsse, obwohl er in Wirklichkeit ein sehr sanft wirkender Mann ist, in dem niemand außer ihm selbst einen Anthony Quinn sehen würde. Wenn er sie küßt, dann preßt er ihr seine Lippen so heftig auf den Mund, daß sie um ihre Jacketkronen fürchten muß. Sie protestiert ein wenig, schiebt ihn mit gespielter Ablehnung zurück und sagt: »Aber Bancroft!« Da muß er lachen, gibt einen knurrenden Laut von sich und zerquetscht noch einmal ihre Lippen. Für sie besteht er hauptsächlich aus Bartstoppeln, vorstehenden Zähnen und einer leichten Schnapsfahne aus dem Bufettwagen. Alle diese Dinge könnten sogar irgendwie maskulin und attraktiv sein, wenn er nur ein Herz hätte und sie nur leicht auf die Wange küssen würde. Genauso drängt er sich auch beim Sex mit Gewalt in ihren Mund, sonst würde sie dabei durchaus Vergnügen empfinden.

Warum sagt sie ihm nicht einfach, daß sie lieber etwas zärtlicher geküßt werden möchte? Nun, sie sagt es ihm, aber nicht so, daß er es hören kann. Tatsache ist, daß ihr durch seine Küsse die Lust vergangen ist und sie kein Interesse mehr hat, seine falschverstandene Leidenschaftlichkeit zu korrigieren. Sie wendet lieber einfach ihr Gesicht ab und sagt »Aber Bancroft«. Und *er* findet das auch noch lustig.

Zu einem früheren Zeitpunkt, bevor sie beschloß, ihn sexuell gar nicht so stark zu begehren, hätte ein offenes Gespräch über seine Art zu küssen vielleicht ihr Liebesleben gerettet und in eine angenehmere Richtung gelenkt.

Du willst also nicht reden, wie?

Eine andere Ehefrau wollte gerne über ein paar Dinge reden, die im Bett nicht klappten, aber ihr Mann weigerte sich, darüber zu sprechen. Er leistete Widerstand. Sie wollte einen Dialog beginnen, keinen Krieg, deshalb ging sie los, kaufte ein Sex-Handbuch und begann darin zu lesen.

»Warum liest du diesen Blödsinn?« fragte er.

»Weil es interessant ist.«

»Was ist denn daran so interessant?«

»Es ist etwas Handfestes. Ich möchte gerne über alles Bescheid wissen. Nach dem Sex-Buch werde ich alles über Investitionen lesen, und dann über den Mittleren Osten.«

»Das ist doch alles bloß dummes Zeug.«

»Schon gut, Liebling. Du liest etwas über Sport, ich lese etwas über Sex. Jedem das Seine.«

Etwas später griff er sich das Buch und begann darin zu lesen. Er verhielt sich dabei so, als wolle er sagen: »Ich bin bloß neugierig, was für einen Quatsch du da immer lesen willst.« Da sie nichts dazu sagte, war er in der Lage, aus eigenem Interesse weiterzulesen.

Als er mit ihr darüber sprechen wollte, war sie einverstanden. Die beiden begannen, sich ernsthaft über Sex zu unterhalten, und sie sorgte dafür, daß der Dialog auch weiterging.

Nicht immer ist es so einfach. Dieser Ehemann war ziemlich vernünftig und verständnisvoll im Vergleich zu vielen anderen. Er hatte sich gleich gedacht, daß sie das Buch nur gekauft hatte, um mit ihm ins Gespräch zu kommen, aber er spielte mit, ohne dabei das Gesicht zu verlieren. Es gibt Ehepartner, männliche wie weibliche, die anders reagiert und das Buch in den Mülleimer oder gar aus dem Fenster geworfen hätten!

In vielen Fällen wird es so sein, daß ein Ehepartner, der das Gespräch sucht, wahrscheinlich erst einmal allein zu einem Eheberater oder einem Sextherapeuten gehen muß. Das Problem ist durchaus ernst genug, um das zu rechtfertigen.

Klinische Kritik nach dem Sex

Ich plädiere keineswegs dafür, sozusagen am Frühstückstisch eine klinische Besprechung jedes einzelnen Geschlechtsaktes vorzunehmen. Wenn Sie das wirklich wollen, dann gut. Ich rate jedenfalls niemandem dazu.

Das sexuelle Vokabular

Da ein Gespräch über Sex unter zwei Liebenden sich keineswegs immer nur um klinische Fragen dreht, braucht man sich auch keineswegs immer klinisch-wissenschaftlich auszudrücken. Wenn zwei Verliebte nah beisammen sitzen und sich gegenseitig erregende, schlüpfrige Dinge ins Ohr flüstern, dann benutzen sie wahrscheinlich nicht die medizinisch klingenden lateinischen Fach-Ausdrücke, sondern ziehen eine volkstümlichere Sprache vor, mit Worten wie »Schwanz« oder »Möse« oder selbsterfundenen intimen Ausdrücken. Dabei wissen sie selbst am besten, welche Sprache sie mögen.

Ich selbst bevorzuge lateinische Ausdrücke, und zwar aus folgendem Grunde: Sie sind unverfänglich und sind für die meisten meiner Zuhörer noch am ehesten akzeptabel. Außerdem sind die lateinischen Ausdrücke wie *Vagina, Penis, Klitoris, Vulva, Ejakulation, Orgasmus* und *Erektion* unmißverständlich in ihrer Bedeutung. Wenn ich »Penis« sage, dann weiß jeder, was gemeint ist. Benutze ich jedoch einen »Spitznamen«, dann könnte jemand meinen, sein Freund sei gemeint. Um sich klar und eindeutig ausdrücken zu können, sollte jeder so weit wie möglich die wissenschaftlichen Ausdrücke für sexuelle Dinge beherrschen.

11.

Ein indisches Liebeslehrbuch

Ich möchte die Gelegenheit wahrnehmen und über das *Kamasutra* sprechen, daß großartige Liebeslehrbuch aus dem Sanskrit. Es ist nur ein paar Jahrzehnte her, da machten sich die wagemutigeren College-Studenten vom Brooklyn College, der Columbia University oder anderen entlegeneren Stadtteilen New Yorks mit der U-Bahn auf den Weg nach Greenwich Village, um sich in einem der dortigen Buchläden eine Ausgabe des *Kamasutra* zu kaufen. Wie spannend! Exotische Ratschläge über die Liebe aus dem Land der Tiger und Elefanten.

Die Lektüre war ziemlich aufregend und für einige junge Leute sogar sicherlich erregend. Immerhin konnte man damals noch nicht, so wie heute, im Laden um die Ecke Zeitschriften mit Fotos von Mädchen kaufen, die einen anlächelten und dabei mit sich selbst spielten. Man mußte schon das *National Geographic* durchblättern, wenn man einen fotografierten Busen sehen wollte, und die Klassiker der Literatur lesen, um hier und da einmal eine gewagte Stelle zu finden. Damals also war so etwas wie das *Kamasutra* wirklich eine heiße Sache.

Das *Kamasutra* wurde von einem gewissen Vatsyayana verfaßt, der selbst versicherte, er habe das Werk mit den lautersten Absichten geschrieben, während er Religion und die höhere Weisheit studierte. Das konnte er durchaus behaupten, ohne sich dabei allzu lächerlich zu machen, denn in der indischen Kultur ist *kama* – die Kunst der Liebe und irdischen Zuneigung und des Sinnengenusses – durchaus mit einem Leben der Weisheit und der Tugend vereinbar.

Moderne Sexologen blicken mit großer Sympathie auf Vatsyayana und sein Buch. Wir sind vielleicht geneigt, ihm auf die Schulter zu klopfen für dieses Buch, das zwischen 1700 und 2300 Jahre alt ist, und zu sagen: »Gut gemacht! Aber woher hast du das alles gewußt ohne unsere Hilfe?«

Ich persönlich liebe Vatsyayana, weil er die Gefühle der Frauen und ihr Recht auf Sexualität ausdrücklich anerkennt. Es sieht so aus, als sei das durchaus selbstverständlich gewesen, auch wenn das Zeitalter Vatsyayanas keineswegs eine Ära der weiblichen Emanzipation war, sondern eher eine Periode, in der weise Männer es vorzogen, bei der Behandlung der Frauen auf Verständnis statt auf Härte und

Strenge zu bauen. Brutale Unterdrückung war kein Ausdruck von Harmonie. Nur wenn man im Leben versagte, mochte man darauf zurückgreifen.

Das *Kamasutra* von Vatsyayana stand für die Inder in einer langen Tradition. Auch vorher schon hatte es verschiedene *Kamasutras* oder Bücher mit Liebesregeln gegeben. Vatsyayana hätte bestimmt keine völlig neue Art von Buch geschrieben, denn das schickte sich einfach nicht!

Besonders gut gefallen mir Vatsyayanas Ratschläge für die Liebe mit einer jungfräulichen Braut. Sie stimmen weitgehend mit dem, was wir heute lehren, überein: daß man einen jungen Menschen nicht drängen oder unter Druck setzen soll, sondern mit Liebe und Geduld Vertrauen und Zuneigung schaffen muß. Lassen Sie mich etwas ausführlicher aus diesem wundervollen Kapitel des *Kamasutra* zitieren:

Die ersten drei Nächte nach der Vermählung schlafen Mann und Frau auf dem Erdboden, enthalten sich aller geschlechtlichen Freuden und essen ungesalzene Speisen. An den sieben folgenden Tagen baden sie unter heiterer Musik, schmücken sich, speisen miteinander und machen sodann den Eltern und Freunden, die an der Hochzeit teilgenommen haben, Höflichkeitsbesuche. Am Abend des zehnten Tages nähere sich der Mann seiner Frau unter vier Augen mit zarter Werbung, um ihr Vertrauen zu gewinnen.

Die Frauen sind von zarter Verfassung und wünschen, daß man sie zart umwerbe. Wenn der Mann, den sie ja noch kaum kennen, sie roh besitzen will, dann lernen sie die geschlechtliche Vereinigung, oft auch das ganze männliche Geschlecht hassen. Darum nähere man sich seiner jungen Frau in zarter Weise, um sie möglichst zu schonen. Der Mann muß danach streben, ihr Vertrauen mehr und mehr zu gewinnen. Zuerst umarme er sie, so wie es *ihr* am besten gefällt, weil dies nicht lange dauert. Er beginne mit dem Oberkörper, da dies einfacher und leichter ist. Hat das Mädchen das Jungfrauenalter schon erreicht, oder ist es mit ihrem Gatten bereits vertraut, dann mag es bei Lampenschein geschehen. Kennt er es aber noch nicht genau, oder handelt es sich um ein ganz junges Mädchen, dann umarme er es in der Dunkelheit. Hat sie die Umarmung geduldet, dann gebe er ihr Betelnüsse und Betelblätter in den Mund. Weigert sie sich, sie zu nehmen, dann rede er ihr freundlich zu, versuche es mit Bitten und Beschwörungen. Endlich falle er ihr zu Füßen... Nimmt sie dann endlich die Nüsse, dann küsse er ihr dabei den Mund, leicht und zart, ohne einen Laut zu verursachen... Ist er soweit, dann bringe er sie zum Sprechen. Zu diesem Zweck frage er sie über Dinge, die er nicht kennt oder nicht zu kennen vorgibt...

Etwas später sagt Vatsyayana, der Mann solle ihre jungen Brüste berühren, und wenn sie widerstrebt, solle er sagen, er würde das nicht wieder tun, wenn sie in umarmen wolle, und nach und nach solle er sie dann auf seinen Schoß ziehen... In der zweiten und dritten Nacht solle er ihren ganzen Körper streicheln und sie von oben bis unten küssen, bevor er dann zu etwas fortgeschrittenerem ›Petting‹ übergehe, ohne jedoch tatsächlich die Vereinigung zu suchen. Danach solle er sie die vierundsechzig Künste der Liebe lehren, er solle ihr sagen, wie sehr er sie liebe, und ihr versprechen, daß er treu sein werde. Endlich solle er damit beginnen, sie zu genießen, ohne sie dabei jedoch zu erschrecken. Auf diese Weise würde er ihr Vertrauen wecken.

So also soll ein junger Mann, der die vierundsechzig Künste gelernt habe, mit einem noch völlig unerfahrenen Mädchen umgehen. Dazu muß ich sagen, daß die jungen Männer auf der ganzen Welt heutzutage sehr viel weniger gelernt haben, und es ist nicht ungewöhnlich, daß ein modernes Mädchen genausoviel Verständnis und Zutrauen braucht wie ein indisches Mädchen vor zweitausend Jahren. Dabei herrscht heute mehr Ungeschicklichkeit und Nervosität, als man glauben möchte.

Wie hilfreich ein solch entspanntes Ritual für ein junges Paar heute sein könnte! Er würde genau wissen, was er zu tun hat, und könnte geduldig und langsam vorgehen, ohne den Helden spielen zu müssen wie viele dieser großen Filmstars, die doch in Wirklichkeit eine Szene immer und immer wieder spielen müssen, bis sie gelingt. Schon ein Blick auf das Inhaltsverzeichnis des *Kamasutra* ist höchst aufschlußreich: Da gibt es einen Abschnitt über die Umarmung, also wenn sich zwei Menschen ganz einfach in den Arm nehmen... über das Küssen... über Nägelmale und Bißwunden... über den Biß... über die verschiedenen Arten des Beischlafs und der Vereinigung... über Schläge und Liebeslaute... über die verschiedenen Frauen für einen Lebemann sowie den Umgang mit Freunden und Liebesboten... darüber, wie eine tugendhafte Frau lebt und sich benimmt, wenn ihr Mann abwesend ist... über den Charakter der Männer und Frauen... darüber, wie man eine Frau prüft... wie die Mädchen Männer beherrschen und fesseln können... Viele Dinge, die zu wissen für eine Frau sehr nützlich sein kann.

Manchmal kommt es vor, daß man bei der Liebe ein bißchen gewalttätig wird. Selbst das wird im *Kamasutra* abgehandelt und hat seinen Platz, sollte aber nicht in Bösartigkeit ausarten oder zu Verletzungen führen. Es gibt unterschiedliche Arten, sich gegenseitig zu schlagen, um das völlige Losgelöstsein beim Orgasmus auszudrücken, begleitet von passender lautlicher Artikulation. Dazu sagt das *Kamasutra*, daß derartige leidenschaftliche Ausbrüche auch unkontrolliert werden können, darum sollte ein Mann seine eigene Muskelkraft sowie die Zartheit, Leidenschaftlichkeit und Kraft der jungen Frau genau kennen und sich entsprechend verhalten. Und zum Schluß heißt es, daß die unterschiedlichen Arten des Genusses nicht für alle Situationen oder für alle Menschen gleichermaßen geeignet seien, sondern nur im geeigneten Moment angewendet werden sollten.

Das *Kamasutra* geht auch darauf ein, daß Männer die amourösen Neigungen einer Frau auf ihre körperliche Erscheinung zurückführen. Nun, wir wissen, daß diese uralte Vorstellung auch heute noch Gültigkeit hat. Eine bestimmte Formung der Hüften oder Brüste, der Lippen oder der Augen werden als Zeichen für bestimmte Formen von Leidenschaft betrachtet. Aber Vatsyayana warnt vor solchen Schlußfolgerungen und rät dazu, lieber das wahre Wesen einer Frau kennenzulernen und sich auf dieses allmählich gewonnene Wissen zu verlassen.

Heute ist Indien ein Land, in dem die Frauen fast keine Rechte mehr haben. *Sati* oder Witwenverbrennung ist heute zwar verboten und es kommt nur noch selten vor, daß sich eine Frau zusammen mit dem Leichnam ihres verstorbenen Mannes verbrennen läßt, doch auch heute noch neigen die Inderinnen dazu, sich vollständig ihrem Mann unterzuordnen und ihm zu dienen. Dennoch können wir aus der ehrwürdigen Liebeslehre des *Kamasutra* sehr viel lernen.

12.

Du sagst Du liebst mich,
warum kommst du dann nicht?

Ich bekomme zahlreiche Briefe von Leuten, die meine Radioshow hören. Meistens stellen sie mir darin Fragen bezüglich ihres Sexuallebens, aber häufig schreiben sie als erstes, wie gut ihnen meine Show gefällt, deshalb nenne ich diese Briefe meine Fan-Post. Ich stelle mir eben gern vor, daß ich im Showgeschäft bin! Auch Sextherapeuten haben schließlich ihre Phantasien.

Ein Bursche schreibt mir, daß seine Freundin immer möchte, daß er ejakuliert – sonst sei sie nicht zufrieden. Wenn er nicht ejakuliere, habe sie das Gefühl, er liebe sie nicht. Vielleicht denkt sie, er ejakuliere für eine andere. Oder vielleicht begehre er sie einfach nicht mehr so. Sie meint, wenn er sie wirklich liebe, könne er das am besten zeigen, indem er ejakuliere.

Es ist jedesmal anders

Ich schreibe ihm zurück und schlage ihm vor, er solle versuchen, sie ganz langsam und liebevoll dazu zu bewegen, ihre fixe Idee aufzugeben. Erfahrene Liebende, die eine kontinuierliche sexuelle Beziehung haben, erwarten nicht, daß die Liebe jedesmal gleich ist – es ist jedesmal ein bißchen oder auch ganz anders als sonst. Manchmal möchte einer der beiden Partner einen Orgasmus haben, während der andere einfach nur seine Liebe zeigen und dem anderen Lust bereiten will, ohne selbst einen Orgasmus zu haben. Und das sollte der andere auch akzeptieren.

Woran erkennt sie es?

Aber dieser Brief wirft einige Fragen auf. Zunächst einmal: Wie kann sie *wissen*, ob er ejakuliert oder nicht? Natürlich ist die Sache ganz einfach, wenn sie ihn mit der Hand oder mit dem Mund zum Orgasmus bringt. *Manche* Frauen können die Samenflüssigkeit in ihrer Vagina spüren, die meisten sind wahrscheinlich nicht dazu in der Lage. Abgesehen von dem Bereich der Schamlippen und der Klitoris ist die Vagina gefühllos und unempfindlich. Aber ist es das, was die Freundin unseres Briefschreibers gemeint hat – daß sie eine von den Frauen ist, die die Ejakulation spüren? Vermutlich nicht. Wahrscheinlich meint sie, daß sie es gerne hat, wenn er stöhnt und wimmert, knurrt und stärker und schneller zustößt und all das tut, womit man die sexuelle Befriedigung ausdrückt.

Niemand wird bestreiten, daß eine Frau, die diese Art von Schmeichelei und Vergnügen und Aufregung liebt, ein Recht darauf hat, das zu verlangen – aber doch nicht immer und jedesmal.

Und warum nicht? Ist es denn nicht für den Mann ganz leicht zu ejakulieren? Viel leichter als es für die meisten Frauen ist, zum Orgasmus zu kommen? Ist es dann nicht einfach nur gemein, wenn ein Kerl einem Mädchen verweigert, was er ihr so leicht geben kann?

Auch Männer haben ihre Launen

In der Tat kommen die meisten Männer sehr viel leichter zum Orgasmus als die meisten Frauen. Die Nervenenden, die dem Mann sexuelle Lust verschaffen – diesen wunderbaren Schmerz, wie man manchmal sagt –, liegen sehr viel näher an der Hautoberfläche. Bei einem Jungen hängt das primäre Geschlechtsteil deutlich sichtbar außen am Körper und zieht die Aufmerksamkeit auf sich, so daß Jungen häufiger onanieren und ganz einfach viel eher als Mädchen lernen, sich auf diese Weise sexuelle Lust zu verschaffen. Aber es gibt Augenblicke, in denen ein Mann einfach keine Lust hat, einen Orgasmus zu bekommen und zu ejakulieren – zwei Dinge, die bei fast jedem Mann zur gleichen Zeit ablaufen. Manchmal hat ein Mann überhaupt keine Lust auf Sex, und dann sollte man ihn auch nicht drängen. Genau wie sie hat auch er manchmal das Recht, in Ruhe gelassen zu werden. Manchmal ist es einfach besser, wenn er ihr aus reiner Freude am Geben Lust bereiten kann, indem er sie so liebevoll wie möglich streichelt und leckt oder sie sich an seinem Oberschenkel reiben kann, oder er sie einfach festhält, während sie sich selbst Lust verschafft. Oder was sonst zum Repertoire des jeweiligen Paares gehören mag.

Aber warum will er denn keinen Orgasmus haben? Macht das nicht Spaß, auch wenn er müde ist?

Nein, nicht wenn er zu müde ist. Es muß ja auch nicht immer daran liegen, daß er müde ist – jedenfalls nicht im Sinne körperlicher Müdigkeit. Natürlich kann man über die möglichen Gründe spekulieren, aber das beste ist, wenn die Frau akzeptiert, daß der Mann, der sie liebt, sie nicht unbedingt jedesmal nehmen will, wenn sie sich ihm anbietet. Das heißt nicht, daß er sie nicht liebt. Es kann sogar ein Beweis dafür sein, wie *sehr* er sie liebt.

Ein Teil der männlichen Lust

Es gehört auf jeden Fall zur sexuellen Lust des Mannes, der Frau Lust zu bereiten, besonders für einen sexuell erfahreneren Mann, und häufig möchte ein Mann einfach nur diesen Aspekt der Liebe genießen und nur auf diese Weise Lust erfahren. Er möchte ihr Liebessklave sein. Auch für die Frau kann es ein besonderes Vergnügen sein, wenn der Mann das will. Damit sagt er ihr: »Diesmal ist nur für dich!« Das ist doch sehr lieb von ihm, und man sollte einen Mann dazu ermuntern, lieb zu sein!

Manchmal empfindet ein Mann eine tiefe Verehrung für die Frau, für ihren Körper und ihre Seele, und er versucht das dadurch auszudrücken, daß er ihr die Füße küßt, daß er sie küßt und schmeckt und riecht. Er möchte einfach all seine poetischen Gefühle für das Wesen Frau und für diese Frau im besonderen ausdrücken. Ich sage: Lassen Sie ihn! Ermuntern Sie ihn! Lassen Sie ihn auch einmal so seine Liebe zeigen – den Helden und Eroberer kann er ein andermal spielen, in zehn Minuten oder am nächsten Mittwoch!

Akzeptieren Sie es, daß er Sie auf unterschiedliche Weise und aus unterschiedlichen Stimmungen heraus liebt! Ermuntern Sie ihn dazu, seine vielfältigen Gefühle für Sie auch auf unterschiedliche Weise zu zeigen!

Orgasmus und Ejakulation

Vorhin habe ich gesagt, daß bei einem Mann in den weitaus meisten Fällen Orgasmus und Ejakulation zusammenfallen. Dazu, nur zur Information, ein paar interessante Tatsachen, die vielleicht einmal ganz nützlich sein können – wenn Sie mit einem Mann ins Bett gehen, vielleicht auch nur, wenn Sie bei einem Sex-Test glänzen wollen. Und wenn ich diese Tatsachen interessant finde, dann sind sie es auch. Es ist nicht meine Schuld, wenn Sie dabei nur gähnen können.

Bei Männern finden der Orgasmus und die Ejakulation zur gleichen Zeit statt oder jedenfalls fast zur gleichen Zeit. Wenn ihre Erregungskurve ein bestimmtes Plateau erreicht hat, dann pumpen und stoßen sie heftig drauflos, weil sie wissen, daß der Höhepunkt kurz bevorsteht. Dann kommt das Gefühl, daß es jetzt keine Umkehr mehr gibt, und dann beginnt eine Serie von Muskelkontraktionen an der Peniswurzel und im umliegenden Bereich, und diese verursachen große Lust. Dabei schießen Fontänen einer milchig-weißen Flüssigkeit aus dem Penis. Welch ein Anblick!

Vielleicht haben Sie den Film *Personal Best* gesehen. Darin gibt es eine Szene, in der das Mädchen den Jungen bittet, seinen Penis halten zu dürfen, während er uriniert. Er findet das ein wenig albern, aber sie überredet ihn mit den Worten, daß sie sich immer schon gewünscht habe, im Stehen pinkeln zu können. Sie stellt sich hinter ihn und richtet den Penis in das Toilettenbecken. Die Zuschauer sehen nur ihren Rücken, während sie hinter ihm steht, den Wasserhahn aufdreht, um ihm die Sache zu erleichtern, und dann mit beiden Händen seinen Penis hält, ohne daß man es sieht. Ich fand die Szene sehr amüsant. Das Mädchen wollte einfach nur eine natürliche Neugier befriedigen. Es gibt noch etwas, was viele junge Frauen absolut faszinierend finden, nämlich wenn sie zum erstenmal in ihrem Leben einen Penis ejakulieren sehen. Normalerweise geschieht das, wenn sie zwar einverstanden ist, für ihn dasselbe zu tun, was er sonst immer selber macht, auch wenn sie noch nicht »bis zum Ende« gehen will. Manchmal auch dann, wenn sie wirklich »bis zum Ende« gegangen ist und danach neugierig auf seinen Apparat ist. Zu sehen, wie der Samen aus dem Penis schießt, und dabei zu denken: »Das habe *ich* bewirkt!« ist nicht nur informativ, sondern auch aufregend.

Im allgemeinen ist der Penis hart, wenn er ejakuliert, aber nicht immer. Manchmal kann man den Samen auch dadurch hervorlocken, daß man den schlaffen Penis wie ein Kuheuter melkt. Allerdings ist das für den Mann lange nicht so lustvoll. Viel besser ist es, langsam und spielerisch vorzugehen – egal, ob er es selbst macht oder sie es für ihn tut – und den Penis so zu reizen, bis er ganz hart ist. (Das ist einer der reizvollen Aspekte bei den Start-und-Stopp-Übungen, mit denen der Mann lernen kann, seinen Orgasmus hinauszuzögern. Und ich möchte, daß meine Patienten diese Übungen als lustvoll empfinden.)

In diesem Zusammenhang fragt eine Frau: »Wenn ein Penis schlaff ist, warum sollte man ihn dann masturbieren wollen? Ist eine Erektion nicht das Zeichen, daß man ›es‹ will?«

Ein Fall von mangelnder Konzentration

Manchmal hat ein Mann andere Dinge im Kopf, wenn er an sein sexuelles Vergügen denken sollte. Vielleicht hat er die Angewohnheit, immer nur an seine Arbeit zu denken. Er kann durch die Rocky Mountains fahren, ohne auch nur einen einzigen Berg zu sehen, ins Kino gehen, ohne Brooke Shields zu sehen, oder zwanzig Seiten lesen, ohne etwas mitzubekommen. Er kann angeln gehen und volle zehn Minuten lang nicht merken, daß er einen Fisch am Haken hat. Und er kann kein einziges Wort hören, wenn seine Frau mit ihm redet. Ein solcher Mann denkt vielleicht: »Ich fühle mich ziemlich gestreßt. Wenn ich onaniere, dann hilft mir das vielleicht, mich zu entspannen.« Aber er ist mit seinen Gedanken nicht bei der Sache und kann sich nicht auf ein Phantasiebild konzentrieren. Er onaniert – so unglaublich das klingen mag – aus reinem Pflichtgefühl. Sein Penis richtet sich nur halb auf und schlafft dann wieder ab. Ungeduldig zieht er grob daran oder reibt die Peniswurzel kräftig, bis er einen kleinen Orgasmus hat und ein paar Tropfen Samen austreten.

Diese Art von zweifelhaftem sexuellem Vergnügen kann zur Gewohnheit werden. Der Mann ist enttäuscht darüber, daß es ihm so wenig Vergnügen macht und möchte die Sache so schnell wie möglich hinter sich bringen und nicht mehr daran denken. Vielleicht ist er beim Onanieren auch unglücklich, weil er Selbstbefriedigung für etwas hält, wofür man sich schämen muß. Es ist etwas, was man nicht stolz herumerzählen kann. Er wünscht sich, ein großer Held zu sein und mit einer Filmschauspielerin schlafen zu können, oder daß er genügend Geld hätte, um sich ein hochkarätiges Callgirl zu mieten, oder irgend etwas anderes Verrücktes, was ihm im Augenblick nicht weiterhelfen kann.

Ich möchte betonen, daß dieser Mann keineswegs verachtenswert ist. Vielleicht ist er ein ganz netter Kerl mit einem ziemlich guten Instinkt und befindet sich ganz einfach auf einem persönlichen Tiefpunkt, an dem dieses Verhalten zur Gewohnheit wird. Sexuelle Schuldgefühle allein sind dabei nicht der entscheidende Auslöser, sondern wahrscheinlich eher das Gefühl, bei allem, was er anfängt, zu versagen und zu scheitern. Weil er sich um alles Sorgen macht, kann er sich auf nichts konzentrieren und nichts richtig machen, nicht einmal onanieren. Eine einzige gute Erfahrung bringt ihn vielleicht schon wieder auf den richtigen Weg. Irgendeine beruhigende, nützliche Aktivität, wie zum Beispiel im Garten ein neues Beet anzulegen oder Holz zu hacken für seinen Ofen oder seinen Kamin könnte ihm schon das Gefühl vermitteln, etwas geleistet zu haben, sich körperlich betätigt zu haben und angenehm erschöpft zu sein.

Natürlich würde es nützen, wenn er einen Therapeuten aufsuchte, der ihm zuhören und ihm einen guten Rat geben könnte – vielleicht wie er sein Sexualleben verbessern kann. Vielleicht würde er ihm auch raten, im Garten ein neues Blumenbeet zu graben oder sich eine Liste von den Dingen zu machen, die er jeden Tag tun kann, oder sich ganz einfach immer auf das zu konzentrieren, womit er gerade beschäftigt ist.

Ejakulieren auf Kommando

Es gibt eine Situation, in der es für fast jeden Mann zum Problem werden kann, zu ejakulieren. Nehmen wir an, er befindet sich in einer Klinik, wo er sich einer Spermauntersuchung unterziehen soll. Die Krankenschwester reicht ihm einen kleinen Becher und sagt: »Hier hinein bitte!« Im nächsten Moment findet er sich in einem fremden Raum wieder, einer keimfreien Kabine, und draußen vor der Tür wartet eine fremde Frau und sieht auf die Uhr. Er hat Schwierigkeiten, sich eine Phantasie auszumalen. Durch fleißiges Reiben gelingt es ihm, eine kleine Menge Samenflüssigkeit zu produzieren. Es sieht nicht gerade nach sehr viel aus, wenn er daran denkt, daß er es vorzeigen muß! Wenn man regelmäßig Samen spendet, dann wird man natürlich im Laufe der Zeit besser, aber die ganze Situation ist wirklich nicht dazu angetan, sexuelle Lust zu fördern.

Und damit kommen wir wieder zum Anfang dieses Kapitels zurück, zu dem Mann, dessen Frau immer verlangt, er solle ejakulieren. Sie verhält sich nicht viel anders als die Schwester, die einen Mann in diese kleine, keimfreie Kabine schickt, damit er ejakuliert. In beiden Fällen will der Mann eigentlich nicht, und wenn man es trotzdem verlangt, dann wird er natürlich nicht gerade seine beste Leistung erbringen. Es ist vielleicht der professionellste Weg, eine Spermaprobe zu bekommen, aber es ist für den Mann erniedrigend. Eine Spermaklinik kann natürlich nicht ständig eine sexuell stimulierende Frau in dieser kleinen Kabine halten, die die Samenproben abnimmt. Eine liebende Frau handelt unklug, wenn sie jedesmal einen Orgasmus verlangt. Auch das ist einfach zu professionell und sachlich. Sie sollte ihn in Ruhe lassen, wenn er nicht in der Stimmung ist. Entweder sie wartet, bis die sexuelle Stimmung sich von allein gelegt hat, oder sie läßt sich von dem Mann verwöhnen, ohne daß er diesmal etwas »abliefern« muß.

13.

Klitoraler und vaginaler Orgasmus

Man sagt, daß der durchschnittliche Amerikaner mehr über Autos weiß als über die Klitoris. Das halte ich wirklich für ein Trauerspiel! Ich möchte gern dazu beitragen, durch meine Arbeit den sexuellen Analphabetismus wenigstens ein bißchen zu bekämpfen, besonders in diesem Land, in dem es mir so gut gefällt. Und ganz besonders in Colorado, wo man so schön Ski laufen kann!

Ein sexuell interessierter Mensch sollte etwas über die Kontroverse zwischen klitoralem und vaginalem Orgasmus wissen. Damit wäre er bei der nächsten großen Dinnerparty ein interessanter Gesprächspartner, neben dem man gern sitzt. Die Grundlagen dieser Kontroverse sind leichter zu verstehen als die weltwirtschaftlichen Probleme der USA oder die politische Situation in Mittelamerika oder im Nahen Osten. *Sehr* viel leichter.

Ein Orientierungsplan

Jeder sollte einen Orientierungsplan, gleichsam einen Lageplan der weiblichen Genitalien vor Augen haben. Ein Student studierte einmal ein paar Zeichnungen der weiblichen Geschlechtsmerkmale und begann dann, überall Skizzen weiblicher Genitalien zu zeichnen – auf den Innendeckeln seiner Lehrbücher, auf der Schreibtischplatte, an den Wänden in der Herrentoilette usw. Na gut, wenn schon Wandkritzeleien, dann wenigstens solche, die korrekt und informativ sind.

Ein kleines Mädchen fragte mich einmal: »Wo hat die Tante denn ihre Vagina?« Es sprach das Wort aus wie »Bagina«. Wir befanden uns in einem Museum und standen gerade vor einer Statue. Ich freute mich über die Gelegenheit, der Kleinen etwas beizubringen. Da war ihre Frage – und da die nackte weibliche Skulptur. Ohne zu zögern deutete ich mit dem Finger auf die Figur und sagte: »Da drinnen. Vagina.« Ich ging nicht weiter in die Einzelheiten, und zwar nicht nur, weil ganz in der Nähe einer der Museumswächter stand und ich schließlich nicht eingeladen worden war, einen Vortrag zu halten. In meiner Radioshow erkläre ich immer alles sehr detailliert, aber da ist es ja auch meine Aufgabe. Sie würden vielleicht überrascht sein, wie zurückhaltend und gut erzogen ich in der Öffentlichkeit sein kann oder in Gegenwart anderer, die mich nicht gebeten haben, ihnen etwas zu erklären. -

Während eines Fluges habe ich einmal einen Film gesehen, in dem eine Schauspielerin sagte: »Sie haben diesen Kindern ein Foto von der Vagina einer Frau gezeigt!« Das klingt ziemlich komisch, denn man kann einen ganzen Tag lang eine nackte Frau anstarren, ohne ihre Vagina zu sehen. Sie liegt nämlich im Innern ihres Körpers. Selbst wenn sie auf dem Rücken liegt und ihre Beine ausgebreitet hat, kann man ihre Vagina nicht sehen. Was man sieht, sind ihre äußeren Geschlechtsteile, die die Vagina *verbergen*, ebenso wie die Klitoris und ihre Harnröhrenöffnung, an der der Urin austritt.

Die äußeren Genitalien der Frau faßt man unter der Bezeichnung Scham oder *Vulva* zusammen. Damit sind die sichtbaren kleinen und großen Schamlippen und der Schlitz dazwischen gemeint.

Wenn man die Kontroverse um klitoral/vaginal verstehen will muß man wissen, wo die Klitoris sitzt und wo sich im Verhältnis dazu die vaginale Öffnung befindet.

Stellen Sie sich eine dieser hübschen jungen Frauen vor, die in den Zeitschriften ihre Vulva zeigen. Sie hat sich für uns auf den Rücken gelegt, die Beine gespreizt und die Knie angezogen und hält jetzt ihre Schamlippen auseinander, so daß wir hineinschauen können. Vielen Dank, meine Liebe!

Ziemlich am oberen Ende dieser vertikalen Mundöffnung, wie man das bezeichnet, befindet sich ein kleiner Auswuchs, der ein wenig rötlicher aussieht als die umliegende, eher rosafarbene Schleimhaut. Unser williges Modell zeigt ganz zart mit dem Finger darauf, während sie weiterhin ihre Schamlippen auseinanderzieht. Wenn sie masturbiert, dann streichelt oder reibt sie den Bereich *um* die Klitoris herum, nicht jedoch die Klitoris selbst. Da! Jetzt sehen wir, wie sie es macht: jedenfalls ungefähr, denn normalerweise zieht sie nicht die Schamlippen auseinander, wenn sie sich Lust verschafft. Wenn sie ihre Klitoris bis zu einem bestimmten Stadium der Erregung gebracht hat, richtet diese sich auf, wobei das Gewebe ringsum anschwillt und sie verdeckt. Das ist die berühmte Klitoris-Vorhaut, von der Sie vielleicht schon gehört haben. Sobald diese sich über die Klitoris gestülpt hat, beginnt unsere junge Dame sich sehr viel stärker zu reiben, wobei die jetzt geschützte Klitoris immer stärker erregt wird, bis der Orgasmus einsetzt. Während dieses Vorgangs gibt sie wohlige Laute von sich, fast melodische Seufzer und kleine Schreie.

Soweit zur Klitoris. Etwa knapp drei Zentimeter darunter befindet sich die Öffnung der Vagina, die lateinische Bezeichnung für *Scheide* – diese Öffnung umschließt den eingeführten Penis wie eine Scheide.

Hinter dieser Öffnung befindet sich ein schlaffer, elastischer Schlauch, in der Tat einer Scheide vergleichbar, der sich ausdehnen kann, um einen ziemlich großen Penis aufzunehmen; aber auch ein verhältnismäßig kleiner Penis wird von ihr elastisch und eng umschlossen.

Im Eingangsbereich der Vagina, nahe beim Scheideneingang, liegen etliche Nervenenden, und die junge Dame spürt jede Berührung in diesem Bereich. Weiter innen in der Vagina hat sie keine Empfindungen.

Ich möchte noch einmal darauf hinweisen, daß sich ihr Finger beim Masturbieren *nicht am Scheideneingang befindet*. Wenn Sie sich vorgestellt haben, daß sie den Finger im Scheideneingang hin und her bewegt oder die kolbenartigen Bewegungen eines Penis mit einer Kerze oder einem Godemiché imitiert, dann liegen Sie völlig falsch. Während des gesamten Kunststücks kommt sie von Anfang bis Ende mit dem Finger nicht einmal in die Nähe der Vagina, sondern stimuliert nur die Klitoris, die einem rudimentären Penis entspricht. Das ist die Art und Weise, in der sich die meisten Frauen und Mädchen selbst befriedigen: indem sie die Klitoris stimulieren und ihre Vagina dabei überhaupt nicht berühren.

Bitte merken Sie sich diese zwei wichtigen Punkte:

Die Klitoris befindet sich nicht am Eingang der Vagina, sondern ein ganzes Stück darüber.

Wenn eine Frau masturbiert, dann spielt sie in der Regel mit ihrer Klitoris oder in deren Umgebung; die Vagina spielt dabei keine Rolle.

Ich glaube, das reicht für heute. Beim nächstenmal werden wir darüber sprechen, was geschieht, wenn ein Penis in die Vagina eingeführt wird.

Der Fall des fehlenden Orgasmus

Guten Morgen. Beim letztenmal ging es um die Tatsache, daß die Klitoris und die Vagina eigentlich nichts miteinander zu tun haben. Die Klitoris befindet sich ein ganzes Stück oberhalb des Eingangs der Vagina. Unsere junge Dame hat uns den Gefallen getan, für uns zu masturbieren, zu unserem wie auch ihrem eigenen Vergnügen. Wohlgemerkt, ohne dabei die Vagina zu berühren.

Auch heute ist die junge Dame wieder bei uns. Da sie sich Angie nennt, wollen auch wir bei diesem Namen bleiben. Angie war gerade dabei, mit einem jungen Mann Sex zu machen, den wir Bingo nennen wollen. Er hat noch seinen Bademantel an. Also los, Angie und Bingo – seid ihr soweit?

Nun, ich glaube, Sie sind mit mir einer Meinung, daß es sehr nett von Angie und Bingo war, uns einen Sexakt vorzuführen, und ich finde, die beiden haben sich einen ordentlichen Applaus verdient.

Ich möchte gern Ihre Aufmerksamkeit darauf richten, daß Angie zwar gestern nach drei Minuten Masturbation einen guten Orgasmus hatte, ihr dagegen die sieben Minuten Geschlechtsverkehr mit Bingo nicht die geringste Lust bereitet haben. Der geheimnisvolle Grund für dieses Versagen ist rein physiologischer Natur. Bingos Penis, von mehr als respektabler Größe, bewegte sich kraftvoll in der Vagina hin und her, ohne dabei in die Nähe der Klitoris zu kommen. Aber jetzt sehen wir, daß Angie wieder für uns masturbiert, genauso wie gestern. Ihre Erregung steigert sich immer mehr, und in vielleicht einer Minute oder so wird sie ganz allein wieder einen großartigen Orgasmus haben – ohne Bingo und, wie ich noch einmal betonen möchte, ohne ihre Vagina zu berühren. Während sie noch damit beschäftigt ist, wollen wir die Zeit nutzen und uns etwas näher mit diesem Phänomen beschäftigen.

Angie hat uns gezeigt, daß eine Frau durch Stimulation ihrer Klitoris einen großartigen Orgasmus haben kann, während sie beim Sex mit einem kräftigen Burschen wie Bingo mit seinem enormen Penis überhaupt keinen Orgasmus erreicht. Angeregt durch die Episode mit Bingo verspürt sie jedoch wieder das Bedürfnis nach einem Orgasmus. Das ist typisch für Millionen von Frauen auf der ganzen Welt, die nur einen klitoralen, aber keinen vaginalen Orgasmus kennen – um einmal diese sehr in Verruf gekommene Terminologie zu benutzen.

Angie kann nichts daran ändern, daß sie durch einen echten oder simulierten Koitus allein keinen Orgasmus erreicht. Das ist bei ihr nun einmal so. Es ist möglich, daß sich das für sie in der Zukunft irgendwann einmal ändern wird. Aha, da kommt sie – wieder ein phantastischer Orgasmus!

Ich sehe, daß unsere Zeit bereits wieder um ist. In der nächsten Sitzung werden wir auf weitere Aspekte dieser Kontroverse – klitoral oder vaginal – eingehen.

Unreif und reif, wie er sagte

Angie – und ich hoffe, jeder versteht, daß ihre Demonstration nur eine reine Erfindung war und ich natürlich derlei Demonstrationen nicht tatsächlich abhalte, auch nicht bei der Ausbildung von Nachwuchs-Therapeuten – erreichte nur dann einen Orgasmus, wenn sie direkt ihre Klitoris stimulierte. Das ist jedoch nicht bei allen Frauen der Fall. Eine große Anzahl von Frauen, wenn auch bei weitem nicht die Mehrheit, erlebt auch beim Koitus einen Orgasmus, wenn sich der Penis lustvoll in der Vagina hin und her bewegt.

Sigmund Freud, der Vater der Psychoanalyse, hat die Theorie entwickelt, daß Frauen, die nur bei direkter Stimulierung der Klitoris zum Orgasmus kommen, sexuell unreif sind, während nur diejenigen, die beim Koitus einen Orgasmus erreichen, sexuell wirklich reif sind. Er bezeichnete die erste Art von Orgasmus als klitoral, die zweite als vaginal. Diese Theorie beinhaltet, daß der klitorale Orgasmus etwas für kleine Mädchen ist, die sich selbst befriedigen, während der vaginale Orgasmus das Zeichen des Erwachsenseins ist – ähnlich wie eine vollständig entwickelte Brust.

Durch diese Gleichsetzung von klitoralem Orgasmus mit sexueller Unreife entstand bei vielen Frauen nicht nur ein Minderwertigkeitskomplex, sondern auch ein Schuldgefühl, weil sie annehmen mußten, daß sie sich als Kinder irgendwie dadurch geschadet hätten, daß sie mit ihrer Klitoris spielten.

Nun will ich Freud nicht allzu sehr kritisieren, denn seine Theorie erschien recht einleuchtend. Schließlich ging er von dem Grundgedanken aus, daß der Koitus der eigentliche, zentrale sexuelle Akt ist und somit auch die Quelle der Lust sein sollte. Aber seine Theorie war tatsächlich nur eine Theorie, die niemals bewiesen wurde. In der modernen Sextherapie gehen wir nicht mehr davon aus, daß diese Theorie auch der Wahrheit entspricht. Wir haben heute unsere eigenen Theorien.

Jeder weibliche Orgasmus ist klitoral

Es gibt nicht zwei Arten von Orgasmus. Bei der Frau ist jedes sexuelle Lustgefühl physiologisch immer mit der Klitoris verbunden. Allerdings gibt es beträchtliche Unterschiede darin, wie eine Frau einen Orgasmus erreicht.

Angie – die junge Frau in unserer fiktiven Demonstration einer klitoralen Stimulierung bis zum Orgasmus, ohne vaginale Reizung – stellt den Extremfall einer Frau dar, die durch vaginale Reizung beim Koitus nie zum Orgasmus kommt. Sie reibt die Klitorisgegend (nicht die Klitoris selbst!), ohne dabei jemals den Scheideneingang zu berühren – was durchaus möglich ist, da die beiden Stellen weit genug voneinander entfernt sind.

Lassen Sie mich auf einige unechte oder gespielte Einzelheiten in Angies Vorstellung hinweisen, auch wenn diese eine ganz bestimmte Funktion haben können. Das erste ist die Tatsache, daß sie wirklich nie in die Nähe des Scheideneingangs gekommen ist, während es in der ersten Erregungsphase bei der Masturbation fast immer so ist, daß die Frauen ihren gesamten Genitalbereich berühren. Sie streicheln die Innenseiten der Schenkel, fahren mit den Fingern durch die Schamhaare und massieren den Venushügel, reiben die großen Schamlippen und berühren auch den Scheideneingang. All das steigert die sinnliche Erregung, vermittelt aber durchaus auch bestimmte schwache körperliche Empfindungen. Die Berührung des Scheideneingangs sorgt auch für eine gewisse notwendige Feuchtigkeit, die den streichelnden Fingern als Gleitmittel dient, um den Klitorisschaft zu streicheln, ohne daß es zu einer Reizung der trockenen Haut kommt.

Die andere Möglichkeit wäre, daß Angie sich in kindlich-aufreizender Weise den Finger in den Mund steckt und ihn mit Speichel anfeuchtet. Sie könnte auch ihre(n) Finger mit einer Handcreme oder etwas Ähnlichem einreiben.

Ein weiterer theatralischer Aspekt ihrer Vorstellung ist die Art und Weise, wie sie ihre orgasmische Ekstase äußert: gut sichtbar und hörbar und sehr eindrucksvoll – aber auch sehr leicht zu spielen! Wir sind alle darauf hereingefallen. Ich versichere Ihnen, daß sie wirklich einen Orgasmus erlebt hat, aber letzten Endes kann nur Angie selbst das beurteilen. Weder ihr Liebhaber noch sonst jemand, der dabei ist, kann sich ihrer Ehrlichkeit wirklich sicher sein. Eine genaue Untersuchung ihrer Klitoris in verschiedenen Stadien der Erregung würde natürlich bestimmte Veränderungen zeigen, die mit unterschiedlichen

Stadien der Stimulierung übereinstimmen, aber letztlich können wir uns dabei nur auf ihre Versicherung verlassen, daß es ihr wirklich Vergnügen gemacht hat. Deswegen können Sie auch getrost *meiner* Versicherung Glauben schenken, denn Angie ist schließlich meine Erfindung, die auf umfangreichen Beobachtungen des weiblichen Sexualverhaltens basiert.

Sprechen wir einen Moment über den Ehemann, der gerne wissen möchte, ob seine Frau wirklich einen echten Orgasmus hat oder nicht. Er muß ihr ganz einfach glauben, ihren Bewegungen und Lautäußerungen während des sexuellen Akts und ihrer Aussage hinterher. Aber letzten Endes ist es *ihr* Orgasmus, und nur sie weiß, wie gut er war und ob er echt oder gespielt war. Wie in so vielen anderen Dingen auch, muß ihr Mann ihr ganz einfach vertrauen. Dies ist wirklich ein wundervolles Beispiel dafür, wie notwendig es ist, Vertrauen zu seiner Frau zu haben! Ein kluger Mann wird ihr vertrauen, und nur ein Narr macht sich mit Zweifeln selbst verrückt.

Heutzutage warnen wir Frauen davor, ihren Männern einen Orgasmus vorzuspielen. Dadurch geraten sie nur in eine Sackgasse, wenn sie wirklich einmal den Mann bitten, ihnen zu einem echten Orgasmus zu verhelfen, dann müssen sie zugeben, daß sie ihre sexuelle »Kompetenz« bis dahin immer nur gespielt haben. Und das kann ziemlich peinlich werden, obwohl sich auch damit umgehen läßt.

In gewisser Hinsicht jedoch geben wir Frauen tatsächlich den Rat, einen Orgasmus vorzutäuschen, indem sie ihn übertrieben äußern – durch Aufbäumen, Stöhnen, schweres Atmen, kleine Schreie und wilde Ausrufe. Wir empfehlen, die schreckliche Wortlosigkeit und Schweigsamkeit beim Sex zu durchbrechen, denn diese Laute und Bewegungen können auf sie selbst und ihren Mann sehr stimulierend wirken. Sie haben sozusagen den gleichen Effekt wie ein Aphrodisiakum. Also fordern wir keineswegs völlige Offenheit und Ehrlichkeit beim Sex, denn das Resultat könnte eine eisige Kälte erzeugen. Andererseits warnen wir ausdrücklich vor einer bestimmten Art von Unehrlichkeit oder Täuschung. Und ich muß sagen, daß eine Sextherapie von Anfang bis Ende aus solchen scheinbaren Widersprüchen besteht, denn sexuelle Erfahrung läßt sich eben nicht mit rigiden Methoden in den Griff bekommen – es ist eine viel zu persönliche, subjektive und individuelle Erfahrung, als daß man sie durch schematische und erprobte Methoden und Regeln herbeiführen könnte.

Wenn man sexuelle Lust erreichen will, dann muß man eben seinen eigenen Weg suchen und erfühlen, genau wie eine Frau lernen muß, sich selbst zu befriedigen. Bücher und Therapeuten können dabei durchaus hilfreich sein, aber letzten Endes muß man den Weg selbst erfühlen.

Andere Frauen, andere Möglichkeiten

Kehren wir zurück zum weiblichen Orgasmus und den verschiedenen Möglichkeiten, ihn zu erreichen. Angie schaffte es ausschließlich durch Manipulierung ihrer Klitoris. Aber es gibt auch noch andere Wege.

Ich kenne eine Frau, die so über ihren Venusberg und ihre äußerlichen Genitalien streichen kann, daß dadurch das Gewebe rings um die Klitoris in stimulierender Weise bewegt wird. Und mit bestimmten Männern und in bestimmten Positionen kann sie auf diese Weise auch beim Koitus zum Orgasmus kommen! Stellen Sie sich vor! Auch beim konventionellen Sex empfindet sie große Lust. Aber auch dabei handelt es sich um klitorale Stimulation, wie Sie sehen, und sie ist auch schon dadurch zum Orgasmus gekommen, daß die Männer, nachdem sie bereits ihren Samen vergossen hatten, mit ihrem Schambein ihren Venushügel und ihre äußeren Genitalien gerieben haben. Einmal hat sie sogar zusammen mit einer Frau auf diese Weise einen Orgasmus erreicht.

Adele kommt beim Geschlechtsverkehr durch die sekundären Bewegungen ihrer inneren oder kleinen Schamlippen zum Orgasmus, die ihre Klitoris reiben, während der Penis sich in ihrer Vagina hin und her bewegt. Auch in diesem Fall entsteht der Orgasmus durch die Stimulierung der Klitoris, wie Sie feststellen. Dabei fürchte ich, daß Freud und seine Nachfolger dies als einen vaginalen Orgasmus eingestuft hätten.

Für sehr viele Frauen wird die Lust beim Orgasmus durch die Anwesenheit eines Penis (oder eines Penisersatzes) in der Vagina intensiviert. Vielleicht benutzen sie den Trick, während des Koitus die Klitoris mit den Fingern zu stimulieren oder den Mann das tun zu lassen. Vielleicht haben sie beim Masturbieren auch eine Art von Godemiché in der Vagina. In beiden Fällen ist die Wirkung des Penis oder Penisersatzes in der Vagina wahrscheinlich nicht nur physisch, sondern auch psychisch. Diese Art der Intensivierung des Orgasmus durch die gefüllte Vagina ist besonders ausgeprägt bei Frauen mit gut ausgebildeten pubococcygealen Muskeln, die den eingeführten Penis drücken und wieder loslassen können. Eine Übung zur Stärkung dieser Muskeln (die Kegel-Übung) finden Sie in Kapitel 30 beschrieben.

Lassen Sie es kommen, wie es will

Wenn ein Paar die Orgasmusfähigkeit der Frau verstärken möchte, dann empfehlen wir zu versuchen, auf alle möglichen Arten zum Orgasmus zu gelangen und sich nicht strikt auf eine bestimmte zu beschränken. Zum einen wird es immer Paare geben, denen es vielleicht unmöglich ist, ein solches eng gefaßtes Ziel zu erreichen. Zum anderen kann eine solche Eingrenzung und Beschränkung zu einer schädlichen Hemmung führen und damit genau das verhindern, was das Paar will – Orgasmus beim Koitus ohne zusätzliche klitorale Stimulation. Es scheint so zu sein, daß die Orgasmusfähigkeit einer Frau um so größer ist, je mehr unterschiedliche Wege zum Orgasmus sie kennt und praktiziert. Die betreffenden Nervenenden scheinen voneinander lernen zu können und um so besser zusammenzuwirken, je stärker eine Frau ihre Orgasmusfähigkeit erweitert.

Eine neue Sichtweise

Ich finde es unangemessen und respektlos, Freud als männlich-chauvinistisches Ungeheuer zu brandmarken, nur weil er die Unterscheidung zwischen klitoral und vaginal propagiert hat. Er verdient unsere höchste Bewunderung und Verehrung für seinen Beitrag zum menschlichen Selbstverständnis, insbesondere im Hinblick auf die Bedeutung des sexuellen Erlebens und das physische und seelische Zusammenspiel in diesem Bereich. Man könnte sagen, daß seine Unterscheidung von klitoral und vaginal einfach den Versuch darstellt, neue und vorher nie berücksichtigte Erkenntnisse über den weiblichen Orgasmus zu verstehen und einzuordnen.

Heute betrachten und ordnen wir dieses Wissen auf andere Weise und können auf sehr viel umfangreichere direkte Beobachtungen des Sexualverhaltens zurückgreifen. Unsere neue Betrachtungsweise kommt vor allem jener Mehrheit der Frauen zugute, die durch den Koitus allein nicht zum Orgasmus kommen. Wir können sie beruhigen, daß sie ganz normal sind und sich ganz normal verhalten. Diese Sichtweise ist verständnisvoll und vernünftig und scheint allgemein für

Erleichterung zu sorgen. Nicht zuletzt auch bei denjenigen Männern, die sich als Versager fühlten, weil sie ihre Frauen nicht auf die vorgeschriebene Weise »befriedigen« konnten.

Das ist ein ganz wichtiger Punkt. Wie konnten sich all diese Frauen – und ihre Männer – aufgrund eines solchen Mißverständnisses für unnormal und unfähig halten? Warum reagierten sie nicht ganz instinktiv so, daß sie sagten, ihr Sexualleben sei ihre eigene Sache, und ignorierten einfach die Kritik einer kleinen Minderheit, die ihnen vorschreiben wollte, was richtig sei und was nicht? Der Grund dafür ist ganz einfach, daß Menschen soziale Wesen sind, die Gesetze brauchen und achten und vor der Welt, vor Gott und vor sich selbst als ganze Menschen dastehen und akzeptiert werden wollen. Respekt vor der Meinung von Fachleuten ist keine schlechte Sache – aber jede Generation kommt zu neuen Erkenntnissen.

14.

Masturbation

Die folgenden kleinen Experimente sind für Frauen gedacht, die glauben, sie hätten noch nie einen Orgasmus erlebt. Die sich nicht erinnern können, einen Orgasmus gehabt zu haben. Die nie mit ihren eigenen Genitalien gespielt oder es vergessen haben oder so etwas Ähnliches. Dabei geht es darum, im fortgeschritteneren Alter – zum Beispiel mit siebzehn oder siebenundzwanzig oder siebenunddreißig oder siebenundsiebzig – die Gefühle und Empfindungen zu entdecken, die viele Mädchen bereits in frühester Jugend kennenlernen. Diese Entdeckungen kann man in jedem Alter nachholen.

Häufig ist es so, daß ein Mädchen oder eine Frau bei diesen Untersuchungen eine Stelle entdeckt, die zu berühren sehr angenehm ist, oder eine bestimmte Art der Berührung, die sie immer häufiger wiederholt, bis etwas Wundervolles geschieht und sie einen Orgasmus hat. Ich meine keine Erschütterungen im oberen Bereich der Richter-Skala oder so etwas, sondern ein ganz schwaches, aber sehr angenehmes Gefühl. Wenn sie einmal diesen Punkt erreicht hat, wird sie in den meisten Fällen immer wieder darauf zurückkommen. Und mit ein wenig Übung wird dieser Orgasmus stärker und stärker und stärker und stellt sich auch immer regelmäßiger ein.

Hier ist eine kleine Übung für den Anfang.

Werfen Sie alle Scham ab, legen Sie sich nackt auf den Rücken und überlassen Sie sich ganz Ihren Fingern und Ihren angenehmsten intimen Gedanken. Mit Ihren sauber gewaschenen Fingern beginnen Sie ganz langsam sich dort unten zu berühren. Je leichter ihre Berührungen sind, um so leichter werden Sie dabei wahrscheinlich die ersten schwachen Empfindungen verspüren. Eine dieser Empfindungen werden Sie vielleicht schon beim erstenmal verspüren – das Gefühl, ganz leicht gekitzelt zu werden, so ähnlich wie das Gefühl, das Sie in der Nase haben, wenn Sie gleich niesen müssen.

Legen Sie Ihren Finger auf den oberen Winkel Ihrer Schamlippen und suchen Sie den winzigen Penis, die Knospe, den »Mann im Boot«, und befühlen Sie vorsichtig den Bereich um ihn herum. Für die meisten Frauen ist die Stimulierung der Klitorisumgebung angenehmer als die Berührung der Klitoris selbst, aber das müssen Sie selbst herausfinden. Versuchen Sie es mit kreisenden oder reibenden Bewegungen.

Suchen Sie mit den Fingern die Öffnung der Vagina, etwas unterhalb der Klitoris. Hier befinden sich eine Reihe von Nervenendungen, ebenso noch ein Stückweit im Innern der Vagina. Ein Streicheln dieses Bereichs kann leichte Empfindungen auslösen.

Ein Lächeln wert

Wenn Sie eine Empfindung verspüren, sei sie auch noch so schwach, dann setzen Sie Ihre Bemühungen an dieser Stelle fort, indem Sie sie einfach berühren oder hin und her reiben, kreisförmige Bewegungen machen, leicht drücken und dann wieder loslassen. Finden Sie heraus, auf welche Weise Sie die Empfindung am besten erzeugen können. Dabei können Sie plötzlich ein angenehm erregendes Gefühl verspüren – wenn auch nur ganz leicht. Das ist ein Lächeln wert! Ich habe oft gesagt, daß Frauen beim Orgasmus nicht lächeln, weil das Gefühl einfach zu überwältigend ist, aber diese angenehme Empfindung ist ein so wichtiger Anfang, daß er schon ein Lächeln oder ein stilles »Hurra!« verdient. Eine Art vor-orgasmischer Triumph.

Wenn Sie diese angenehme Empfindung je nach Wunsch erzeugen können, dann können Sie versuchen, sie durch geeignete Bewegungen auch während des Liebesspiels mit Ihrem Mann zu erreichen. Oder Sie zeigen ihm, wie er Ihnen auf diese Weise Lust verschaffen kann.

Das ist also der Grundgedanke bei dieser Sache, und jetzt können Sie das Buch wegwerfen und ein glückliches Sexualleben beginnen! Aber vielleicht ist es doch besser, Sie behalten das Buch. Auch informative Lektüre ist ein angenehmer Zeitvertreib – und vielleicht lernen Sie dabei etwas, was Sie einem Freund oder einer Freundin beibringen können, die mehr Probleme mit dem Sex haben als Sie.

Harte Arbeit oder Vergnügen?

Manchen Frauen bereitet es Schwierigkeiten, ihre eigenen sexuellen Reaktionen kennenzulernen. Aber auch sie können lernen, wie man zum Orgasmus kommt, und am Ende werden sie froh sein, daß sie sich die Mühe gemacht haben. Ich finde es immer besser, wenn die Phase des Lernens nicht so todernst, sondern angenehm und unterhaltsam verläuft. Ich neige sogar dazu zu glauben, daß man erst lernen muß, sich beim Masturbieren wohlzufühlen, bevor man lernen kann, einen

Orgasmus zu erreichen. Es ist wirklich traurig und schlimm, wenn einem schon das Masturbieren zur lästigen Pflichtübung wird. Ich will gar nicht behaupten, daß eine Frau, die immer wieder versucht, ihren »Liebesnerv«, wie ein Dichter es nannte, zu finden, obwohl ihr das Ganze nur lästig ist, von vornherein zum Scheitern verurteilt ist. Man kann es natürlich auch dann schaffen, wenn man sich mit wilder Entschlossenheit in die Sache verbeißt. Aber selbstverständlich ist es schöner, wenn man mit Liebe und Geduld lernt, zu masturbieren und einen Orgasmus zu erreichen. Warum das Lernen zu einer Plackerei machen?

Ich gebe Frauen nicht den Rat, sich mit Hilfe eines Spiegels selbst zu untersuchen oder jeden Tag eine bestimmte Zeit darauf zu verwenden, ihre Genitalien zu erforschen. Ich glaube, damit erzeugt man nur einen gewissen Widerstand gegen die ganze Sache. Wenn die Neugier eines Tages so stark wird, dann können sie sich jederzeit vor den Spiegel stellen, aber es sollte nicht zu einer Art Barriere werden, die man überwinden muß, bevor man sich an das Vergnügen macht, sich da unten zu berühren.

Es besteht kein Anlaß, daß man sein ganzes Leben neu einteilt, um sich ganz ausführlich dieser Aufgabe zu widmen. Ich hätte es lieber, wenn eine Frau diese Aktivität als eine ganz leichte Hausaufgabe betrachtet, die sie zu jeder beliebigen Zeit fast nebenbei erledigen kann. Natürlich hat es seine Vorteile, wenn man sich eine Zeitlang an einen Ort zurückzieht, an dem man nicht gestört werden und die Vorhänge zuziehen kann, eine gedämpfte Beleuchtung einschalten und vielleicht eine passende Hintergrundmusik anstellen kann. Auf der anderen Seite kann man unter der Dusche oder in der Badewanne genauso gut experimentieren wie auf dem Bett. Es ist schön, eine solche angenehme Beschäftigung zu haben, die doch eindeutig den vielen weit weniger angenehmen Aktivitäten im Haushalt vorzuziehen ist.

Es ist eine gute Idee, ein paar anregende Bücher als Lektüre zu besorgen und sie ganz gemütlich und entspannt zu lesen, nackt oder nur leicht bekleidet zu sein, damit die Hände sich mit den Genitalien oder anderen Körperteilen beschäftigen können. *Lady Chatterley* liest sich wirklich sehr viel besser, wenn Sie dabei verträumt Ihre Brüste oder Ihre Schenkel streicheln, während sich Mellors und Connie im Wald vergnügen.

Das bekannte Bild von der unausgefüllten Frau, die französische Romane liest und dabei Pralinen verschlingt, sollte vielleicht abgelöst werden durch das Bild einer Frau, die beim Lesen gedankenverloren ihre erogenen Zonen streichelt.

Machen Sie es auf Ihre Art

Frauen, die aus einem Buch oder unter Anleitung eines Therapeuten lernen zu masturbieren, beginnen in der Regel damit, mit den Fingern ihre Geschlechtsorgane zu befühlen und zu streicheln. Die Frauen, die andere Methoden benutzen, sind meistens mehr oder weniger zufällig darauf gekommen, als sie »böse kleine Mädchen« waren. Oder auch als liebe kleine Mädchen, wenn sie in einer Familie aufwuchsen, in der eine lockere, entspannte Einstellung vorherrschend war. Ob Sie nun ein böses kleines Mädchen oder ein liebes Mädchen sind, hängt in erster Linie und fast ausschließlich davon ab, wie man von den Erwachsenen behandelt wird.

Es gibt viele verschiedene Arten zu masturbieren und ich möchte Ihnen gerne eine Auswahl davon vorstellen – mit den Worten der Mädchen und Frauen, die mir dankenswerterweise ihr Vertrauen geschenkt haben.

Diese Frauen können ganz beruhigt sei. Ich werde keine Namen nennen, und auch die Methoden, die sie beschreiben, sind keineswegs einzigartig. Keine der hier geschilderten Praktiken ist patentierbar.

Manche dieser Erzählerinnen sind vielleicht der Meinung, sie hätten größeres Lob verdient. Nun, meine Damen, es tut mir wirklich leid. Ich bin Ihnen dankbar für das, was Sie mir erzählt haben, aber wenn ich hier schwarz auf weiß behaupten würde, Sie seien die große Alexandra Graham Bell, die eine dieser altbewährten Methoden der Selbstbefriedigung erfunden hat, dann würde ich nur Gelächter ernten. Alle diese Methoden sind so alt wie die Erde selbst.

Hier ist also eine ganz bescheidene – oder wenn Sie darauf bestehen, eine unbescheidene – Auswahl der verschiedensten Methoden, sich mit einem Minimum an Aufwand selbst Lust zu verschaffen.

Die Lust am Radfahren

»Ich habe es auf dem Fahrrad gelernt, als ich dreizehn war. Es war ein amerikanisches Rad, ein Schwinn, aber ich habe seitdem auch wundervolle Beziehungen mit mehreren Import-Rennrädern gehabt. Was soll ich sagen? Wenn Sie mit dem Auto eines dieser radelnden Mädchen überholen und sehen, wie ihre Hinterbacken sich rhythmisch auf und ab bewegen und der harte Ledersattel ihr direkt zwischen den Beinen sitzt, dann denken Sie doch auch: ›Na, die hat ihren Spaß!‹ Ich jedenfalls habe meinen Spaß dabei. Ich werde ganz geil und finde das großartig. Ich bin sicher, daß viele Mädchen beim Radfahren nur einen heißen, wunden Hintern bekommen, und ich schwöre, ich werde nie verstehen, wie Männer überhaupt radfahren können. Aber wenn ich auf dem Rad sitze, dann stimuliert das meine Klitoris und ich komme. Außerdem macht mir das eigentliche Radfahren auch noch Spaß. Ich arbeite in einer Werbefirma und habe ein Trainingsfahrrad im Schlafzimmer. Mein Freund weiß schon warum.«

Mein Kopfkissen und ich

»Ich kannte diesen Jungen, er war ungefähr fünfzehn. Ich habe ihn wahnsinnig geliebt und war ganz verrückt nach ihm. Ich war erst elf oder zwölf, aber ich dachte Tag und Nacht an ihn. Ich wußte, daß es nicht richtig war, aber ich wollte ihn zwischen meinen Beinen spüren. Ich habe keine Ahnung, wie ich darauf kam. Nachts lag ich im Bett und stellte mir vor, wie er es mit mir macht. Dann kam ich auf den Gedanken, mir das Kopfkissen zwischen die Beine zu stecken. Zuerst lag ich dabei auf dem Rücken, aber dann drehte ich mich um und ritt richtig auf dem Kissen herum, bis es mir kam. Das habe ich dann immer wieder gemacht, bis ich fünfzehn war. Dann habe ich aufgehört und erst wieder angefangen, als ich verheiratet war. Nicht etwa, weil mein Mann im Bett nichts taugte. Er war ganz in Ordnung. Aber manchmal blieb ich im Bett liegen, wenn er morgens zur Arbeit gegangen war, und hätte es gerne noch mal gemacht, und da hab ich mich halt auf das Kissen gestürzt. Als ich etwa fünfzehn war, fragte mich meine Mutter, warum mein Kopfkissen immer so fleckig war. Ich sagte: ›Ich weiß nicht.‹ Aber wir wußten beide Bescheid.«

Wie ich es am liebsten mag

»Ich hab es schon auf viele verschiedene Arten gemacht, aber dies ist die Art, wie ich es am liebsten mag. Ich bin darauf gekommen, als ich in der Pubertät war. Ich lege meine vier Finger zusammen und lege sie da unten auf mein Geschlecht und bewege sie dann immer rauf und runter; nach oben bis zu meinem Venushügel und dann wieder zurück bis zum Anus. Das mache ich ganz leicht, bis ich etwas spüre, und dann immer schneller. Meine Finger bewegen sich dabei außen über meine

Schamlippen. Das kann ich machen, wenn ich auf dem Rücken liege, auf der Seite oder auf dem Bauch, aber auch im Stehen und in der Badewanne. Ich stelle mir vor, ich hätte Sex mit allen möglichen Männern – einige sehr nett, andere ganz schrecklich. Wenn der Orgasmus vorüber ist, falle ich in den Schlaf. Manchmal die ganze Nacht, manchmal auch nur für ein paar Minuten, wenn es tagsüber ist.«

Fernsteuerung

»Ich denke einfach an etwas Unanständiges und nach einer Weile kommt es mir dann. Ich habe keine Ahnung, wie es funktioniert, aber es klappt immer. Nein, ein paarmal wurde es mir zu langweilig, oder ich wurde müde oder so und habe einfach aufgehört. Ich mache das schon fast mein ganzes Leben. Ich habe nie Schwierigkeiten gehabt, einen Orgasmus zu kriegen, wann immer ich wollte, besonders wenn ich mit einem Mann schlief. Erzählen Sie mir nicht, daß ich keine schmutzigen Gedanken hätte! Ich genieße es, schmutzige Gedanken zu haben.«

Was ist schon ein Name?

»Ich habe noch nie einen richtigen Orgasmus gehabt, so wie es sich gehört. Mein Mann und ich schliefen einfach miteinander, und dann hatte er einen Orgasmus, und ich habe mit dieser Sache angefangen. Wir haben nie darüber gesprochen, aber er schien sich nie daran zu stören. Ich rollte mich auf ihn drauf und fing an, ihn zu küssen und mich an ihm zu reiben. Bald war ich mit der Vagina an seinem Oberschenkel – ich setzte mich richtig drauf – und dann fing ich an, rauf und runter zu reiben, bis ich einen Orgasmus hatte. So haben wir's immer gemacht. War das Masturbation oder was?«

Eine gute Frage. Es gibt Leute, die dieses Verhalten eindeutig als Masturbation bezeichnen würden.

Ohne große Vorbereitung

»Ich habe gelernt, es mir selber zu besorgen, als ich etwa neun oder zehn war. Vielleicht habe ich es auch schon früher gemacht und es dann nur eine Zeitlang vergessen. Es war ganz einfach. Ich legte einfach zwei oder drei Finger an meine Klitoris und begann zu reiben. Das habe ich schon gemacht, lange bevor ich meine Klitoris das erste Mal gesehen habe. Als ich dreizehn war, stellte ich einen kleinen Spiegel auf die Armlehne eines Stuhls und betrachtete mich darin, während ich auf der Lehne saß. Ich war ziemlich erschrocken, aber ich hab's überlebt. Ich habe mich immer sehr kräftig und schnell gerieben, deshalb lernte ich, meine Finger einzuschmieren. Ich benutzte dafür Handcreme, Olivenöl, Butter, Bratöl, Seife, Speichel, Babyöl, Petroleum und was weiß ich alles. Es ging darum, daß ich immer ganz trocken war, bis ich anfing, stärker zu reiben, und danach wurde ich dann feucht. Manchmal habe ich an sexuelle Dinge gedacht und bin dabei feucht geworden, aber manchmal war ich auch nicht in der Stimmung dazu. Ich bin so wie die Männer, die keine Zeit auf das Vorspiel verschwenden wollen.«

Was diese Frau machte, war für sie ziemlich harmlos, aber sehr viele Frauen müssen mit ihrer Klitoris sehr zart umgehen, besonders wenn sie noch nicht erregt sind und die Klitoris noch nicht von ihrer schützenden Vorhaut bedeckt ist.

Mit einem Vibrator

»Monatelang habe ich mich immer wieder bemüht, nachdem mein Therapeut mir geraten hatte, zu masturbieren. Ich hatte vorher noch nie masturbiert und noch nie einen Orgasmus gehabt. Nach dem Gespräch mit meinem Therapeuten wollte ich dann beides. Ich habe mehrmals den Mut verloren und aufgehört. Ich meine, ich habe aufgehört, zu masturbieren und zum Therapeuten zu gehen. Eines Tages bekam ich dann einen Vibrator in die Hand. Nicht so einen, der wie ein Penis geformt ist und mit Batterien funktioniert. Meiner mußte an die Steckdose angeschlossen werden. Als ich ihn das erste Mal benutzte, hatte ich meinen ersten Orgasmus. Danach war ich ganz süchtig danach. Schon im Büro mußte ich immer daran denken und konnte es gar nicht abwarten, nach Hause zu kommen. Eine Weile später lernte ich einen Mann kennen, der mir gut gefiel, und wir hatten eine ziemlich gute Beziehung, obwohl ich ohne den Vibrator nie einen Orgasmus hatte. Aber was soll's? Vorher hatte ich schließlich auch nie einen gehabt. Warum sagen die Therapeuten ihren Patienten nicht, sie sollen gleich einen Vibrator nehmen?«

Nun, Therapeuten schrecken davor zurück, daß ihre Patienten als erstes den Vibrator nehmen, um zum Orgasmus zu kommen. Wir wollen, daß sie erst einmal lernen, mit sanfteren Mitteln zum Orgasmus zu kommen – und wenn irgend möglich beim Koitus. Aber man kann zunächst vom Vibrator abhängig werden und dann später andere Methoden lernen, einen Orgasmus zu erreichen. Nicht daß man ihn ein für allemal aufgeben soll – man sollte einfach lernen, auch ohne diese unaufhörlichen Vibrationen zum Höhepunkt zu kommen.

Warum nicht?

»Meine Schwester macht es mit einem Godemiché und sagt, es sei sehr schön. Sie steckt ihn sich in die Vagina und reibt dann mit den Fingern ihre Klitoris. Ist das normal?«

Das ist einer der möglichen Arten, mit einem Mann zu schlafen, vergleichbar – wenn sein Penis sich in der Vagina befindet und entweder er oder die Frau selbst mit der Hand die Klitoris stimuliert. Das Gefühl des Godemiché oder Penis in der Vagina ist der Anfang, und die direkte Stimulierung der Klitoris tut alles weitere. Das ist eine ganz normale Art, zum Orgasmus zu kommen.

Harmlos, aber seien Sie vorsichtig

»Als Kind habe ich gelernt, mir selber Lust zu verschaffen, indem ich in der Badewanne ganz weit nach unten rutschte, bis mein Po sich ganz am Ende befand und das Wasser aus dem Hahn direkt auf meine Klitoris rauschte. Jetzt habe ich meine eigene Wohnung und eine Badewanne mit einem flexiblen Schlauch, mit dessen Hilfe ich einen kräftigen Wasserstrahl dahin richten kann, wo ich ihn haben will. Das ist auch sehr gut, wenn einem die Muskeln weh tun. Ist das gefährlich? Ich habe irgendwo gehört, es könnte schädlich sein.«

Wenn bis jetzt immer alles gut gegangen ist, dann ist die Methode wahrscheinlich harmlos. Natürlich kann ich nicht garantieren, daß all diese mechanischen Vorrichtungen unschädlich sind. Sie müssen sie einfach vorsichtig ausprobieren. Ich habe noch nie gehört, daß sich eine Frau mit Wasser aus der Wasserleitung verletzt hätte. Ein Wasserstrahl mit höherem Druck kann durchaus gefährlich sein, ebenso wie die Druckluft aus einem Kompressor – also lassen Sie die Finger davon!

Prüfen Sie sorgfältig jede Art von Godemiché, Vibrator oder ähnliche Apparate und probieren Sie auf der Haut aus, ob sie auch keine scharfen Kanten oder rauhe Stellen haben. Eine reife Gurke hat manchmal ziemlich scharfe Stacheln – die sollte man entfernen, bevor man sie einführt. Abgesehen davon ist das ein ausgezeichneter Penisersatz. Ich würde immer ein Schmier- oder Gleitmittel verwenden, wenn ich einen fremden Gegenstand in die Vagina einführe. Und natürlich den Gegenstand immer sorgfältig reinigen, ehe ich das Gleitmittel auftrage!

Auch sonst sehr schön

Masturbation ist eine gute Methode zu lernen, wie man einen Orgasmus erreicht, läßt sich aber auch danach immer wieder zur Bereicherung des Sexuallebens anwenden. Wenn eine Frau weiß, wie sie sich selbst Lust verschafft, dann kann sie diese Kunst auch ihrem Liebhaber beibringen – sei es als Abwechslung, als Vor- oder Nachspiel oder als zusätzliche Bereicherung beim Koitus. Um es noch einmal zu wiederholen: Viele Frauen brauchen eine direkte Stimulierung der Klitoris, um zum Orgasmus zu kommen, und eine Menge Frauen haben noch nie einen Orgasmus erlebt, können das aber mit großer Wahrscheinlichkeit lernen. Frauen, die nur durch den Koitus allein zum Orgasmus kommen, sind in der Minderheit. Keine Frau sollte sich dafür tadeln oder benachteiligt fühlen, weil ihr die Freuden einer kleinen Minderheit versagt sind – jedenfalls nicht, wenn sie die Möglichkeit hat, auch auf andere Weise zusammen mit einem Partner zum Höhepunkt zu kommen.

Etwas für den Mann

In einem kleinen Anhang dieses Kapitels – ähnlich wie der schlaffe Penis eine Art Anhang des männlichen Körpers ist – möchte ich ein paar Worte zur Masturbation beim Mann sagen. Das ist mir wirklich wichtig, und es macht mir auch gar nichts aus, darüber zu sprechen, denn man sollte durchaus auch dazu etwas sagen.

Der Grund, warum dieses Thema nicht so ausführlich behandelt wird wie die weibliche Masturbation, ist ganz einfach der, daß die meisten Männer wissen, wie es geht. Es ist also nicht wie bei Frauen, die mit traurigen Augen zum Sextherapeuten kommen und keine Ahnung haben, wie sie es anstellen sollen. Bei einem Mann geht es hauptsächlich um die Frage, ob er es tun sollte oder nicht.

Mancher Mann tut es vielleicht, weil er allein ist und einen Zeitvertreib braucht. Oder er sieht sich einen alten Film mit einer ganz bestimmten Schauspielerin an und erinnert sich, daß er immer schon mit dem Gedanken an sie masturbieren wollte, aber nie dazu gekommen ist. Oder er geht auf eine Party und trifft eine sehr attraktive Frau, die dann mit einem anderen Mann geht, der einen großen Wagen fährt; vielleicht hält auch irgend etwas anderes unseren Helden davon ab, es mit ihr zu tun.

Ein Mann beschließt vielleicht, nicht zu masturbieren, weil sich irgend etwas in ihm dagegen sträubt und der sexuelle Trieb im Augenblick nicht stark genug ist, diese Hemmungen zu überwinden. Es kommt auch vor, daß er anfängt zu masturbieren, ihm die Sache dann aber langweilig wird und er aufhört. Das kommt wirklich vor. Das ist so ähnlich wie bei der Frau, die mit ihrem Mann schläft, aber dabei immer an ihre Einkaufsliste oder an die zwölf Dutzend Servietten denken muß, die sie für das Vereinstreffen braucht. Er oder sie haben einfach andere Dinge im Kopf, die ihn oder sie davon abhalten, sich auf den Sex zu konzentrieren. So beginnt die Phantasievorstellung zu verschwimmen.

Es kommt vor, daß ich einem Mann beibringe, auf eine ganz bestimmte Art zu masturbieren, damit er daraus lernen kann. Ich lehre ihn das Start-und-Stopp-Spiel, damit er seine Ejakulation kontrollieren und hinauszögern lernt und seine Neigung zum vorzeitigen Samenerguß überwindet. Danach wird er diese Art zu masturbieren vielleicht beibehalten, weil es einfach eine gute Übung zur Kontrolle der Ejakulation ist und ganz einfach sehr viel lustvoller ist, als nur einfach zu reiben, bis er ejakuliert.

Wenn eine Frau einen Mann masturbiert, dann sollte sie unbedingt wissen, wie diese Methode funktioniert, weil sie für den Mann überaus angenehm ist. Ich möchte ihr raten, das Kapitel über die vorzeitige Ejakulation zu lesen.

Einen Schlafenden wecken

Und nun einige Tips, wie man einen Penis erregt. Das macht sehr viel Spaß, und es ist interessant zu beobachten, wie so ein schlaffer Bursche zum Leben erwacht. Sie können das versuchen, wenn er ein Nikkerchen macht, wenn er ein bißchen Entspannung braucht, ohne es zu merken, oder wenn er zu erschöpft ist, um sich darauf zu konzentrieren. Versuchen Sie es!

Ganz leichte Berührung mit den Fingerspitzen.

Ganz leichte Berührung mit langen Fingernägeln! Vielleicht klappt es, wenn sie das am Skrotum oder Hodensack versuchen.

Schieben Sie einen Finger unter die Eichel, heben Sie sie ganz leicht an und lassen Sie sie dann los. Wiederholen Sie das öfter.

Streichen Sie mit Ihrem Haar darüber.

Streichen Sie mit Ihren Brüsten darüber.

Nehmen Sie den Penis in die Hand und drücken Sie ihn leicht und rhythmisch.

Küssen Sie ihn und blasen Sie ihn ganz leicht an.

Drücken und reiben Sie den Penis und die Hoden durch das Bettlaken oder den Schlafanzug hindurch.

Sehen Sie?

15.

Aus dem Sexladen

Ich habe eine gutaussehende Frau gekannt, die genau wußte, was sie vom Leben wollte. Sie packte entschlossen alle Probleme an, die sich ihr in den Weg stellten, und genoß alles, was das Leben ihr zu bieten hatte, aber sie bestellte sich auch viele Dinge, die ihr Spaß machten. Sie hatte eine Vorliebe für Glücksbringer und aufmunternde Dinge – einfach Kleinigkeiten, die ihr Freude machten. Sie hatte ein spezielles Parfum, das sie sehr sparsam benutzte, und einen Lippenstift von ganz besonderem Farbton. Sie hatte eine kleine Vase auf ihrem Schreibtisch, in der immer eine hübsche Blume steckte. Aber ihr Leben bestand nicht nur aus diesen Dingen; sie verdiente recht gut und hatte viele männliche Verehrer. Aber diese kleinen Dinge machten ihr das Leben einfach angenehm. Sie hatte eine ausländische Zeitung abonniert, weil sie immer lächeln mußte, wenn sie die Nachrichten aus diesem Lande las. Sie trug rote Schuhe, weil sie darin »einfach schneller laufen konnte«. Sie *wußte*, daß das nur Einbildung war, aber es war eine schöne Einbildung.

Eine angenehme Methode – mit dem Vibrator

Eine andere phantasievolle Frau hatte ihre ganz eigene Art, mit bestimmten Sexspielzeugen umzugehen. Sie bewahrte ihren Vibrator in einem mit blauer Seide gefütterten Kästchen auf. Jedesmal wenn sie ihn herausnahm oder wieder hineinlegte, machte dieses Kästchen ihr ganz besondere Freude, und sie behandelte diesen intimen Gegenstand mit besonderer Zuneigung. Allerdings mochte sie das Brummen des Apparats nicht besonders, denn es klang in ihren Ohren einfach zu »maschinell«. Aber sie hatte ein paar Kopfhörer, die sie immer aufsetzte, um ihre Kassette mit Tonaufnahmen von Grillen und Laubheuschrecken zu hören. Diese Geräusche hatten für sie eine ganz besondere Bedeutung und waren von einer spätsommerlichen Traurigkeit. Der durchdringende Chor von Paarungsrufen dieser Insekten war für sie ein Ausdruck der Sinnlichkeit des Lebens und erinnerte sie an die Tage ihrer Kindheit, an die letzten Sommernächte ihrer Ferien voller Entspannung und Nichtstun, aber auch an den zärtlichen Abschied von ihren Ferienliebschaften, die wieder zurück aufs College mußten. Sie konnte einfach auf dem Bett liegen und die beiden Geräte anstellen und sich in ihre Erinnerungen vertiefen und sich in ihre ganz eigene Welt erotischer Empfindungen begeben und so schließlich zum Orgasmus kommen. Selbst der Gedanke an den elektrischen Strom, den sie dabei benutzte, war ihr angenehm; sie verstand ihn als einen Teil der großen kosmischen Energie. Dabei war das keineswegs ihre einzige sexuelle Befriedigung – sie hatte einen Mann, den sie sehr mochte und mit dem sie seit Jahren eine sexuelle Beziehung verband.

Der Vibrator war für sie einfach ein Sexspielzeug oder ein Hilfsmittel, wenn Sie so wollen. Aber was ist mit dem Kassettengerät, dem blauen Seidenkästchen und ihren Erinnerungen? Ohne diese Dinge wär der Vibrator für sie vielleicht nur ein kleines elektrisches Gerät aus dem Haushaltsgeschäft gewesen, aber mit Hilfe ihrer Phantasie erhielt dieses sexuelle Erlebnis eine ganz persönliche, angenehme Bedeutung.

Unter all den Sexhilfen, die heute auf dem Markt angeboten werden, ist nur der Vibrator wirklich eine moderne Erfindung und für Tausende von Menschen wahrscheinlich die wichtigste. Er hat schon vielen Frauen geholfen, ihre längst verloren geglaubte Sexualität wiederzufinden. Ich bin sicher, daß viele dieser Frauen nicht den Mut und die Kraft gehabt hätten, einen langsameren Weg zur Neuerweckung ihrer sexuellen Gefühle einzuschlagen. Hat der Vibrator erst einmal die Tür zum Orgasmus aufgestoßen, dann verschwindet er allmählich immer weiter hinten in der Kommodenschublade, aber es gibt keinen Grund, warum er nicht zum festen Bestandteil eines sinnlich erfüllten Lebens werden sollte.

Nicht alle Sexhilfen findet man in den Anzeigen von Sexmagazinen. Auch Wein, Musik, sanfte Beleuchtung, Speisen, ein leiser Schneefall in der Dämmerung, eine angenehme Atmosphäre können Sexhilfen sein. Ladenbesitzer, Gastwirte, Musiker, Hoteliers, Reisebüros und die vielen anderen, die in der Vergnügungsindustrie arbeiten, wissen das genau. Denken Sie nur an die vielen Liebespaare, die in ihren Werbeanzeigen auftauchen.

Alle diese kommerziellen Produkte stehen Liebenden zur Verfügung. Das soll nicht heißen, daß sie unbedingt und immer notwendig sind. Ein junges Paar wandert in den Bergen, bekleidet mit Jeans und festem Schuhwerk, mit einem Rucksack auf dem Rücken und frischem Schweiß auf der Stirn vor Anstrengung, und findet sich plötzlich auf einem tannenduftenden Vorsprung mit einem großartigen Blick – und die beiden lieben sich auf dem Waldboden oder einem Felsen. Vielleicht sogar im Regen oder auf einer Schneewehe! Auch wenn sich das manche Menschen kaum vorstellen können, geschieht so etwas doch ziemlich häufig. Als Sextherapeutin und begeisterte Bergwanderin weiß ich das aus eigener Anschauung. Ich kann nur sagen, daß eine Decke oder Matte sehr nützlich ist, um sich die Tannennadeln vom Leibe zu halten, und eine wattierte Winterausrüstung ist für einen heißen »Quickie« in Schnee und Eis gut geeignet.

Für Sex in einem warmen Sommerregen braucht man keine besondere Ausrüstung – es macht einfach so Spaß. Achten Sie nur darauf, sich nicht auf Nadeln, scharfkantige Steine oder giftige Pflanzen zu legen.

Ein begeisterter Wanderer hat mir erzählt, daß der Geruch von Insektenmittel für ihn fast schon zu einem Aphrodisiakum geworden ist!

Man könnte sagen, daß für diese Leute eine Fahrkarte oder ein Flugticket in die Berge eine Sexhilfe darstellt. Das gleiche gilt für Kajütboote, die die Liebenden aufs Wasser entführen, Campingwagen, Autos, Kreuzfahrtschiffe, Pauschalflugreisen...

Viele Frauen empfinden das Geräusch der Brandung an einem weiten Strand als anregend. Für sie ist der mächtige Ozean zu einer Art Sexspielzeug geworden...

Ein Schauspieler hatte eine Szene mit einer sehr attraktiven Kollegin zu proben. Die beiden kamen in Probenkleidung auf die Bühne – ganz langweilige Sachen im Gegensatz zu den farbenprächtigen Zigeunerkostümen, die sie in der Vorstellung tragen sollten. Sie lachte und hob ihren langen Rock hoch, um ihre Tennisschuhe zu zeigen und die kurzen schwarzen Socken, die sie sich von ihrem Mann ausgeborgt hatte. »Sexy, was?« fragte sie. In der Tat fand der Schauspieler, daß sie wirklich *sehr* sexy waren. Man kann eben nie wissen, was jemand anders als sexy empfinden wird.

Aber ich will die Sache nicht weiter vertiefen. Schließlich ging es mir nur darum zu sagen, daß nicht alle Sexhilfen aus dem Sexladen kommen. Wenn Sie aber Dinge aus einem solchen Laden verwenden, gleichgültig wie Sie sie verwenden wollen, sollten Sie sie auf jeden Fall vorher sorgfältig reinigen.

Der eßbare grüne Dildo

Sprechen wir über Salatgurken. Während meiner Radioshow *Sexually Speaking* rief eines Abends eine muntere Frau in den Siebzigern an und sagte, sie suche einen Mann in einem bestimmten Alter – nämlich ihrem eigenen. Obwohl sie jüngere Liebhaber zur Auswahl hätte, würde sie einen Mann ihrer eigenen Generation vorziehen, weil sie sich mit ihm viel besser verständigen könnte. Aber Männer in diesem Alter würden vor einer solchen Beziehung zurückscheuen. Ich gab ihr den Rat, beim nächsten Mal, wenn sie einen netten Mann ihres Alters kennenlerne, mit ihm darüber zu sprechen und ihm zu sagen, daß sie durchaus nicht erwarte, daß ihr Liebhaber jeden Abend eine Erektion bekomme. In der Zwischenzeit solle sie doch masturbieren, vielleicht mit einer Salatgurke. Sie dankte mir und rief mich etwa ein Jahr später wieder an, um mir zu erzählen, daß sie einen netten Mann in ihrem Alter gefunden habe und ihn heiraten werde. Wirklich eine herzerfrischende Geschichte!

Aber was nun die Salatgurke angeht: Warum sollte ich ihr sagen, sie solle mit dem Bus in die nächste größere Stadt fahren und sich dort in einem Sexshop einen Dildo kaufen oder sich an ein Versandunternehmen dieser Art wenden und dann wochenlang auf die Lieferung in einem »neutralen Umschlag« warten, wo sie doch in jedem Supermarkt eine Salatgurke, einen Zucchini oder eine Banane kaufen kann?

(Ich frage mich überhaupt, ob solche Dinge wirklich in der sogenannten »neutralen Verpackung« verschickt werden. Das würde doch sofort die Aufmerksamkeit aller erregen und erst recht die des Postboten, etwa in der Art: »He, Postbote! He, Nachbarn! Hier ist etwas in neutraler Verpackung!« Ich wünschte, die Versandunternehmen für erotische Bücher und Sexhilfen würden sich dafür etwas einfallen lassen!)

Einfach eine Gurke, eine ganz normale, natürliche Salatgurke. Schließlich ist eine Gurke nicht unanständig oder schlimm. Ein schöner, grüner Penis, den auch eine siebzigjährige alte Dame ganz offen liegen lassen kann. Ein neugieriger Besucher zeigt vielleicht darauf und fragt: »Hm – eine Gurke?« Und die Besitzerin braucht nur zu sagen: »Ja, ich wollte mir heute abend einen Gurkensalat machen.«

»Ich habe den Eindruck, Sie essen sehr viele Gurken.«

»Sie bekommen mir eben. Sie haben viel Vitamin S und Säure. Außerdem mag ich solche Sachen.«

»Was für Sachen?«

»Na, Gurken, Bananen, Zucchini, Salami...«

Künstliche Gurken (oder Penisse) sind ein uraltes Sexspielzeug. Und gleichzeitig ein sehr modernes. Man kann Dildos kaufen, die genauso aussehen wie ein erigierter Penis und mit einer weichen, hautähnlichen Kautschukschicht überzogen sind. Auch der phallusähnliche Vibrator mit Batterieantrieb ist eine Art von Dildo. Sie können ihn sogar verwenden, wenn die Batterie leer ist. Auch Duschköpfe konnte man früher als Dildo benutzen, aber ich habe lange nichts mehr darüber gehört. Es gibt Dildos, die der Mann über seinen Penis streifen kann, wenn er das Gefühl hat, sein eigenes Organ sei zu klein. Es gibt Dildos mit Gurten, die sich eine Frau umbinden und so für andere Frauen die Rolle des Mannes spielen kann. (Nebenbei ist es empfehlenswert, all diese Ersatzpenisse nur mit Gleitmitteln zu verwenden.)

Man erzählt sich die Geschichte von einem Kriegerfürsten, der in den Krieg zog und seiner Frau einen silbernen Dildo zurückließ, der genau wie sein eigener Penis aussah, aber hohl war und mit warmem Wasser gefüllt werden konnte. Außerdem schenkte er ihr einen Greyhound-Welpen, der diesen Dildo entdeckte und so lange darauf herumkaute, bis er kaputt war.

Was macht es schon, wenn der Hund eine Gurke zerbeißt?

Es gibt Doppel-Dildos, also eine Art siamesischer Dildos, die an der Wurzel miteinander verbunden sind. Theoretisch können diese von zwei Frauen gleichzeitig benutzt werden, um einen Koitus zu simulieren. Die Meinungen über den Nutzen solcher Apparate gehen auseinander, aber nicht sehr. Im Allgemeinen sagen Lesbierinnen, daß es sehr viel schönere Dinge gibt, die man miteinander tun kann!

Ein herkömmlicher Dildo kann auf mehrere Arten verwendet werden. Der Mann kann ihn in die Hand nehmen und in der Vagina seiner Frau hin und her bewegen, während sie vielleicht ihre Klitoris stimuliert. Oder sie übernimmt den Dildo, während er ihre Klitoris streichelt. Oder sie führt den Dildo ganz einfach in die Vagina ein und preßt ihn rhythmisch mit ihren pubococcygealen Muskeln, während sie mit ihren Fingern ihre Klitoris manipuliert. Letzteres ist eine besonders beliebte Art, den Dildo zu benutzen.

Wozu ein falscher Penis?

Es gibt genügend Situationen, in denen eine gute Nachbildung, die gar nicht unbedingt teuer sein muß, besser ist als ein echter Penis. Vielleicht schockiert sie die Vorstellung, daß ein Mann seine Frau mit einem Dildo bearbeitet, aber an einem bestimmten Punkt ihres Sexuallebens kann das durchaus eine gute Idee sein. Vielleicht um sie dazu zu bringen, in seiner Gegenwart einen Orgasmus zu bekommen, wenn sie Orgasmusstörungen haben sollte. Ihre sexuellen Aktivitäten brauchen sich darin nicht zu erschöpfen, aber diese Methode kann eine wichtige Rolle spielen. Ein Dildo ist auch sehr nützlich, wenn er nicht in der Lage ist, jedesmal eine Erektion zu haben, wenn die beiden Sex wollen; Sie können den Dildo dann abwechselnd beim Koitus, beim oralen Sex und bei der manuellen Stimulierung verwenden.

Wenn eine Frau nach einer langen sexuellen Beziehung plötzlich allein ist, kann ihr der Dildo ein gewisser Trost sein. Durch die so erreichte Lösung der sexuellen Spannung in Verbindung mit angenehmen Phantasien fällt es ihr oft leichter, sich über ihre eigene Situation klar zu werden. Sie braucht sich nicht mit dem ersten besten Mann einzulassen, der sich ihr bietet und vielleicht gar nicht zu ihr paßt, nur um ihre sexuellen Bedürfnisse zu befriedigen, und kann ihr Sexualleben so gestalten, wie es ihr gefällt.

Ein Dildo kann aber auch ganz einfach eine der vielen möglichen sexuellen Varianten sein, mit deren Hilfe eine Frau ihr Interesse am Sex lebendig hält.

Ein praktisches Zusatzgerät

Für viele Frauen bleibt der Koitus unbefriedigend, weil die Klitoris so weit vom Schauplatz des Geschehens entfernt ist. Wenn sie doch nur am Scheideneingang läge und nicht so unpraktisch weit weg! Um mit der gleichen Bewegung, die die vaginalen Nervenendigungen stimuliert, auch die Klitoris zu erreichen, benutzen manche Männer eine kleine Zusatzvorrichtung, die sie über die Peniswurzel schieben, um so die Klitoris massieren zu können. Sie sehen das einfach so, daß sie damit der Anatomie ein Schnippchen geschlagen haben, um den Sex zu verbessern. Dieser kleine »Finger« schiebt die Vorhaut der Klitoris beiseite und stimuliert das empfindliche Organ direkt.

Bei vielen Leuten funktioniert die Sache ganz gut, bei anderen weniger. Aber es kann nicht schaden, ein solches Gerät zu probieren. Mein einziger Vorbehalt ist dabei, daß der erigierte Penis nicht zu stark abgedrückt werden sollte. Legen Sie sich niemals ein Tourniquet um den Penis oder um den Hals – natürlich auch nicht bei anderen!

Sogenannte Penisringe

Unter Penisring verstehen wir in der exakten Sprache der Therapeuten die Hilfsmittel, die in den Sexmagazinen oft als Schwanzringe bezeichnet werden. Sie werden bis zur Wurzel über den Penis gestreift, den sie damit abklemmen und so eine Erektion hervorrufen und aufrechterhalten. Sie funktionieren nicht bei jedem Mann, aber bei vielen haben sie den gewünschten Effekt. Allerdings quetschen sie den Penis und können das Gewebe und die Blutgefäße verletzen, deshalb sollten Sie lieber einen anderen Weg finden, eine Erektion zu erreichen.

Wenn diese Vorrichtungen unschädlich wären und fehlerfrei funktionieren würden, dann würde ich nach meiner Schätzung 40 bis 50 Prozent meiner Patienten verlieren. Wenn die Männer solche Ringe tragen könnten, um langanhaltende Erektionen zu erreichen, und die Frauen Haarbänder hätten, um leichter zum Orgasmus zu kommen, dann würde der Beruf des Sex-Therapeuten vielleicht ebenso aussterben wie die Kunst, Schreibgeräte aus Gänsefedern herzustellen. Aber Penisringe sind gefährlich. Wenn Sie unbedingt einen tragen wollen, dann bitte durch die Nase.

Besondere Reizkondome

Kondome mit federähnlichen Gummizotten, Riffelung oder Noppen sollen Frauen wahnsinnige Lust verschaffen, und vielleicht haben sie tatsächlich eine gewisse Wirkung, wenn diese Hilfsmittel am offenen Ende des Kondoms angebracht sind und den Scheideneingang etwas stimulieren können, aber das Innere der Vagina ist größtenteils unempfindlich. Jeder Art von aufwendigen Aufsätzen an der Peniseichel ist nur Maskerade und kann höchstens für ein wenig ausgelassene Stimmung sorgen, wenn die Dame ihrem Freund das Kondom überstreift. Gewöhnliche Kondome sind so langweilig! Ich finde, beim Vorspiel sollte man ruhig auch mal lachen oder kichern, aber ich empfehle trotzdem die ganz normalen Marken-Kondome, deren Hersteller auf Zuverlässigkeit mehr Wert legen als auf komische Wirkung. Wenn man ein solches witziges Kondom benutzt, schlage ich vor, sicherheitshalber auch ein Pessar zu verwenden.

Deckenspiegel

Sehr viele Leute, die Sexhilfen verwenden, sind bemüht, ansonsten für anständige Bürger und Stützen der Gesellschaft gehalten zu werden. Wenn man sehr jung ist, würde man sagen, das sei Heuchelei. Wenn man älter wird, nennt man es einfach Abwechslung oder Freude an der Verstellung. Wenn Sie allerdings über Ihrem Bett einen Spiegel an der Decke befestigen, dann ist das für jeden, der beispielsweise als Partygast seinen Mantel auf ihrem Bett ablegt, ein eindeutiger Anlaß, Sie als Angeber, Schwerenöter, Wolf im Schafspelz oder ähnliches einzuordnen.

Wenn Sie in bestimmten Situationen unten liegen und nach oben schauen, dann bietet Ihnen der Spiegel gleichzeitig mit dem Sex auch noch eine Pornovorführung. Manche sagen, der Effekt sei durchaus die hohen Kosten einer solchen Einrichtung wert. Wenn Sie allerdings Koitus a tergo praktizieren und dabei immer über Ihre eigene Schulter schauen, werden Sie vielleicht einen Orthopäden aufsuchen müssen, denn Sie könnten sich dabei den Hals verrenken.

Spiegel an allen Wänden und an der Decke des Schlafzimmers vermitteln einem den Eindruck, als wären um einen herum lauter andere Menschen in voller Aktion. Eine Szene aus einem Pornofilm. Oder vielleicht die beste Form von Sexparty – denn sie gehen alle brav nach Hause, wenn Sie das Licht ausmachen! Aber es bedeutet auch, daß Ihr Schlafzimmer immer und zu allen Zeiten wie ein Freudenhaus aussieht, auch wenn Ihnen viel eher nach einem Flanell-Schlafanzug und einem guten Krimi zumute ist.

Es gibt Situationen, in denen sich ein Paar eher wie die Leute aus *Das kleine Haus auf der Prärie* fühlt und nicht wie die wildesten Typen auf dem Buena Vista Drive.

Wasserbetten

Nicht immer geben die Leute zu, daß sie diese früher einmal so modernen Dinger gar nicht mögen, auch wenn der Reiz der Neuigkeit längst verflogen ist. Es ist einfach so, daß die Bewegungen, die man unter sich verspürt, alles andere als angenehm sind, wenn man nicht gerade das Ungleichgewicht liebt. Ich kann mir eine Menge Paare vorstellen, die bei der Kopulation so viel Unterstützung wie möglich brauchen. Es auf einem Fahrrad oder einem Hochseil oder einem Wasserbett zu versuchen, wäre für sie absolut das letzte. Da sind sie auf dem Fußboden sehr viel besser aufgehoben.

Jedes Paar kann es vielleicht ein- oder zweimal versuchen, wenn die Vorstellung so verlockend ist und sie sonst keine Schwierigkeiten beim Sex haben. Mit ein wenig Ausdauer kann man das durchaus lernen. Aber wenn der Geschlechtsverkehr an sich schon eine Herausforderung für Sie ist, dann versuchen Sie es erst gar nicht auf einem Wasserbett.

Samtbänder

Es hat überhaupt nichts mit Perversion zu tun, wenn man mit Fesselung herumspielt. Haha! Wenn Sie das wirklich glauben, dann sind Sie aber ganz schön naiv. Es geht ja gerade um Perversion! Nun, eine Menge Leute spielen einfach gerne pervers. Nehmen Sie beispielsweise meine Patienten Bob und Ann. Bob sagt, es gibt eine zuverlässige Methode herauszufinden, ob Ihre Partnerin wirklich auf Fesselung steht oder nur manchmal gerne so tut als ob. Natürlich meint er die ganze Sache nicht ernst!

»Binden Sie sie ganz fest an mit halben Schlägen und Seemannsknoten oder irgendwelchen anderen Knoten, die Sie sich ausdenken können – aber nur mit weichen Bändern, die keine großen Verletzungen hervorrufen können. Ehrlich gesagt hat Ann einen alten blauen Samtvorhang, den ihre Tante in Middletown uns vermacht hat, zu abgesteppten Bändern verarbeitet. Also wenn Sie wirklich herausfinden wollen, ob sie wirklich pervers ist oder nur so tut, dann binden Sie sie fest und lassen Sie sie ein paar Tage so liegen. Wenn sie nach achtundvierzig Stunden immer noch gut drauf ist, dann ist sie wirklich von der anderen Seite. Wenn nicht, dann können Sie sich auf eine Scheidungsklage gefaßt machen. Natürlich mache ich nur Spaß.«

In den Versandhaus-Anzeigen der Sexmagazine findet man ziemlich teure Ketten, Riemen und Schnallen für solche Fesslungsspiele, aber sie sind auch nicht für diejenigen gedacht, die einfach nur einmal damit spielen wollen, so wie es bei Bob und Ann der Fall ist.

Bob hat Ann schon an viele Betten gebunden, seit sie es zum ersten Mal mit Fesselung probiert haben. Häufig ist es gar keine *richtige* Fesselung, sondern Bob will nur zeigen, wie einfallsreich er mit Bändern umgehen kann. Das geeignetste Bett für solche Übungen ist natürlich eines mit Beinen oder sogar Pfosten; so kann er Ann mit den ausgebreiteten Armen und Beinen an je eine Ecke binden. Außerdem verschnürt er sie noch an den Oberschenkeln, an der Taille und kreuzweise zwischen den Brüsten. Er beginnt, ganz sanft mit einem Samtband über ihre erogenen Zonen zu streichen, bis sie über alle Maßen erregt ist. Dann streichelt er ihre Genitalien langsam und ohne aufzuhören so lange, bis sie sich mit aller Kraft gegen ihre Fesseln aufbäumt, wenn sie kurz vor dem Orgasmus ist. Es geht also ganz einfach darum, die Spannung möglichst zu vergrößern. Bob liebt es, wenn er sieht, wie sich ihr Körper windet und aufbäumt.

Wenn er an der Reihe ist, gefesselt zu werden, zieht er es vor, die Samtbänder am Fuß- und Kopfende über das Bett zu binden, seine Füße unter das untere Band zu stecken und das obere mit den Händen festzuhalten. Er gehorcht seinen eigenen Spielregeln und darf diese »Fesseln« nicht loslassen, aber natürlich kann er sich jederzeit befreien. »Der Grund dafür ist... nun, wir tun nur so, weil Ann nicht so gut Knoten machen kann. Aber ehrlich gesagt, eigentlich traue ich ihr nicht so ganz. Ich habe einfach nie den Zweitage-Test mit ihr gemacht; woher soll ich also wissen, ob sie nicht zu weit geht, wenn ich erst einmal gefesselt und wehrlos bin. Sie spielt immer eine großartige Szene, wenn sie gefesselt ist, wirklich beeindruckend. Aber mein Problem ist, daß ich nicht weiß, ob sie das wirklich nur spielt.«

Bob stellt sich vor, daß Ann vielleicht potentiell gefährlich ist, und diese Vorstellung erregt ihn ungeheuer. Ich bin mir dabei nicht sicher, ob er wirklich nur *vorgibt*, Angst vor ihr zu haben.

Ann meint, niemand könne ganz sicher sein, daß der andere nicht ausflippt, aber das machte es ja gerade so aufregend und darum besteht sie auch darauf, so angebunden zu werden, daß sie völlig hilflos ist.

»Natürlich würde ich das nie mit jemand anders machen, nur mit Bob«, sagt sie. »Denn schließlich... naja, Sie wissen, ja: *Bob*.«

Pelze, Federn, Satin usw.

Wenn Bob mit dem Ende des Samtbandes über ihre Schenkel und Brüste und andere empfindliche Hautpartien streicht, dann macht er etwas, wozu andere Pelzstückchen, Federn, Satin und ähnliches benutzen. Diese Materialien werden oft spielerisch verwendet in eher entspannten Situationen, ähnlich wie beim zarten Streicheln empfindlicher Stellen in den Übungen, auf die ich später noch eingehen werde – aber sie machen auch großen Spaß als Teil dieser Fesselungs-Spiele.

Bettwäsche aus Satin ist sehr angenehm für die Haut, und man kann auf ihr wunderbar hin und her rutschen und sich räkeln, während man einander küßt und streichelt, berührt und erregt, um sich beim Vorspiel immer stärker zu stimulieren. Man witzelt immer darüber, daß jemand aus dem Bett rutscht oder daß der Partner oder die Partnerin einem sozusagen entgleiten, aber selbst wenn so etwas passiert, ist es einfach ein Teil des Vergnügens.

Männer tragen selten glatte, rutschende Kleidung; wenn man ihnen also völlig reibungsfreie Nylon-Pyjamas oder Nachthemden anzieht, dann ist das für sie und für ihre Frauen sehr angenehm. Ann genießt es ganz besonders, mit ihren Händen durch einen Satinstoff hindurch über Bobs Beine und seinen ganzen Körper zu streichen und dann, ebenfalls durch das Material, seine Genitalien zu liebkosen – daraus entwickelt sich dann meistens ein sehr intensives sexuelles Erlebnis.

Örtliche Betäubungs- und Anregungsmittel

Einreibemittel mit betäubender Wirkung werden in unterschiedlichster Form angeboten – manchmal in Tuben zum Auftragen, aber auch als Beschichtung der Innenseite eines Kondoms – und sollen die Ejakulation beim Mann hinauszögern, indem sie die Erregung beim sexuellen Kontakt verringern. Einfacher gesagt, wird eine vorzeitige Ejakulation durch entsprechende Drogenwirkung verhindert. All das ist Teil einer Strategie, die darauf abzielt, die Dauer des Sex zu verlängern und ihn schlicht so langweilig zu machen wie den Jahresbericht des Kassenwarts. Solche Mittel sind kaum geeignet, die Lust am Sex zu vergrößern.

Spanische Fliege – eine sehr gefährliche Droge, die Sie auf keinen

Fall probieren sollten, denn sie kann große Schmerzen und körperliche Schäden hervorrufen. In der Tat sollten Sie auf alle Arten von aphrodisiakisch wirkenden Drogen verzichten – mit Ausnahme eines Gläschens Wein oder einer Tasse Kaffee, wenn Sie etwas für Ihre Entspannung oder Aufmunterung tun wollen.

16.

Die Lust genießen

Lust und Vergnügen sind dazu da, um sie zu genießen. Das ist eine sehr tiefgehende Erkenntnis! Aber die Menschen empfinden Lust keineswegs automatisch, sondern müssen sich erst langsam daran gewöhnen.

Ich spreche dabei nicht von Lastern oder selbstzerstörerischen Gewohnheiten (wobei natürlich nicht angenehme und unschädliche Gewohnheiten gemeint sind). Diese sind auf jeden Fall zu vermeiden. Hier geht es darum, das Vergnügen und die Lust zu kultivieren.

Wenn junge Menschen sich sexuell zueinander hingezogen fühlen, dann folgen sie damit einem Trieb, der bei fast allen Menschen auftritt, aber vielleicht suchen sie nicht die Lust, sondern etws anderes, was sehr jung, neu, überwältigend und vorübergehend ist. Wenn Romeo und Julia als junge Teenager miteinander ins Bett gehen, dann ist das zwar sehr romantisch und herzerwärmend – aber es ist sicherlich noch keine Lust, die sich erst im Laufe der Zeit entwickelt und sich immer wieder verändern wird, je länger man lebt. Romeo und Julia starben, kurz nachdem sie sich kennengelernt hatten.

Ein Mann, der verheiratet gewesen war und ein erfülltes Sexualleben gehabt hatte, wurde im Alter von fünfundsiebzig gefragt, was der glücklichste Moment in seinem Leben gewesen sei. Er antwortete: »Jetzt.« Und mit einem Lächeln fügte er hinzu: »Am glücklichsten war für mich immer die Gegenwart, in jeder Phase meines Ehelebens.« Dabei wird niemand annehmen, daß sein gesamtes langes Eheleben immer gleich war und sich nie irgendwelche Veränderungen ergeben haben.

Wo der Bach in den Fluß mündet

Longfellow beschreibt ein knospendes junges Mädchen, das »mit zögerndem Fuß an der Stelle steht, wo der Bach in den Fluß mündet«. Das heißt, wo der zarte kleine Lauf der mädchenhaften Gefühle in den reißenden Strom fraulicher Liebe und Leidenschaft fließt.

Dieses Bild einer heranreifenden jungen Frau kommt bei manchen Mädchen durchaus der Wirklichkeit nahe. Lesen Sie, wie eine Frau beschreibt, wie sich ihre Gefühle änderten: »Als ich so etwa vierzehn oder fünfzehn war, begann ich, mich aus einer gewissen Distanz in

Jungen zu verlieben. Ich liebte einen ganz bestimmten Jungen – er war hübsch, ernsthaft, sportlich, nicht grob, aber doch ziemlich kräftig. Er war sexuell überhaupt nicht aggressiv. Die anderen Jungen, die es nicht abwarten konnten und immer versuchten, mich zu küssen und mit unter den Rock zu fassen, erschienen mir immer aufdringlich und gemein. Ich mochte lieber einen Jungen, der nach außen hin eher gelangweilt wirkte. Ich träumte immer, wie er mich küßte – in meinem weißen Rüschenkleid, wie es die Frauen auf den Titelbildern von Liebesromanen immer tragen. Dann stellte ich mir vor, wie ich mich ihm entzückt hingab in einem großen Haus mit einem Park, der sich bis an den Fluß erstreckte. Verstehen Sie? Die Einzelheiten des Vorgangs waren irgendwie ziemlich vage, aber ich empfand bei der Vorstellung ein Gefühl, das ich sehr mochte. Eine Woche später hatte ich die gleiche Phantasie mit einem anderen Jungen.

Als ich anfing, mit Jungen auszugehen, schien alles so zu sein, wie ich es immer geträumt hatte. Natürlich mußte ich mich daran gewöhnen, daß sie immer mit mir redeten, denn die Jungen in meinem Traum waren immer stumm gewesen. Sie redeten mit komisch gebrochener Stimme und taten immer so unromantische Dinge, die aber trotzdem sehr nett waren, schenkten mir Kaugummi und so. Sie küßten mich dann immer leidenschaftlicher, aber sie hörten immer sofort damit auf, wenn ich es wollte. Ich hatte Glück und suchte mir immer Jungen aus, die nicht gewalttätig wurden.

In meinen Tagträumen dachte ich nie an schweres Petting oder oralen Sex. Aber mit dem ersten Jungen, mit dem ich ein sexuelles Verhältnis hatte, habe ich eigentlich nichts anderes gemacht. Damit war garantiert, daß ich nicht schwanger werden konnte. Während dieser ganzen Zeit hatte ich immer noch meinen alten Tagtraum von unbestimmter romantischer Liebe und projizierte diesen auf meinen Freund. In Wirklichkeit war es jedoch so, daß wir uns gegenseitig liebevoll masturbierten, und allmählich hatten wir immer mehr Spaß daran, es uns gegenseitig mit dem Mund zu machen. Ich war im medizinischen Sinne Jungfrau bis zur Abschlußklasse der High School, und dann erst wollten wir es wirklich einmal probieren. Es war alles so nett, und er war so gut erzogen, daß unsere Eltern uns alle möglichen Freiheiten ließen. Wir gingen eine Woche zusammen mit anderen auf eine Radwanderung und haben es dann auf einem Schlafsack getan. Es war ein bißchen enttäuschend, stimmte aber noch immer halbwegs mit meiner Phantasie überein.

Ich heiratete schließlich einen anderen Jungen, und sofort wurde meine Phantasie zerstört. Ich dachte, daß ich jetzt als verheiratete Frau ganz normalen Sex haben würde. Ich meine richtigen Geschlechtsverkehr mit einem riesigen Orgasmus und einem riesigen Frühstück am nächsten Morgen und so. Aber unser Sex war nicht besonders gut, wir stritten uns oft deswegen und warfen uns gegenseitig vor, sexuelle Versager zu sein. Und zum Frühstück gab es immer nur Weizenflocken. Meine Schwester half mir dann auf die Sprünge und gab mir ein paar Bücher, die ich lesen sollte, damit ich lernte, meinen Ehemann richtig zu lieben. Gehorsam lasen wir beide dann diese Bücher und machten all diese Übungen, aber das paßte alles nicht mehr zu meiner alten Phantasievorstellung. Ich hatte das Gefühl, ein richtig dummes Ding zu sein, das in einer Studentenbude wohnte, schmutzige Tennisschuhe trug und Sex als eine Art Hausaufgabe betrachtete. Das dauerte volle zwei Jahre. Aber dann plötzlich passierte es. Wir hatten einen Job bekommen und sollten für die Eltern von Freunden auf ihr Haus aufpassen, ein riesiges Landhaus an einem See oben in Ontario. Es waren die schönsten Ferien, die wir je gehabt hatten, und dieses wunderschöne, riesige Blockhaus und das Grundstück, das bis an den See hinunter ging – es paßte einfach perfekt in meinen Traum. Mein Mann wurde bald ziemlich braun in der Sonne und auch schlanker, weil er ständig mit dem Kanu herumpaddelte, und wirkte auf mich wie ein ganz neuer, sehr romantischer Mensch. Eines Abends war mir also richtig romantisch zumute, und ich lockte ihn zu mir ins Bett und hatte einen riesigen Orgasmus, als ich mit ihm schlief! In dieser Umgebung war ich plötzlich ganz entspannt und offen dafür.«

In dieser Umgebung konnte sie es sich endlich zugestehen, einen richtigen Orgasmus zu haben. Sie konnte die Lust genießen.

Eine ganz andere Geschichte

Benita stand nie irgendwo zögernden Fußes. Schon mit dreizehn war sie nach ihrer eigenen Aussage »etwa so schüchtern wie ein brünstiges junges Nashorn«.

»Wissen Sie, ich habe meinen Eltern wirklich das Leben schwer gemacht. Für die ganze Nachbarschaft war ich einfach das schlimme Mädchen – ›kleine Rumtreiberin‹ sagte mein Vater immer zu mir. Wenn die anderen Mütter mich kommen sahen, holten sie ihre Jungs immer gleich rein. Ich machte alles – Sex, Schnaps, Gras, Haschisch. Ich lief von zu Hause weg, wurde schwanger, gab das Kind zur Adoption frei und so weiter. Bis ich vierundzwanzig war, schlief ich mindestens einmal im Monat mit einem anderen Jungen, sonst hätte ich das Gefühl gehabt, zu kurz gekommen zu sein. Dann lernte ich Harry kennen, und wir heirateten. Ich wurde schwanger und verwandelte mich in eine häusliche, treue Ehefrau. Ich meine, ich habe dieses Haus, einen Garten, Kinder, ich verkaufe meine Töpferarbeiten, und niemand außer Harry faßt mich an. Es fällt mir leicht, die Burschen abzuwimmeln, die mich verführen wollen! Ich frage mich, ob das auch so leicht wäre, wenn ich vor meiner Ehe ein ›braves‹ Mädchen gewesen wäre. Unser Sex ist gut, auch wenn Harry nicht so ein phantastischer Liebhaber ist wie einer von diesen anderen Typen, mit dem ich einmal zusammengewohnt habe. Aber ich mag es eben so, wie es jetzt ist.«

Bevor sie Harry kennenlernte und die vielfältigen Freuden des Zusammenlebens mit ihm, war sie nicht fähig, das Vergnügen zu genießen, mit einem einzigen Mann zusammen zu sein. Irgend etwas brachte sie immer dazu, diese völlige Hingabe an einen anderen Menschen aufzuschieben.

Zur Freude bereit sein

Es ist ganz normal, vor bestimmten Vergnügen oder Freuden zurückzuschrecken. Die Seele braucht einfach bestimmte Voraussetzungen, die erfüllt sein müssen, ehe ein Vertrag unterschrieben und gefeiert wird. Früher war es so, daß die einzige Methode, eine partielle oder totale Liebesunfähigkeit zu heilen, darin bestand, die Seele – oder die Psyche, wenn Sie diesen Ausdruck vorziehen – von dem zu befreien, was sie belastete. Eine Psychoanalyse, die Jahre dauerte. Die moderne Sextherapie bietet einen Weg, sexuelle Funktionsstörungen innerhalb von Wochen oder vielleicht Monaten statt mehreren Jahren zu beseitigen. Damit haben die Betroffenen die Möglichkeit, ein erfülltes Sexualleben zu führen – was sie vielleicht nur wollten, weil sie das Gefühl haben, daß vollständiger Seelenfrieden ein sehr zweifelhaftes Ziel ist, zu dem nur ein langer, schmaler Weg führt, oder weil sie sich, wie es oft der Fall ist, eine langwierige psychoanalytische Behandlung einfach nicht leisten können.

Die Fähigkeit, einen Orgasmus oder die Liebe zu einem anderen Menschen zuzulassen, sucht man wahrscheinlich aus rein egoistischen Gründen. In einer dauerhaften Beziehung gibt es eine ganze Reihe von Freuden, die zu geben man lernen möchte, um dem anderen Vergnügen zu machen. Das sind ausgefallene kleine Nebensachen, Sex-Varianten oder -steigerungen. Einer der Partner – meistens ist es die Frau – hat vielleicht etwas gegen oralen Sex oder gegen bestimmte Phantasievorstellungen. Der Mann läßt sich vielleicht nur widerstrebend von ihr streicheln und befriedigen. Was, nebenbei bemerkt, vielleicht die beste Lösung ist, wenn er mit einer Frau zusammenlebt, deren natürlicher sexueller Appetit nicht so ausgeprägt ist wie bei ihm selbst. In einer reifen Ehe lassen sich solche Probleme sehr oft dadurch beseitigen, daß man darüber spricht und daß beide sich mit viel Einfühlung auf die Bedürfnisse des anderen einstellen.

Affenzirkus

Abbey wollte keinen Affenzirkus beim Sex, was Bill mit einer jungenhaften Traurigkeit erfüllte. Affenzirkus wurde manchmal auch Affenmedizin genannt und bestand darin, im Schlafzimmer das Verhalten von Gorillas und Schimpansen nachzuahmen. Es war einfach eine Abwechslung vom würdevollen Erwachsenen-Verhalten, wie es Liebende manchmal brauchen und suchen.

»Sie dürfen nicht glauben, daß die Idee mit dem Affenzauber ganz allein von mir ausging«, erzählte mir Bill. »Sie fand das wirklich toll und war auch wirklich gut darin. Aber jetzt ist es zum Problem geworden, verdammt nochmal. Ich glaube, sie meint, ich würde das nur wollen, weil ich sie für eine wirklich äffische und nicht eine würdevolle, hübsche Frau halte, weil ich sie entwürdigen und schlecht machen will. Für mich war die Sache nie irgendwie häßlich oder gemein, es war einfach eine ganz besondere, intime Sprache für uns. Für mich lehnt sie damit etwas ab, was wir früher gemeinsam hatten. Sie gibt mir einfach nie mehr unser geheimes Zeichen.«

Ich bat Abbey, ob sie nicht etwas versuchen wolle. Sie sollte sich einfach eine andere Rolle vorstellen, die sie beide spielen könnten – Romeo und Julia oder Dornröschen und den Prinzen oder Abbey und Bill als ganz reale Erwachsene, die wie würdevolle Menschen miteinander umgehen. Einfach sagen, daß sie nicht *die ganze Zeit* immer nur Affenzauber wolle. Daß sie nicht immer in der Stimmung sei, Affen zu spielen. Aber Bill zu versprechen, bei Gelegenheit wieder darauf zurückzukommen, als ein Zeichen dafür, daß das, was sie am Anfang ihrer Liebe gehabt hatten, nicht tot sei, sondern jederzeit wieder zum Leben erweckt werden könne. Ob Sie es glauben oder nicht: In meiner

Gegenwart einigten sich die beiden auf einen Kompromiß. Eine Zeitlang sollte das Spiel mit dem Affenzauber nur von ihr ausgehen dürfen.

Später riefen beide mich noch einmal an und sagten, daß sie bei der Liebe wieder sehr glücklich miteinander seien. Der gute alte Affenzauber war wieder ein Teil ihres persönlichen Repertoires.

Repertoires

Jedes Paar hat sein Repertoire. Wir Sextherapeuten haben diese Bezeichnung aus der Welt der Musiker und Künstler entlehnt. Das Repertoire eines Pianisten ist eine Liste von Stücken, die er studiert und bis zur Konzertreife geübt hat, bis zur größtmöglichen Vollkommenheit und Harmonie zwischen dem Künstler und dem gespielten Stück. Ein Schauspieler hat vielleicht eine Reihe von Rollen in unterschiedlichen Stücken zu seinen eigenen gemacht. In der Liebe besteht das Repertoire aus all den Signalen, allen Gesten der Zuneigung, allen erregenden Handlungsweisen und Techniken, die von beiden verstanden, akzeptiert und benutzt werden, wenn die Stimmung sie überkommt. Nicht immer in der gleichen Reihenfolge und nicht als langweilige Routine. Dazu gehören das Nasereiben, Zehenküssen, das Beknabbern des ganzen Körpers, die Missionarsstellung, die a-tergo-Position, die manuelle Stimulierung der Genitalien, das gegenseitige Lecken, die Benutzung von Speichel oder anderen Gleitmitteln, usw.

Wir Sextherapeuten rufen immer wieder nach »Abwechslung!«, so oft, daß vielleicht auch das schon wieder eintönig wird. Aber Abwechslung ist sehr erfrischend und förderlich für das gemeinsame Sexualleben. Und es gibt natürlich gute Gründe dafür. So kann man Speichel benutzen, wenn die Tube mit dem Gleitmittel plötzlich leer ist oder man sie nicht finden kann. Wenn einer unter Rückenschmerzen leidet, die den Koitus verbieten, dann kann man sich gegenseitig masturbieren oder auch mit dem Mund befriedigen. Manchmal hat man auch einfach nicht die Energie oder die richtige Stimmung. Sex ist ein gutes Mittel, den Partner zu trösten und aufzuheitern, wenn er oder sie verspannt oder traurig ist. Sex muß durchaus nicht immer leidenschaftlich sein.

Es gibt eine ganz bestimmte Sache im Repertoire, über die sich am häufigsten ein Streit entwickelt. Sie hat keine Lust auf Fellatio, d. h. sie mag ihn nicht mit dem Mund befriedigen. Diese Abneigung ist bei Frauen ziemlich verbreitet.

Erstens *muß* das nicht unbedingt ins Repertoire aufgenommen werden. Wenn er eine nette Frau hat und sie ihn auf viele andere Arten liebt, dann verzichtet er vielleicht ihr zuliebe auf diese Variante. Dabei sollte ein Mann durchaus etwas großzügig sein. Es ist ein schönes Gefühl, großzügig sein zu können.

Aber es kann auch etwas komplizierter sein als ihre bloße Weigerung und Ablehnung, wenn er das vorschlägt. Viele Frauen haben das Gefühl, sie seien prüde oder gemein, wenn sie etwas ablehnen, was weithin als Spielerei und eindeutig normal betrachtet wird. Sie möchten es einfach nicht machen, gleich aus welchem Grund. Sie würden es vielleicht versuchen, aber sie sind sicher, sie würden es nicht besonders gut machen, weil es ihnen so widerstrebt.

In solchen Fällen, einfach die Dinge, die sie bei der Fellatio abschrecken, wegzulassen. Es ist keineswegs notwendig, das Ejakulat hinunterzuschlucken oder auch nur in den Mund zu nehmen. Sie kann den Penis lecken und mit ihren Lippen und ihrer Zunge reizen und ihre Bemühungen dann mit zarten Fingern zum Abschluß bringen. Sie kann ihn bitten, ihr zu sagen, wenn er kurz vor der Ejakulation ist, und dann den Samen mit einem Papiertaschentuch auffangen. Wenn sie davor Angst hat, zu ersticken, wenn er ihr den Penis tief in die Kehle stößt, dann ist es am besten, sie kontrolliert den gesamten Vorgang, und er legt sich nur zurück und läßt sie machen. Er sollte keinesfalls tiefer zustoßen, als sie möchte. Auf diese Weise kann es für beide sehr angenehm sein.

Schließlich kann es auch so sein, daß sie zwar Fellatio beherrschen möchte, eigentlich aber nichts dafür übrig hat. Ich sage, machen Sie kein Problem daraus. Sagen Sie einfach zu ihm: »*Ein andermal*. Irgendwann, wenn Weihnachten in den August fällt oder wenn die Schwalben nach Winnetka zurückkehren, werde ich dich überraschen, mein Schatz, aber du darfst mich nicht drängen, hörst du?« Und dann sagen Sie zu sich selbst, daß irgendwann der Augenblick kommen wird, wo Sie es ganz impulsiv tun werden. Vielleicht wenn Sie abends von einer Party nach Hause kommen. Sie haben sich köstlich amüsiert, er war der Mittelpunkt der ganzen Gesellschaft, alle lachten über seine Geschichten, und morgen ist Sonntag und Sie brauchen nicht zur Arbeit zu gehen. Wenn Sie sich dann lieben, wird es sich ganz von selbst ergeben. So einfach ist das! Geben Sie sich einfach die Erlaubnis, das zu glauben, und lassen Sie den Dingen ihren Lauf.

Nirgendwo steht geschrieben, daß ein gutes Sexualleben alles beinhalten muß, was Sie in einem Paperback-Roman gelesen haben. Aber gestehen Sie sich die Freiheit zu, alles zu tun, was Ihnen Freude macht, um Ihre Liebe auszudrücken oder Lust zu empfangen – abgesehen von wirklich gefährlichen Dingen. Sie sollten es zum Beispiel *unter keinen Umständen* auf dem Kronleuchter versuchen. Wenn Sie unbedingt auf diese Weise schaukeln wollen, dann üben sie fleißig und suchen Sie sich einen Job im Zirkus! Aber alle Liebenden sollten ein möglichst großes Repertoire von angenehmen Dingen haben, die sie singen, sagen und machen, die sie füreinander tun und voneinander empfangen.

17.

Genitalien – Ihre, meine und unsere

Ich glaube nicht, daß es so etwas wie Penisneid gibt. Im Grunde meines Herzens habe ich nie geglaubt oder glauben können, daß ich da unten lieber einen Penis hätte als »nichts«. Ich hatte nie das Gefühl, da unten nichts zu haben. Für mich war das einfach immer eine besonders faszinierende Einrichtung. Was ich glaube und empfinde, das glauben und empfinden auch andere Frauen. In der Tat gibt es heutzutage immer mehr intelligente Menschen, die meine Skepsis, was den Penisneid betrifft, teilen.

Ein kleines Mädchen kommt auf die Idee, daß Männer etwas zwischen den Beinen hängen haben. Auf irgendeine Weise hat sie plötzlich diesen Verdacht, und dann sieht sie ein Bild oder ertappt vielleicht ihren Daddy dabei, wie er in einem vermeintlich unbeobachteten Moment nackt aus dem Bad oder Schlafzimmer kommt. Sie hat etwas gesehen, aber sie ist sich nicht sicher. So ähnlich wie die Dame, die gehört zu haben glaubt, wie der Pastor eben laut »Scheiße« gerufen hat, aber sich nicht ganz sicher ist. Sie würde das Tonband gerne noch einmal zurücklaufen lassen, aber es gibt kein Tonband.

Dann eines Tages darf sie einen Penis anschauen. Ein kleiner Bruder oder Cousin wird gebadet, und sie darf zusehen. In *diesem* Fall darf sie plötzlich einen Penis sehen. Warum? Niemand erklärt es ihr, aber die großen Frauen lächeln und sagen: »Ist er nicht süß? Wie gerne er badet!« Aus irgendeinem Grunde ist es plötzlich ganz in Ordnung, daß sie dabei ist und zusieht.

Dieser Penis, den sie da sieht, ist klein und rosa, mit einem runden kleinen Fleischsack dahinter. Das Ganze ist völlig überflüssig. Es scheint überhaupt keine Funktion zu haben wie etwa eine Hand oder ein Fuß. Sie ist stolz und gleichzeitig ein wenig ängstlich, daß sie zusammen mit den großen Frauen zusehen darf.

Wenn sie zum erstenmal ein ausgewachsenes, großes männliches Genital sieht, wird es ihr vielleicht überhaupt nicht gefallen. Es hängt herunter, bewegt sich, hat so eine merkwürdige Farbe und eine große Vene. Und der große Sack ist von einer runzeligen Haut überzogen. Ekelhaft!

Es ist so ganz anders als der kleine rosa Apparat des kleinen Jungen und sieht nicht mehr so aus wie ein Gummitier von Walt Disney. Es ist ein Teil der realen Welt der Erwachsenen, die manchmal etwas Angst macht – so wie diese großen Worte und die langweiligen Dinge, die die Erwachsenen sagen und tun. Sie hat keine Lust, darüber nachzudenken.

Eine ganze Weile wird sie vielleicht so empfinden, bevor sie den Anblick eines Penis einfach akzeptiert als einen Teil der Welt der Erwachsenen. Vielleicht wird sie den Anblick ihr ganzes Leben lang nicht besonders angenehm finden. Aber manchmal ist es gerade diese »Häßlichkeit«, die sie fasziniert! So ist es mit dem Gefühl für Sex: es kommt und geht. Vielleicht gewöhnt sie sich auch schnell daran, wie richtige Männer nackt aussehen, und beginnt sich dafür zu interessieren, wie unterschiedlich die Penisse aussehen können, so wie sich ja auch Hände und Gesichter nie gleichen.

Männer empfinden ganz ähnlich in bezug auf weibliche Genitalien. Dieser Aspekt einer Frau ist so ganz anders als ihr geschminktes Gesicht, ihre sorgfältig abgestimmte Kleidung, ihre äußerliche Erscheinung mit allem, was dazu gehört. Man sagt, daß Männer im Extremfall sogar Angst empfinden vor diesem Mund da unten, der vielleicht Zähne haben und ihren Penis abbeißen könnte! Aber ich bin ziemlich sicher, daß das für die meisten Männer kein ernsthaftes Problem ist. Es kommt sogar vor, daß sie eine wenig hilfreiche Faszination für die Vagina oder die Klitoris empfinden, die alle anderen weiblichen Körperteile unbeachtet läßt. Auch können derartige Gefühle zwischen den beiden Extremen hin und her schwanken.

Eine verständliche Abscheu

Ich finde es ziemlich verständlich, daß ein Kind oder ein junger Mensch, der noch nicht für den Sex reif ist, vor den Genitalien anderer so etwas wie Abscheu empfindet. Der Mensch ist ein Wesen, das sich nur sehr langsam zur Reife entwickelt, und jeder wird zu einem anderen Zeitpunkt für den Sex bereit sein. Aber in einer langfristigen Beziehung wie der Ehe werden die Genitalien unseres Partners oder unserer Partnerin in gewisser Weise zu unserem Besitz und geben uns das Gefühl von Stolz, Zufriedenheit, Sicherheit, Kontinuität. Wir freuen uns auf die Zukunft und blicken gern in die Vergangenheit zurück.

Ein Mann kommt spät abends nach einem arbeitsreichen Tag und Überstunden nach Hause und freut sich auf sein Zuhause, sein Bett und seinen Lieblingsplatz, jene versteckte Stelle zwischen ihren Beinen, die schläft und auf ihn wartet. Nach dem Duschen kriecht er zu seiner Frau ins Bett und beginnt, sie zu streicheln. Bald legt er seine Hand auf die Stelle, die auf der ganzen Welt nur ihm allein gehört. Seine Frau bewegt sich und sagt: »*Mmmh.*« Das bedeutet: »*Mmmmhhh.*« Oder vielleicht sagt sie auch: »Ääähhh.« Schade, das bedeutet: »Nicht jetzt.« Es ist seine ganz besondere Vagina, aber in diesem Moment gehört sie nur ihr, und sie will ihre Ruhe haben, was er akzeptieren muß. Er kuschelt sich eng an sie und schläft bald ein, weil er auch diese Art von Nähe und Geborgenheit genießen kann.

Bei ihren Liebesspielen werden sich die beiden manchmal ausschließlich auf die Genitalien des Partners oder der Partnerin konzentrieren. Das kann dann wichtiger sein, als selbst einen Orgasmus zu erreichen. Sie reizt seinen Penis, kitzelt ihn und bringt ihn zu gegebener Zeit zur Ejakulation. Damit sagt sie ihm: »Das tue ich alles für dich!« Auch er kann für sie dasselbe tun.

Die beiden begegnen sich beim Durchqueren des Zimmers. Wie selbstverständlich legt der eine seine Hand auf die Genitalien des anderen, den gemeinsamen Besitz, den sie teilen wie die Wohnung und alles, was sich darin befindet.

Aber es ist nicht immer so. Es gibt Zeiten, in denen einer von beiden sich zurückzieht und seine Ruhe, sein Alleinsein braucht. Dann gehören die Genitalien ihm oder ihr ganz allein. All das ist in einer glücklichen Ehe ganz selbstverständlich und läßt weder Ärger noch Angst aufkommen.

18.

Körper

Eines Abends, als der Mann und die Frau im Bett lagen und sich Bauch an Bauch liebten, sagte sie: »Wir sind zu fett!« Am nächsten Tag beschloß sie, daß sie eine Abmagerungskur machen und sich sportlich betätigen sollten. Die beiden nahmen die Sache ernst, und nach kurzer Zeit hatten sie jeder zehn Pfund abgenommen und sie sahen rank und schlank aus. Sie waren sehr zufrieden. Aber, so sagte er seiner Frau, er hätte es sehr schön gefunden, wie sie sich mit ihren dicken Bäuchen geliebt hätten.

»Zugegeben«, meinte sie. »Aber irgend etwas mußten wir aufgeben, und das war das einfachste.«

Wenn die Bäuche nicht gerade übermäßig fett sind, dann ist es sehr angenehm, sie gegeneinanderzupressen. Das Gefühl zweier eng umschlungener schlanker Körper ist nicht das einzige schöne Gefühl.

Mir gefällt diese Geschichte, weil sie deutlich macht, daß es unterschiedliche Wege gibt, seinen Körper sinnlich zu genießen, und daß man seinen Körper verändern kann, damit er mit dem Bild übereinstimmt, das man von sich hat oder haben möchte. Innerhalb vernünftiger Grenzen, versteht sich. Und daß man manchmal einfach eine Entscheidung treffen und sich daran halten muß. Was soll ich genießen – schlank zu sein und fett zu sein? Es ist ja nicht so, daß es eine Qual ist, fett zu sein. Welche Wonne, zwei nackte fette Bäuche aneinander zu drücken! Aber sie wären mit zunehmendem Alter dann eben immer fetter geworden und hätten irgendwann eine neue Art finden müssen, sich zu lieben, da die Bäuche sonst im Wege gewesen wären. Es gibt vielleicht schlimmere Dinge auf der Welt, aber die Alternative war eben doch angenehmer.

Das Aussehen kann sehr unterschiedlich sein

Was erotische Kunst so reizvoll macht, sind gar nicht in erster Linie die dargestellten sexuellen Handlungen – schließlich lernt man ziemlich schnell, daß es eine Vielzahl von sexuellen Techniken gibt. Es ist vielmehr die Art und Weise, wie der Künstler die Menschen darstellt, die daran beteiligt sind. Die orientalischen Künstler sind nicht daran interessiert zu zeigen, wie athletisch-durchtrainierte Menschen miteinander spielen. Häufig sehen die Männer in ihren Darstellungen eher weichlich und genußsüchtig aus, nach unseren Maßstäben fast schon leicht weiblich. Das gilt sowohl für indische als auch für japanische erotische Zeichnungen. Dahinter steht der Gedanke, daß die Freuden des Sex nicht nur für gutaussehende Menschen sind, die *jeden* Tag Gymnastik und Bodybuilding betreiben.

Der Körper Ihres Partners gehört Ihnen – vorausgesetzt Sie gestehen ihm oder ihr den gleichen Anspruch zu, was Ihren eigenen Körper betrifft. Es ist schön, so zu denken und eine positive Einstellung zu diesem Knochengerüst und diesem ganz besonderen Fleisch und dieser Haut zu entwickeln – ein Körper, der einfach für sich schön und liebenswert ist. Und empfänglich für gute Behandlung, besonders wenn sie von einem liebenden Menschen gefördert wird.

Tätscheln Sie diese Arme und streichen Sie mit der Hand über diese Flanken. Lernen Sie sie kennen. Sie gehören Ihnen. Wenn Sie gemeinsam essen, dann legen Sie sich Eßgewohnheiten zu, die Sie leicht beibehalten können. Keine Nulldiät, die Sie dann doch wieder aufgeben müssen, sondern gutes, genußvolles Essen in Verbindung mit ausgiebigen Spaziergängen, Schwimmen oder regelmäßiger sportlicher Betätigung. Wenn Sie für den Körper Ihres Partners oder Ihrer Partnerin sorgen wollen, dann pflegen Sie auch Ihren eigenen, und beide werden davon profitieren.

»Kluge Menschen gehen sorgfältig mit ihrem Körper um.« Umgekehrt fördert es auch den Verstand, wenn Sie Ihrem Körper die entsprechende Aufmerksamkeit und Pflege angedeihen lassen.

Wenn Sie den Körper Ihres Partners oder Ihrer Partnerin lieben wollen, dann lieben Sie einfach Ihren Partner oder Ihre Partnerin – und helfen Sie ihm oder ihr dabei, den Körper richtig zu behandeln und zu pflegen.

19.

An etwas Schönes denken

Eine Mutter kam in das Schlafzimmer ihres kleinen Sohnes und sah, daß er wach war. Mit der schnellen Auffassungsgabe, die Mütter oft wie Gedankenleser erscheinen läßt, spürte sie sofort, daß er sexuell erregt war. Schnell griff sie unter seine Decke und fühlte seinen harten kleinen Penis. Das war wohlgemerkt zu einer Zeit, als Mütter noch nicht lernten, kindliche Sexualität als etwas Normales zu akzeptieren und nicht weiter darauf einzugehen, sondern sie einfach zuzulassen, sofern sie sich in einem gewissen Rahmen hielt. Aber diese Mutter war sehr vernünftig und bemühte sich, die Sache nicht zu wichtig zu nehmen und ihrem Jungen keine Schuldgefühle zu vermitteln. Deshalb sagte sie einfach zu ihm, daß er ruhig einschlafen und »an etwas Schönes denken« solle. Der Junge fühlte sich natürlich schuldig, aber er verstand, daß er sich nicht ständig schuldig zu fühlen brauchte, sondern seinen eigenen Weg durchs Leben finden und seine früheren Fehler vergessen könne. Ob Sie es glauben oder nicht: er dachte an etwas Schönes, was ihn nicht erregte, und schlief bald ein.

Diese Episode ist ein gutes Beispiel dafür, wie Eltern sich im Rahmen dessen, was sie selbst gelernt haben, durchaus vernünftig und weise verhalten können. Wenn Eltern zu mir kommen und mich fragen, was sie in einem solchen Fall tun sollen, dann gebe ich ihnen den Rat, die Sache zu ignorieren. Dabei weiß ich ganz gut, daß schon lange vor meiner Zeit Frauen ihre Kinder aufgezogen haben und damit sehr gut fertig geworden sind, und die Fehler, die sie dabei machten, haben offensichtlich bei den Kindern keine bleibenden Schäden hinterlassen. Die Enzyklopädien sind voll von Männern und Frauen, die Großes geleistet und erreicht haben, obwohl sie in einer Zeit aufwuchsen, als man von unserer modernen Sexualerziehung nur träumen konnte.

Noch viel interessanter ist jedoch, daß der Junge genau *wußte*, daß er sich aussuchen kann, woran er denken will, um so nach Belieben seine Stimmung zu verändern. Er konnte sich Bilder ausdenken, bei denen sein Penis steif würde, aber er konnte sich auch etwas ganz anderes vorstellen und damit in eine ganz andere Stimmung kommen.

Diese Fähigkeit ist sehr nützlich, wenn ein Mann im Bus oder am Eßtisch eine Erektion bekommt und sie gerne los wäre. Für eine solche Erkenntnis braucht man keineswegs Psychologie oder Sexologie studiert zu haben.

Es gibt viele Arten von Schönheit

Der Mensch hat die Fähigkeit, vor seinem geistigen Auge Bilder entstehen zu lassen und sogar in seinem Kopf Töne zu hören, die von natürlichen, physikalisch erzeugten Tönen kaum zu unterscheiden sind. Wir hören Flüstern, Gesang, Orchesterklänge, den Wind in den Bäumen. Wir können auch in einem völlig dunklen Raum Sonnenlicht auf unseren geschlossenen Augenlidern spüren. Wir können uns Bilder ausmalen, die uns sexuell stark erregen. Oder andere, die uns beruhigen, den Puls verlangsamen und uns einschlafen lassen.

Merkwürdigerweise können die gleichen Vorstellungen, die einen Menschen entspannen und einschlafen lassen, auch beim Sex eine fördernde Wirkung entfalten und mithelfen, die Erektion aufrechtzuerhalten, die Erregung auf ihrem Plateau zu halten und einen Orgasmus zu erreichen.

Man hat immer angenommen, daß die geistigen Vorstellungen, die sich Frauen zur Unterstützung der sexuellen Aktivitäten ausmalen, nur ganz allgemeine und unspezifische sinnliche Erfahrungen beinhalten. Ich habe jedoch meine Zweifel, ob das stimmt. Zum einen gibt es Anhaltspunkte dafür, daß auch Frauen durchaus klare, eindeutige Phantasien vom männlichen Körper und von gewaltsamen sexuellen Aktivitäten entwickeln, und zwar in sehr viel stärkerem Maße, als man bisher angenommen hat. Möglicherweise sind die Berichte übertrieben, und vielleicht versuchen manche Frauen nur, mit der Mode zu gehen, wenn sie behaupten, daß ihnen die Ausklappfotos von männlichen Persönlichkeiten mit unverhülltem Penis gefallen. Ich neige zu der Annahme, daß alle Menschen ziemlich gleich reagieren und die strenge Trennung von männlichen und weiblichen Phantasien und visuellen Reizen unbegründet ist.

Dennoch waren es sehr viel mehr Frauen als Männer, die mir von einer ganz bestimmten persönlichen Phantasie erzählt haben, die keineswegs ausgeprägt sexuelle Inhalte hat, ihnen aber dabei hilft, das sexuelle Erlebnis zu intensivieren und sich besser auf die Lust am Sex zu konzentrieren.

Immerhin haben Frauen in der Tat häufig Schwierigkeiten, sich ganz darauf einzulassen, weil sie so viele andere Dinge im Kopf haben!

Es scheint, als müßten Frauen im Laufe eines Tages sehr viel mehr unterschiedliche Dinge erledigen als Männer. Die Hausarbeit und die Beschäftigung mit den Kindern ist in der Tat ungeheuer vielfältig, und die Hausfrau ist gleichzeitig Betriebsleiterin und Arbeitskraft mit einer meterlangen Check-Liste im Kopf! Selbst wenn sie im Bett in den Armen ihres Mannes liegt, denkt sie vielleicht immer noch an die Einkaufsliste. Oder der vergangene Tag (Habe ich auch alles erledigt?) und die kommende Woche (Habe ich auch alles aufgeschrieben, was ich bis zum Wochenende machen muß?) nehmen ihre Gedanken in Anspruch. So kann sie sich einfach nicht auf die Empfindungen in ihrem Schoß konzentrieren.

Ich versuche es ja, aber es rutscht mir immer raus

So wurde es mir von einer Frau beschrieben. Sie meinte dabei natürlich nicht das Geschlechtsorgan ihres Mannes, sondern wollte sagen, daß die sexuell anregende Vorstellung, auf die sie sich zu konzentrieren versuchte, ihr immer aus dem Kopf rutscht.

Sie versuchte, an etwas zu denken, was sie erregend fand – z. B. die Vorstellung, daß ihr Mann in schweren Stiefeln oder Schuhen über sie herfiel. Dieses Bild hatte sie vielleicht aus einem dieser billigen Western oder einem Roman, in dem geschildert wird, wie die Bergarbeiter am Zahltag in den Puff gingen und nicht einmal ihre schmutzigen Schuhe ausziehen durften. Oder etwas Ähnliches. Einen Augenblick lang fand sie diese Vorstellung erregend, aber dann assoziierte sie damit ganz andere, abwegige Dinge. Zum Beispiel die Schuhe des Briefträgers. Hatte sie auch daran gedacht, auf der Post die Telefonrechnung zu überweisen? Und morgen sollte der Maurer kommen und sich den Fußboden im Keller ansehen. Bestimmt würde er, wenn überhaupt, früher oder später kommen, als er gesagt hatte, so wie alle diese verdammten Handwerker, und vielleicht war sie dann gerade unterwegs, um die Kinder von der Schule abzuholen.

Sie brauchte also irgendeine angenehme, schöne Vorstellung, um sich zu entspannen und alle diese unnützen Gedanken und Sorgen aus ihrem Kopf zu verbannen.

Eine nützliche Sammlung

Im Laufe der Jahre habe ich mir eine ganze Sammlung von solchen entspannenden Vorstellungen und Bildern zugelegt, die einem helfen können, die Einkaufsliste zu vergessen und sich den sinnlichen Freuden zu überlassen. Wenn dann eine Frau zu mir kommt, dann mache ich ihr den Vorschlag, sich aus dieser Sammlung einen Tagtraum herauszusuchen oder sich selbst einen aus ihren Erinnerungen oder Phantasien wählen.

Wie wäre es zum Beispiel mit dem ruhigen, rhythmischen Geräusch der Meeresbrandung an einem weiten Strand? Stellen Sie sich vor, Sie liegen mit ausgebreiteten Armen und Beinen auf dem Sand in der Sonne, im Mondlicht, in Ihrem Bett, und geben sich ganz dem Rauschen des Meeres hin.

Oder Sie liegen auf dem Rücksitz eines schnellen Wagens, des teuersten Wagens, den Sie sich vorstellen können, und rasen durch die Nacht, und der Mond rast mit Ihnen dahin.

Sie fahren mit den Skiern im Mondlicht die schwere Abfahrt hinunter; Sie genießen den Rausch der Geschwindigkeit, das Gefühl der Schwerkraft, die Beherrschung der Ski, die mit einem leichten Zischen über den Pulverschnee gleiten.

Sie sind auf einem Motorschiff auf hoher See, irgendwo auf der schönen, weiten Welt, und treiben mit den Wellen im Mondlicht dahin. Vielleicht genießen Sie auch den alles auslöschenden Eindruck eines Schneetreibens auf dem Wasser.

Und so weiter und so fort. Versuchen Sie es einmal, wenn Sie ständig nur an Ihre Einkaufsliste denken müssen.

20.

Musik zum Masturbieren

Wenn Sie eine Radiostation hören, die mit diesem Slogan Werbung macht, dann schreiben Sie mir doch bitte einen Brief. Ich bin ganz sicher, daß das kommen wird, und ich möchte gerne die erste Sextherapeutin in unserem Viertel sein, die davon erfährt! Musik von einer Kassette oder aus dem Radio kann einen hervorragenden Rahmen oder Hintergrund abgeben, um überreizte Nerven zu beruhigen und die vielen Gedanken zu verbannen, die einen beim entspannten, neugierigen Masturbieren davon abhalten können, auf dem ruhigen Weg der Selbstbefriedigung zur Selbsterkenntnis zu gelangen.

Musik ist ein uraltes Mittel, den Sex zu fördern. Jedes von Musik begleitete Singen, Klatschen oder Tanzen kann ein Vorspiel für sexuelle Kontakte sein und wurde schon seit frühester Zeit so benutzt: Musik als Anreiz. Für die meisten Menschen heute ist der Gedanke ziemlich neu, auch im Schlafzimmer eine besonders ausgewählte Musik zu spielen. Für den Normalbürger wurde es erst nach der Erfindung des Phonographen und der darauffolgenden rapiden Entwicklung der Unterhaltungsindustrie möglich und erschwinglich, Sex mit Musik zu verbinden. Früher bestand die einzige Möglichkeit darin, Musiker zu engagieren, die entweder im Garten oder hinter einem Wandschirm versteckt aufspielten, während der Graf und seine Geliebte sich der Leidenschaft hingaben.

Musik hat weitgehend die gleiche Wirkung wie bestimmte Tagträume oder Phantasievorstellungen – vielleicht an einem Meeresstrand zu liegen und sich von den Wellen leicht umspülen zu lassen, während man dem Geräusch der Brandung lauscht; oder schnell dahin zu jagen und das Rauschen des Windes in den Bäumen zu hören – und macht es einem leichter, alle störenden Gedanken aus dem Kopf zu verbannen, während man miteinander schläft oder sich selbst befriedigt.

Legen Sie sich eine Sammlung erotischer Literatur zu

Am besten ist es, solche Bücher ganz offen im Bücherregal zu haben. Auf diese Weise kann man dazu beitragen, die Belesenheit seiner Mitmenschen im Bereich der erotischen Literatur zu verbessern. Neun von zehn Menschen können mit den Titeln klassischer erotischer Literatur wenig anfangen. Wenn Sie die Buchrücken in Ihrem Regal sehen, dann werden Sie den Eindruck haben, Sie seien ungeheuer belesen – oder würden zumindest so tun.

Dazu muß ich sagen, daß ich, wenn ich einem Patienten den Rat gebe, sich eine Sammlung erotischer Bücher zuzulegen, durchaus nicht davon ausgehe, daß der oder die Betreffende daraufhin die Buchläden abklappert, um sich die seriösen Werke der Weltliteratur zu besorgen, sondern ganz einfach zum nächsten Zeitungsladen, zum Kiosk oder in die Bahnhofsbuchhandlung gehen wird, in denen die vielen bunten Sex-Magazine ausliegen. In den meisten Fällen haben solche Läden auch ein Regal mit explizit pornographischen Taschenbüchern.

Eine sehr belesene Frau sagte mir dazu: »Erotische oder sinnliche Literatur sollte um ihrer selbst willen gelesen werden oder vielleicht auch, um die sexuelle Bereitschaft des Lesers anzuregen. Wer dagegen gezielte Stimulation sucht, sollte zu ganz normalen, billigen Pornos greifen. Diese Bücher machen keine Umschweife und kommen direkt zur Sache, wobei sie teilweise gerade deshalb so wirkungsvoll sind, weil man genau weiß, daß sie nur geschrieben wurden, um die sexuellen Begierden der Leser anzuheizen.«

Und sie fügt hinzu: »Wenn Sie mit der einen Hand genüßlich ihre Klitoris reiben, dann brauchen Sie für die andere Hand etwas *Leichtes*. Ich meine rein gewichtsmäßig leicht, nicht von der Qualität her. Ein Magazin oder ein Taschenbuch ist da einfach ideal.«

Diese Frau geht ohne jede Scheu in einen solchen Laden und kauft sich, was sie haben will. »Aber was ist, wenn sie dabei einen ihrer Freunde treffen, die noch altmodisch darüber denken? Und die sehen, daß sie gerade ein Buch mit dem Titel ›Gezüchtigt‹ kaufen?« fragte ich sie. Ihre Antwort war, daß sie ganz einfach sagen würde, das Buch sei für ihre Mutter im Altersheim. Ich finde ihre Einstellung sehr sympathisch. Was mich selbst betrifft, so gehe ich einfach los, wenn ich etwas haben will, und kaufe es mir. Diese Einstellung habe ich mir schon vor langer Zeit als Studentin angewöhnt, als ich mir alle möglichen Bücher kaufen oder ausleihen mußte, und dabei gelernt habe, mehr an die bevorstehenden Prüfungen zu denken als daran, was der Verkäufer oder die Bibliothekarin von mir denken. Wenn Ihnen dabei nicht wohl ist, dann bitten Sie einfach Ihren Freund, Ihnen den Gefallen zu tun. Dann haben Sie zwar nicht die Möglichkeit, sich die Bücher vorher anzusehen und durchzublättern, aber was soll's. Wenn Sie im Augenblick keine männliche Person kennen, die Sie bitten könnten, Ihnen die entsprechende Lektüre zum Masturbieren zu besorgen, oder mit dem Sie solche Sachen gemeinsam lesen können, ehe Sie zusammen ins Bett gehen, dann schlage ich vor, Sie versuchen, ganz gleich wie, eines der bekannteren Sex-Magazine zu bekommen und studieren darin die Anzeigen der Buchversandunternehmen für schmutzige Literatur.

Da – jetzt habe ich es gesagt: »Schmutzige Literatur«. Ich habe es für einen Freund getan, der mich gebeten hat, ich solle nicht immer von »sexuell eindeutiger Lektüre« zu sprechen, denn das sei seiner Meinung nach nur eine Form von Prüderie. Nun gut – ich hab es also gesagt.

Ich nenne Bücher oder Filme nicht gerne »pornographisch«, »unanständig« oder »schmutzig«, weil das so klingt, als müsse man sich schämen, so etwas zu lesen oder anzusehen, und niemand sollte sich dabei schämen müssen. Sie können solche Bücher oder Magazine natürlich so aufbewahren, daß nicht jeder sie sofort sehen kann, einfach um sinnlose und ermüdende Erläuterungen Ihren Gästen gegenüber zu vermeiden, aber sie sollten sich auf keinen Fall dafür schämen.

»Da siehst du es«, sagt mein Freund wieder. »Du nimmst der Sache ihren ganzen Reiz. Die Scham und die Heimlichtuerei gehören einfach dazu. Keine Scham, keine Erektion.«

Nun gut. Sie können es nennen, wie Sie wollen und wie es Ihnen gefällt – für mich ist es einfach »sexuell eindeutiges Material«.

Das unmoralische Reich der Phantasie

Ich bin dafür, daß Sie lesen, was Sie sexuell erregt, ohne sich dabei Gedanken zu machen über die Moral dessen, was Sie lesen. In der Phantasie, die mit den sexuellen Reaktionen zusammenhängt, gibt es keine Moral. Hier ist vieles erlaubt und harmlos, was in der Wirklichkeit verboten oder gefährlich ist: Inzest, Sex mit Kindern, Sex mit verrückten, ausgeflippten Fremden, die Sie auf der Straße am Hafen oder am Bahnhof treffen, würde Ihnen und auch anderen Menschen in der wirklichen Welt eine Menge Kummer und Probleme bereiten, deshalb benutzen Sie Ihren Verstand und lassen die Finger davon. Aber in der Phantasie ...

Wenn Sie, um sich zu erregen, Phantasien benutzen, die ungesetzliche oder schreckliche Situationen beinhalten, dann sollten Sie sich nur dann Gedanken machen, wenn diese Art Phantasien die einzigen sind, die Sie haben. Wenn Sie jedesmal das Gefühl haben, daß Sie von einem Wolkenkratzer herunterstürzen, dann brauchen Sie vielleicht eine fachmännische Beratung! Aber wenn Sie ganz von allein zu anderen Bildern übergehen, weil Sie gelangweilt sind und etwas anderes möchten, dann besteht kein Grund zur Besorgnis. Was verboten ist, das erregt uns – ein sehr wichtiger Aspekt sexueller Phantasien!

Unser phantasiertes Sexualleben und unser wirkliches Sexualleben sind auf eine sehr rätselhafte Weise miteinander gekoppelt. Die sexuelle Bilderwelt unserer Phantasie hat für unser Unterbewußtsein Bedeutungen, die unser Bewußtsein sich kaum vorstellen und höchstens erraten kann. Die Phantasie von Sex mit Kindern hat, so darf man vermuten, etwas mit unserem Wunsch zu tun, in diesen idealen Zustand der Kindheit mit eindeutigen, ungetrübten Gefühlen und damit zu unserem wahren Selbst zurückzukehren. Es gibt etwas in uns, das dieses Kind auch in dem Menschen sucht, den wir lieben.

Inzestvorstellungen finden sich häufig bei Menschen, die in Wirklichkeit ihre Verwandten nicht ausstehen können! Vielleicht hätten sie ganz einfach gerne nettere Verwandte oder Angehörige, mit denen sie enger befreundet sein könnten.

Wo ich die Grenzen sehe

Die Benutzung von Kindern in Filmen mit eindeutig sexuellem Inhalt ist selbstverständlich eine kriminelle, strafbare Ausbeutung von Menschen, die sich dagegen nicht wehren können, und darüber hinaus grausam den Kindern gegenüber sowie eine Beleidigung der natürlichen elterlichen Gefühle jedes Menschen, der auch nur ein bißchen Einfühlungsvermögen besitzt. Ich bin der Meinung, diejenigen, die solche Filme machen, sollten verfolgt und ins Zuchthaus gesteckt werden. Erregende Filme mit erwachsenen Schauspielern sind dagegen eine völlig andere Sache und sollten von einer Gesellschaft, die sich für zivilisiert hält, toleriert werden.

Filme, in denen Grausamkeit eine besondere Rolle spielt, die bei den Zuschauern grausames Verhalten fördern oder auslösen können und vielleicht sogar tatsächlich Grausamkeit, zum Beispiel beim Drehen von Folterszenen, zeigen, sind meiner Meinung nach nicht geeignet, Sinnlichkeit zu stimulieren oder die sexuelle Phantasie zu bereichern.

Vermeiden Sie deprimierenden Schund

»Aber genau das suche ich doch«, stöhnt mein aufdringlicher Bekannter. Trotzdem gibt es eine Menge Leute, die sich gerne explizit sexuelle Filme ansehen würden, aber darauf verzichten, weil diese nur in ziemlich abstoßenden Schund-Kinos gezeigt werden.

»Außerdem«, so meint eine Frau, »mag ich all diese dunklen Typen nicht, die in diese Pornoläden schleichen. Fette graue Vertreter mit ihren Musterköfferchen, die überall um einen herum onanieren. Es ist mir egal, was *die* von *mir* denken. Ich bin einfach eine nette, normale Frau, der die Möse juckt. Aber das sind alles ekelhafte, schleimige Typen! Deswegen beschränke ich mich auf die Porno-Spätfilme im Kabelfernsehen und spare auf ein Videogerät, damit ich meine Pornos in Ruhe und Bequemlichkeit genießen kann.«

Das ist wahrscheinlich die bei weitem beste Lösung für viele, die gerne Sex-Filme sehen würden.

Wie man Enttäuschungen überwindet

Sex-Filme sind häufig sehr schlecht gemacht – mit unfähigen Regisseuren und jungen Schauspielern, die in absolut keine Theatertruppe aufgenommen werden würden. Auch die Geschichten und Szenerien sind so schrecklich und unglaubwürdig, daß man beim Zusehen alles andere als angeregt wird. Ein Liebhaber von Pornofilmen hat mir erklärt, daß es zwei Sorten von wirklich anregenden Filmen gibt. »Das eine sind hochklassige, gut gemachte Filme mit künstlerisch wertvollen erotischen Szenen, die der menschlichen Wirklichkeit entsprechen. Das andere sind die Billig-Pornos, die von irgendwelchen Leuten zu Hause nach Feierabend in der Garage hergestellt werden. Kein

Plot, keine Dialoge, nur immer dieselben Aktionen, die über eine lange Zeit ständig wiederholt werden. Der Anblick eines weiblichen Körpers, der sich auf einem Fleischpfahl auf und ab bewegt, löst im Betrachter eine ganz unkomplizierte Reaktion aus. Irgendwas in ihm sagt: ›Hey, das ist wirklich eine tolle Sache.‹ Und eine solche Szene erfüllt den Zweck jedes echten Pornofilms – sie bewirkt eine Erektion.«

Die Phantasie beleben

Ich empfehle den Besuch sexuell eindeutiger Filme immer solchen Patienten, die nicht über ausreichendes Vorstellungsvermögen und Phantasie zu verfügen scheinen, was ihre sexuellen Aktivitäten betrifft. Zu einem erfolgreichen Sexualleben gehört eben auch ein gesundes Maß an Phantasiebegabung – es reicht nicht, Genitalien zu besitzen und lebendig zu sein. Das ist etwas, was ich nicht oft genug wiederholen kann. Wir wissen nicht, was Hunde denken oder fühlen, wenn sie es auf Hundeart treiben, aber es heißt im allgemeinen, daß sie kein geistiges Bewußtsein dieser Aktivität haben, keine Erinnerung daran und kein Bedürfnis danach, wenn kein direkter körperlicher Anreiz vorliegt. Wenn sie nicht gerade die Duftspur einer läufigen Hündin in der Nase haben, dann haben sie auch keinerlei Interesse an Sex. So sagt man jedenfalls.

Ich habe da so meine Zweifel – nicht nur, weil alle solchen selbstverständlichen Erklärungen zweifelhaft sind. Wie kommt es dann, daß manche Hunde beim Träumen mitten auf dem Wohnzimmerteppich so mächtige rote Erektionen bekommen, während der Pastor nur lächelt und so tut, als würde er nichts sehen? Es hat ganz den Anschein, als würden sie von Sex träumen.

Auf jeden Fall wissen wir, daß Menschen beim Sex phantasieren und in manchen Situationen der Sex mit solchen Phantasien besser ist. Zum Beispiel weil die Erektion länger anhält. Und meine Dame, wenn Ihr Liebhaber beim Sex und danach an Sie denkt, dann hat er ein Bild von Ihnen vor Augen, das bei jedem Mal anders aussieht und ausgeschmückt wird. Das ist wirklich kein Grund zum Weinen – er liebt Sie! Aber nicht Sie allein. Vielmehr Sie und die vielen anderen Personen, die Sie in seiner Phantasie für ihn sind.

Frauen lehnen es häufig ab, sexuell eindeutige Filme anzusehen. Ich bin keineswegs der Meinung, daß man etwas tun sollte, was einem widerstrebt. Aber ich finde auch, daß es kein Zeichen von Perversion ist, wenn jemand ab und zu solche Filme sehen muß. Vielleicht braucht er nur ein paar neue Bilder für seine Erinnerung, oder er hat einfach das Bedürfnis, sich eine Weile nur mit Sex zu beschäftigen, um seine Arbeit zu vergessen oder die vielen sexfeindlichen Menschen, mit denen er ständig zu tun hat. Er braucht einfach ein wenig sexuelle Aufmunterung. Wenn die Filme, die er sich anschaut, nicht besonders hochwertig sind, dann ist das nicht seine Schuld. Wahrscheinlich hätte er nicht das geringste gegen einen gut gemachten Pornofilm, wenn sich ein anspruchsvoller Filmemacher dazu durchringen könnte, einen zu drehen.

Der glücklichste und beneidenswerteste Liebhaber ist der, der in seiner Vorstellung Bilder der Lust und Leidenschaft hat, die der Begegnung mit seiner wirklichen Geliebten entsprungen sind: eine Art Sexfilm aus gemeinsamen Erinnerungen. Dieser Mann wird nicht so sehr darauf angewiesen sein, irgendwelchen Schauspielern dabei zuzusehen, wie sie einen Liebesakt simulieren.

Warum so groß? Und warum außerhalb?

Ich werde immer wieder gefragt, warum in den Pornofilmen die Penisse alle so riesig sind und warum die Männer nie in den Vaginas ejakulieren, sondern außerhalb. Wie es kommt, daß sie solche Mengen von Samenflüssigkeit ejakulieren, wahre Kaskaden.

In der Regel sind diese Ejakulationen nur gespielt – eine Art Theatereffekt mit Hilfe einer dünnflüssigen Mischung aus Mehl und Wasser.

Wenn die Darsteller in die Luft ejakulieren, dann entspricht das einem Bedürfnis, zu sehen, wie jemand – jemand anders – ejakuliert. Sie zeigen damit, daß der Betrachter für sein (oder ihr) Geld auch etwas bekommt, daß wirklich Sex stattfindet – zumindest sieht es so aus.

Es sind vor allem Männer mit einem großen Penis, die in diesen Filmen die Rollen bekommen, weil die Größe des Penis in der allgemeinen Vorstellung immer noch eine so große Rolle spielt. Darsteller mit einem weniger großen Penis scheuen sich oft, vor die Kamera zu treten.

Filmemacher benutzen gerne riesige Tiger und riesige Penisse, um eine Szene wirklich dramatisch und eindrucksvoll zu gestalten. Das macht sich einfach gut. Aber überlegen Sie: der furchterregende riesige Tiger ist in Wirklichkeit zahm und ernährt sich von handelsüblichem Tierfutter mit einem hohen Getreideanteil. Draußen im Dschungel, bei einer echten Begegnung mit einem wirklichen wilden Tiger, tut es auch ein sehr viel kleineres Tier. Wenn Sie diese Begegnung überleben und anderen davon erzählen, dann wird der Tiger von Mal zu Mal größer werden. Und bei einer wirklichen sexuellen Begegnung ist auch der jeweilige Penis durchaus groß genug.

21.

Tagträume und Phantasien

In meiner Praxis sitzt ein Mann, den ich Barry nennen will. Er versucht, sich an sexuelle Phantasien zu erinnern – ich habe ihn dazu aufgefordert. Ich bin der Meinung, er und seine Frau sollten ihre Phantasien in stärkerem Maße miteinander teilen. Die beiden schließen sich gegenseitig aus ihrer privaten Welt aus, auch wenn sie miteinander körperlich intim sind. Würden sie ihre Phantasien miteinander teilen, wäre ihr Sexualleben ein bißchen aufregender. Später werde ich auch *sie* bitten, mir einige von *ihren* sexuellen Phantasien zu erzählen. Es wäre interessant zu wissen, inwieweit sich die Phantasiewelten der beiden unterscheiden oder ähneln.

Der Liebhaber als Krake

Barry erzählt, daß er sich manchmal vorstellt, eine Art Krake zu sein, die sich mit einer Frau paart – mit einer ganz normalen menschlichen Frau, nicht einem Krakenweibchen.

Dieser Mann stellt sich vor, er sei ein warmblütiger menschlicher Krake mit einem großen Penis in der Mitte und den typischen acht großen Fangarmen. Wenn er diese Frau liebt (in seiner Phantasie), dann umschlingt er sie mit diesen acht biegsamen Armen, berührt mit ihnen dieses köstliche Fleisch, die warme, glatte Haut, überall und auf die unterschiedlichste Art, und sein Penis ist tief in ihrer Vagina.

Er kann ihren Mund küssen und ihre Ohren beknabbern, während sein Penis in ihr ist und die vielen Arme sie gleichzeitig an sich pressen, streicheln, umschlingen, ihren Hals und ihre Taille berühren, ihre Brüste, ihren Rücken und ihre Hinterbacken. Er umschlingt liebevoll ihre Schenkel und die Innenseiten ihrer Knie, ihre Waden, das Gewölbe und die Innenseite ihrer Füße und spielt mit ihren Zehen. Alles zur gleichen Zeit.

An dieser Stelle seines Berichts frage ich mich, woran *sie* wohl denken würde, wenn sie von seiner Phantasie wüßte? Ihre Einkaufsliste? Oder wie sie sich aus dieser Umklammerung befreien könnte, wenn sie plötzlich das Bedürfnis danach hätte? Wenn sie in Panik geriete? Sex macht zwar Spaß, aber ein Krake ist vielleicht doch etwas mehr, als sie erwartet hat!

Ich frage ihn, ob er an diese Phantasie denkt, während er seine Frau liebt. Er scheint ein wenig überrascht, dann meint er, er glaube schon. Manchmal. Er ist kein Teenager mehr. Er ist über vierzig und schon insgesamt vierzehn Jahre verheiratet, wenn man seine beiden Ehen zusammenrechnet. Darum ist es vielleicht verständlich, daß er ein wenig verwirrt ist und vergessen hat, ob er schon einmal an diese Phantasie gedacht hat, während er eine lebendige Frau wirklich umarmt.

Sie ganz besitzen

Einige von Barry's Phantsievorstellungen oder Tagträumen handeln davon, eine Frau ganz zu besitzen, sie völlig zu umfangen. In einer dieser Phantasien ändert sein Körper die Gestalt und verwandelt sich in eine riesige warme Folie, eine Art Decke aus menschlichem Gewebe, die sie vollständig und ganz eng einhüllt und sich wie eine Massage über ihren gesamten Körper bewegt, bis sie vor Lust beginnt, vor sich hin zu murmeln. Dann bittet sie ihn inständig um den Höhepunkt der Berührung, und ein Teil dieses großen Gewandes, das er jetzt bildet, formt auf seinen Willen hin einen Penis, der in sie eindringt und wieder und wieder zustößt, wobei er die Energie aus der gesamten fleischlichen Decke bezieht, die sie umhüllt. Zuletzt schreit sie vor Lust laut auf, windet sich und stößt und kämpft gegen dieses Netz aus Fleisch, das sie gefangen hält, und genießt den Druck, den diese alles umschlingende Membran auf ihren Körper ausübt, von innen wie von außen.

Ich möchte den Leser, der sich gerade jetzt erst eingeschaltet hat, daran erinnern, daß es sich hier um die Phantasie eines Mannes handelt, der davon träumt, mit einer Frau zu schlafen. Und dies ist nicht etwa ein Science-Fiction-Roman, sondern ein Ratgeber für Sex in der Ehe, das heißt Sex in allen möglichen Arten von festen, langfristigen Beziehungen. Autorin: Ruth Westheimer, Ed. D., – die bekannte Dr. Ruth aus Radio und Fernsehen. Die Dame, die auch als »Großmutter Freud« bekannt ist – weil ich mit meinem Akzent wie eine Hühnersuppen-Matriarchin klinge und weil jeder, der über Sex redet und mit einem Akzent spricht, für einen Anhänger Freuds gehalten wird – obgleich das die wenigsten von uns heute sind.

Aber Barry's Phantasievorstellung, eine riesige Membran aus Fleisch zu sein, geht noch weiter.

»Was macht diese Membran sonst, wenn sie nicht gerade mit Sex beschäftigt ist?« frage ich ihn. Wir sitzen uns in meiner Praxis gegenüber, ohne einen Tisch zwischen uns. Hinter einem Schreibtisch zu sitzen ist bei dieser Art von Unterhaltung einfach unpassend. Aber das ist meine ganz persönliche Meinung. Andere Sextherapeuten denken und handeln ganz anders – und haben dabei nicht weniger Erfolg.

Barry erzählt, daß dieser Membranen-Mann, wie er diese Art von Comic-Figur aus seiner Phantasie nennt, immer nur mit Sex beschäftigt ist. Wenn er damit aufhört, verwandelt er sich sofort wieder in Barry mit seiner normalen menschlichen Gestalt.

»Aber wenn er das Bett verläßt, um ins Bad zu gehen, dann muß er doch Beine haben«, gebe ich zu bedenken.

Barry sagt nein, der Membran-Mann könne eine lange Röhre bilden, die sich dann ausdehne, die Badezimmertür erreiche, den Türknopf drehe, die Tür öffne, zur Toilette gehe, danach die Spülung betätige und sich dann wieder zurückziehe. Sehr praktisch.

Barry sagt, der Membran-Mann könne auf das Dach des Mietshauses klettern, mit zwei Ecken die große Fernseh-Hausantenne packen und wie ein Bettlaken im Winde fliegen. Das sei ein sehr schönes Gefühl. Und die Membran kann sich weit über das Gebäude hinaus strecken, so daß sie einen riesigen Schatten wirft. Jede Frau, auf die dieser Schatten fällt, verspürt eine angenehme warme Empfindung und träumt sofort davon, am Abend Sex zu haben.

Warum nicht seiner Frau davon erzählen?

Ich muß zugeben, daß ich von der Geschichte fasziniert bin, aber ich habe den Verdacht, daß Barry jetzt einfach frei drauflos improvisiert und die Phantasie weiterspinnt. Das macht überhaupt nichts, und ich finde es auch ganz amüsant, aber Barry bezahlt mich nicht dafür, daß ich mich von ihm unterhalten lasse.

Um ehrlich zu sein, sollte er mit Geschichten wie dieser lieber seine Frau unterhalten. Ich bin mir ziemlich sicher, daß sie daran Gefallen hätte, jedenfalls soweit ich sie kenne, und seine Phantasien könnten dazu beitragen, die Intimität zwischen ihnen zu fördern.

Unbemerkt werfe ich einen Blick auf das Foto des hübschen Mädchens, das ich an der Wand hängen habe. Sie ist von der Geschichte amüsiert, ebenso wie die beiden hölzernen Gliederpuppen oben auf dem Bücherregal. Sie wirken richtig verzaubert...

Genug davon! Jetzt ist *meine* Phantasie mit mir durchgegangen. Aber ich fühle mich deswegen keineswegs schuldig, denn dieser kleine Tagtraum dauerte nur einen winzigen Augenblick. Es ist also nicht so, als würde ich Barrys Zeit verschwenden. Und es macht deutlich, wie seine Phantasien unter Umständen auch auf seine Frau wirken könnten, wenn er sie mit ihr teilen würde.

»Noch etwas«, meint Barry. »Der Membran-Mann kann auch schwimmen, auf dem Grunde des Meeres, so wie ein Manta, indem er die Kanten seines Körpers wie Flügel bewegt...«

Frühe Masturbations-Phantasien

Aber es ist Zeit, Barrys Erzählungen vom Membran-Mann zu unterbrechen und ihn nach anderen Phantasien zu fragen, an die er sich vielleicht erinnern kann. Die meisten dieser Phantasien, die er mir erzählt, handeln in irgendeiner Weise immer davon, daß er seine Traumfrauen immer überall gleichzeit berühren möchte.

Als er ein Junge war und gerade anfing zu pubertieren, begann er, sich vorzustellen, wie Frauen sich für ihn in den merkwürdigsten und phantastischsten Situationen ausziehen würden. In jenem Alter konnte er sich absolut nicht vorstellen, daß sich eine Frau für einen Mann auszieht, weil es ihr Spaß macht. Jedenfalls keine richtige, lebendige Frau. Und jedenfalls nicht in einem Ort wie seiner Heimatstadt. Es geschah immer auf einer einsamen Insel, in einem Zelt mitten in der Sahara, in einem Schloß, irgendwo hoch auf einem Berg. In einer dieser Phantasien kam eine mutige und wunderschöne Frau in seinen Palast, um zu lernen, was es mit dem Sex auf sich habe. Sie hatte immer davon gehört und wollte es jetzt zum Teufel nochmal endlich ausprobieren. Ganz allein mit ihm in der riesigen, weiten Marmorhalle zog sie ihr glitzerndes, langes Abendkleid aus und stand ganz nackt da und sah neugierig zu, wie Barry ihr die Füße küßte und sich dann immer weiter nach oben vorarbeitete. Das war eine großartige Phantasievorstellung. Sein Herz begann heftig zu klopfen, sein Penis wurde steif, aber er onanierte nicht. Später hatte er eine ganz ähnliche Phantasie, als er im Bett lag, und er begann, sich zu bewegen, einem Impuls folgend, den er nicht verstand, und dann hatte er seinen ersten Orgasmus und ejakulierte auf das Bettlaken. Er erschrak, aber er richtete es so ein, daß er am nächsten Abend ein neues bekam. Er wußte noch nicht, wie man mit der Hand masturbiert.

Einmal hörte er dann auch von dieser manuellen Methode und probierte sie aus. Sie schien ihm zwar weniger erregend als seine eigene, aber er beherrschte sie bald recht gut. Er stellte sich einen Filmstar oder eines der Mädchen in den Werbeanzeigen vor, wie sie sich auszogen, und dann nahm er sie in der Missionarsstellung (wobei seine Faust als Vagina fungierte). Er stellte sich vor, daß diese Frauen das aus irgendeinem dunkeln Grunde taten, jedenfalls nicht aus der gleichen Lust am Sex, die er selber verspürte. Später im Leben war er dann immer ernstlich bemüht, auch die Frauen zum Orgasmus zu bringen.

Kleine Szenarios

Er erinnerte sich an eine Reihe von Phantasien, die eigentlich richtige kleine Szenarios waren.

So sah er sich beispielsweise als Marineleutnant im Ägäischen Meer Dienst tun. Als Gegenleistung für gewisse Dienste stellt ihm eine hochgestellte griechische Familie ihre wunderhübsche Tochter zur Verfügung. In einer mondhellen Nacht fährt er mit einer schnellen Barkasse zu der Anlegestelle, von der aus eine Treppe zu einer klassischen, mit Säulen geschmückten Villa hinaufführt. In seiner eleganten Uniform begibt er sich in das Zimmer, in dem das schöne junge Mädchen auf ihn wartet und sich seiner kalten, fordernden Liebe unterwirft. Ihre violetten Brustwarzen heben sich im Mondlicht deutlich von ihren schneeweißen Brüsten ab... Bei einer anderen Gelegenheit drängt er sich der Mutter des Mädchens auf.

Er entkleidet eine gefangene Jungfrau (blond, füllig und – genau wie alle anderen – stumm) und trägt das nackte Mädchen auf seiner Schulter an der rauschenden Brandung entlang zu einem Platz unter Palmen, wo sie nicht nur nackt ist, sondern auch weit entfernt von allen bekannten Gegenständen, und besitzt sie bis zum äußersten...

Als Musketier fesselt er eine gefährliche Verbrecherin in einem Kostüm aus dem siebzehnten Jahrhundert und besitzt sie. (Das Wort *Vergewaltigung* taucht in seinen Phantasien nicht auf.) Diese Vorstellung lehnt sich an die Figur der Milady aus dem Roman *Die drei Musketiere* an, wie Barry mir gesteht.

Zuschauer

Barry hatte auch eine Reihe von Phantasien, in denen er Zuschauer hat. Eine Mutter sieht ihm beim Sex mit ihrer Tochter zu. Die Tochter sieht zu, wie er mit der Mutter schläft. Und dann mit einer jüngeren Schwester...

Ein Element all dieser Tagträume ist, daß er die Frauen zwingen muß und sie sich ihm widersetzen. Manche Menschen haben Angst vor ihren Phantasien, weil sie fürchten, darin käme ein böser Aspekt ihrer Seele zum Ausdruck. Dabei muß man wissen, daß Aggression keineswegs nur böse ist. Auch im wirklichen Leben versucht der Mann sich immer wieder durchzusetzen – wenn auch nicht mit brutaler Gewalt, sondern zum Beispiel mit Hilfe von Charme, kleinen Aufmerksamkeiten, Geschenken, einem gepflegten Äußeren und Macht- oder Imponiergehabe. In gewisser Weise ist eine Frau für ihn wie eine Festung, die man einnehmen muß.

Barry ist ein sympathischer Bursche, und ich kann mir nicht vorstellen, daß er einer Fliege etwas zuleide tun würde. Nun gut, einer Fliege vielleicht, aber jedenfalls keiner Frau. Im Alltag scheint er beim Umgang mit Frauen manchmal selbstbewußt und mutig, manchmal aber auch schüchtern und zurückhaltend zu sein. Am sichersten fühlt er sich gegenüber Frauen mit College-Ausbildung. Weniger gebildete Frauen scheinen ihn einzuschüchtern und wirken auf ihn eher instinktgeleitet und rätselhaft. Offenbar erwarten sie auch vom Manne ein eher instinktives Verhalten, während gebildete Frauen auch einen sanften Mann wie ihn akzeptieren.

Die Frauen wissen nie, was er gerade denkt – dessen ist er sich ganz sicher, und das sei auch besser so, denn er habe ständig lüsterne Gedanken. So begutachtet er auch die Frauen auf eine ziemlich kalte Weise, auch seine eigene Frau, die er liebt. Er möchte nicht, daß sie erfährt, wie kritisch er im Grunde seines Wesens ist. Oder wie er ganz bewußt solche negativen Gedanken beiseite schiebt, wenn er vor Lust vibriert.

Barrys Frau heißt Arlene. Natürlich sind das nicht die richtigen Namen der beiden. Arlene hat ihre eigenen Phantasien, die sie ebenfalls nicht mit Barry teilt. Barry findet, daß sie sehr intelligent und ziemlich arrogant sei, deshalb ist sie der Meinung, es sei keine gute Idee, ihm zu erzählen, was für alberne Dinge sie anmachen.

Im Wohnheim mit Phantasien protzen

Obwohl Arlene Barry nichts von ihren Phantasien mitteilt, hat sie doch während ihrer College-Zeit sieben oder acht verschiedenen Mädchen in ihrem Wohnheim davon erzählt. Sie mußte einfach ihre Phantasien erzählen, weil die anderen sie sonst nicht akzeptiert hätten. Eines der Mädchen kam aus einer Methodistenfamilie aus dem Norden, aus Wisconsin, und wollte mit niemandem über Sex sprechen. Das Ergebnis war, daß niemand mehr mit ihr reden oder sich in der Mensa neben sie setzen wollte. Sie weinte ziemlich viel und kam nach den Weihnachtsferien nicht wieder zurück.

Die Mädchen liebten ausgefallene, übertriebene Phantasien, je billiger, desto besser! Schwarze Burschen mit meterlangem Penis standen bei ihnen ziemlich hoch im Kurs. Eine andere Sache war, daß man wirklich mit einem Kommilitonen vom Campus schlafen mußte – und natürlich den Mädchen einen genauen Bericht erstatten mußte. Arlene entschied sich für einen hochgewachsenen blonden Ethnologiestudenten, der in einer Band Vibraphon spielte. Wenn jemand sagte, der sei doch nicht ganz geheuer, meinte sie: »Aber er ist so süß.« Der Sex mit diesem Jungen diente mehr ihrem Status als ihrem wirklichen Vergnügen. Ihre Freundinnen konnten sich dank Arlenes Schilderungen ein lebhaftes Bild vom Penis dieses Jungen machen.

Die Phantasien, die sie im Wohnheim zum besten gab, waren alle erfunden. Sie hatte keine Lust, ihre wirklichen Phantasien zu erzählen, weil sie sie eigentlich ganz harmlos fand und sehr an ihnen hing. Sie fürchtete, die anderen Mädchen würden sich darüber lustig machen und ihr damit ein für allemal den Spaß daran verderben.

Die beste Geschichte, die sie den Mädchen erzählte, handelte davon, daß sie von einer Gruppe von Räubern entführt und in ihrem Versteck gefangen gehalten wurde, wo sie sie zwangen, mit ihnen zu schlafen und sie mit dem Mund zu befriedigen und auch analen Sex zu dulden, bis sie von ihr genug hatten. Dann wurde sie in ein Freudenhaus in Mittelamerika verkauft, wo sie verbraucht und schließlich in einer sadistischen Orgie umgebracht werden sollte. Aber sie konnte sich retten, weil sie so gute Vorstellungen gab, daß man sie am Leben erhielt. So wurde sie zu einer Art Star. Arlene hatte die ganze Geschichte aus einem Taschenbuchroman.

Was sie den Mädchen über ihren Sex mit dem Vibraphonspieler erzählte, entsprach dagegen der Wahrheit, weil sie befürchtete, die anderen könnten die Sache irgendwann überprüfen und sie überführen.

Phantasien mit Sparky

Arlenes wirkliche Phantasien lassen sich in zwei Gruppen einteilen: Phantasien mit Sparky und Phantasien mit Funko. Sparky und Funko sind das genaue Gegenteil voneinander. Sparky ähnelt im Typ dem Schauspieler Leslie Howard, den sie in verschiedenen alten Filmen bewundert hatte, während Funko ein fieser, gemeiner, krimineller Typ ist. Funko ist auch bekannt als Dreckeimer.

Sparky ist blaß und immer ziemlich schlank, obwohl sein Alter in den einzelnen Episoden variiert. Mittwoch abend ist er ein erwachsener Mann, Donnerstag ein Teenager. Freitag und Sonnabend geht sie immer aus, aber Sonntag oder Montag taucht Sparky als kleiner Junge wieder auf. In den Phantasien mit Sparky ist es immer Arlene, die entscheidet, was geschieht.

Manchmal ist sie Katharina die Große bei der Truppenparade. Sparky als junger Leutnant erregt ihre Aufmerksamkeit. Sie befiehlt ihm, sie in ihren Privatgemächern aufzusuchen und läßt ihn dann strammstehen – in doppelter Bedeutung des Wortes. Sie spricht mit ihm und neckt ihn, aber er muß immer nur »Jawohl, Eure Majestät« sagen und seine blauen Augen immer geradeaus gerichtet lassen, während sie seine Genitalien durch die eng anliegenden seidenen Uniformhosen hindurch streichelt, bis sich der Penis unter dem Gewebe abzeichnet. Dann holt sie ihn heraus und reizt ihn mit den Fingern, bis er kommt. Oder sie öffnet sich ihre Kleider – sie trägt immer eine aufwendige Frisur und ein tiefausgeschnittenes Kleid mit weitem Rock – und streicht mit ihren Brüsten sanft über seine Genitalien, wobei sie mit ihm spricht wie mit einem Baby. Er ist ihr Sklave und ihr Spielzeug.

Manchmal ist Sparky auch jünger, zwischen vier und elf Jahren, und sie spielt die Rolle einer Aufsichtsperson – als Babysitter am Wochenende, als Sonntagsschullehrerin, die ihn als Belohnung für regelmäßigen Schulbesuch auf einen Ausflug mitnimmt, oder als Lehrerin in der Schule. Manchmal ist sie auch eine reiche Dame, die ihn adoptiert und dafür sorgt, daß er seine wirkliche Mutter vergißt. Sie zieht ihn aus und führt ihm einen Striptease vor, wobei sie ihm begütigend zuredet. Sie legt ihm ein Ohr auf die Brust und hört, wie sein Herz unter seinen dünnen, zarten Rippen schlägt. An dieser Stelle wird Arlene meistens richtig wild und bringt sich selbst zum Orgasmus. Mit dem jüngeren Sparky praktiziert sie ein umfangreiches sexuelles Repertoire. Sie machen alles mögliche miteinander, aber natürlich ist sie seine Pflegerin, seine Mama, und erregt ihn ungeheuer mt ihrem eindrucksvollen weiblichen Körper. Für sie ist es das Aufregendste mit Sparky, wenn sie seine wilde, unerfahrene sexuelle Erregung auslösen kann.

In einer dieser Phantasien mit Sparky ist sie eine große Dame, die in ihre Villa zurückkehrt nach einem eleganten Ballabend, auf dem mächtige Männer sie vergeblich umworben haben. Sie läßt sich noch im Pelz auf eine Chaiselongue fallen. Was befiehlt Madame? Sparky! Eine Gouvernante bringt ihn herein und zieht ihn aus, und Sparky wühlt sich unter Arlenes Kleider und macht sich über ihre Genitalien her...

Funko dagegen ...

...ist ein richtiger haariger Affe, eine Art Conan. Er strömt einen ganz besonderen Geruch aus. Schweißtropfen perlen auf seinem Bizeps und seinem stoppeligen Kinn und der dichten Körperbehaarung. Meistens ist er ein Wikinger.

Sie ist Lehrerin in einem Gefängnis und hat nur männliche Schüler. Sie lehrt die Männer die Schönheiten eines guten, ehrbaren Lebenswandels, und die Gefangenen verehren sie mit ihren leuchtend bunten, sehr sexy wirkenden Kleidern, die einen Hauch von Freiheit in das Gefängnis bringen. Sie trägt am liebsten enge Pullover und keinen Büstenhalter darunter, damit man ihre Brustwarzen sehen kann. Das soll die armen Teufel motivieren!

Aber einer der Gefangenen reagiert nicht auf diese Nettigkeiten. Es ist Funko. Er starrt sie mit hartem Blick an und zeigt deutlich sein Begehren. Nichts was sie sagt oder tut, kann ihn zum Lächeln veranlassen oder dazu, sich an der Diskussion in der Klasse zu beteiligen!

Er serviert Erbsensuppe in der Cafeteria. Immer nur Erbsensuppe... Sie lächelt, als er ihren Teller füllt, aber lächelt er zurück? Vielleicht nur ein ganz kleines bißchen? Von wegen. Sie streift mit ihren bezaubernden Brüsten im Korridor seinen harten Arm. Er reagiert überhaupt nicht.

Natürlich wird Funko sie vergewaltigen. Die Frage ist nur: wann? Manchmal übergeht Arlene die ersten Szenen, um möglichst schnell zur Vergewaltigung überzugehen. Aber ist es auch wirklich eine Vergewaltigung? Funko erscheint in ihrer Wohnung auf dem Gefängnisgelände. Sie will ihn fragen, was er bei ihr zu suchen habe und was das

Ganze soll, aber die Angst schnürt ihr die Kehle zu. Der alte Funko steht einfach nur da und starrt sie aufsässig an, während ihre Lippen beben. Auch ihre Brüste beben, und die Lippen ihrer Genitalien. Die Andeutung eines widerlichen Lächelns spielt um seine Mundwinkel.

Funko ist nie brutal oder gewalttätig. Sie fürchtet sich nur, weil er solche Macht über sie hat: Er muß ihr nicht einmal sagen, was er will. Erbärmlich zitternd und erniedrigt kniet sie sich vor ihn, öffnet den Reißverschluß seiner Hose, und heraus springt sein mächtiger Apparat, wie sie seinen Penis nennt. Die mächtige Eichel ist so groß, daß sie sie kaum in den Mund nehmen kann. Trotz ihrer Furcht hat sie das Verlangen, ihn zum Orgasmus zu bringen. Als er kommt, sprudelt eine dickliche Flüssigkeit literweise in ihren Mund und tropft über ihre Brüste.

Bei anderer Gelegenheit betatscht Funko sie nur schweigend mit seinen Verbrecherhänden und zwingt sie so in gemeiner Weise in die unterschiedlichsten Stellungen, höhnisch grinsend, weil sie es nicht erwarten kann, was er mit ihr tut. Wie riesig er ist! Und wie sie sich schämt und fürchtet! Und wie ekstatisch sie reagiert!

Funko besitzt sie auf einem Wikingerschiff mitten zwischen lauter Eisbergen, in dumpf-heißen Vulkanhöhlen, mitten im Kolosseum vor zahllosen geifernden römischen Zuschauern. Und so weiter.

Arlene ist eine sehr sympathische Frau, gleichzeitig zurückhaltend und sehr nüchtern und geschäftsmäßig in ihrem Verhalten. Sie ist Kunsterzieherin an einer Privatschule. Barry arbeitet als Investitionsberater für eine Firma in der Wall Street. Keiner von beiden hat dem anderen von den oben geschilderten Phantasien erzählt. Sie wissen sehr wohl, was Phantasien sind, und jeder von ihnen nimmt an, daß der andere in gewissem Umfang auch solche Phantasien benutzt. Doch sie interessieren sich beide nicht besonders für die Phantasien des anderen.

Arlene hat sich nie eine ihrer Sparky-Phantasien vorgestellt, wenn Sie mit Barry schlief. Aber manchmal, wenn Barry auf ihr liegt, dann hat er für sie etwas vom Charakter Funkos.

Warum die beiden zum Sextherapeuten gegangen sind

Ich habe mit Barry und Arlene nichts mehr zu tun. Die beiden kamen zu mir, weil der Sex in ihrer Ehe immer langweiliger zu werden schien. Nach ein paar Therapiesitzungen war das Problem beseitigt. Ich habe ihnen nur den Rat gegeben, ein paar Veränderungen in ihrer sexuellen Routine vorzunehmen – unterschiedliche Stellungen auszuprobieren, unterschiedliche Tageszeiten, unterschiedliche Schauplätze.

Beide schreckten davor zurück, ihre regelmäßigen Phantasien dem anderen mitzuteilen, und es bestand kein Anlaß, sie womöglich dazu zu zwingen. Allerdings schlug ich ihnen vor, sich gemeinsam ein paar neue Phantasien auszumalen. Die beiden begannen, eine Art Abenteuer-Comic mit erotischen Szenen zu erfinden; beide steuerten ihre Ideen bei, und sie zeichnete. Das erwies sich als ein sehr anregendes Vergnügen. Ich bin sicher, daß sie nach einer gewissen Zeit, wenn sie einen Weg gefunden haben, ihre Phantasien miteinander zu teilen, auch Sparky, Funko, den Membran-Mann und den Kraken-Mann in den Comic-Strip einbauen.

Arlene griff bereits beim Sex auf ihre Funko-Phantasien zurück. Ich fragte sie, warum sie nicht auch ein paar Sparky-Phantasien nehme? Sparky, der Liebessklave, würde vielleicht einigen von Barry's Kraken-Phantasien einer totalen Umschlingung und Befriedigung entgegenkommen.

Barry schlug ich vor, einige seiner Dominierungs-Phantasien wachzurufen, während er Arlene liebt - und was meinen Sie, was er darauf antwortete? Er sagte, sie sei seiner Meinung nach viel zu zart und empfindlich für solche Dinge.

Ein durchaus stattliches Paar

Ich hoffe, daß niemand auf den Gedanken kommt, ich hätte es hier mit zwei Leuten zu tun gehabt, die nicht ganz normal seien. Im Alltagsleben haben sie den Ruf, eher zurückhaltend und phantasielos zu sein. Und sie sehen sich ja auch gegenseitig so!

Der Mensch, den Sie heiraten, ist ein lebendiges Wesen mit zahlreichen, immer wiederkehrenden Träumen, Sehnsüchten, Erinnerungen und Ängsten. Angst vermischt sich mit Poesie, Begierde mit Zärtlichkeit, Ordinärsein mit Schüchternheit. Ihr Partner ist Ihnen selbst sehr ähnlich, mit einem großen Schatz voller geheimer Gefühle und Vorstellungen, die Sie nie alle kennenlernen werden. Aber wenn Sie je einen kleinen Einblick in das Phantasieleben Ihres Liebhabers oder Ihrer Geliebten bekommen, dann sollten Sie versuchen, diese Phantasien als einen natürlichen Teil dieses wunderbaren Rätsels Mensch zu akzeptieren.

22

Stellungen und Techniken

Der eine oder der andere der beiden Partner ergreift die Initiative und tut den ersten Schritt, oft weil er ein bestimmtes Signal verspürt hat. Oder vielleicht *denkt*, er hätte ein Signal verspürt oder einen Anstoß, auch einen Anstoß aus seinem Innern... Ich will dabei nicht zu weit zum Ausgangspunkt dieser sexuellen Begegnung zurückkehren.

Vielleicht war es am Frühstückstisch, bevor sich die Wege der beiden für den Tag trennten. Ein Lächeln, ein kurzes Senken der Augenlider, ein antwortendes Lächeln – eine wortlose Einladung, die wortlos angenommen wird. Ein Versprechen für den Abend, an das die beiden den ganzen Tag lang immer wieder denken und auf das sie sich freuen können, während sie mit anderen Dingen beschäftigt sind.

Aber jetzt streckt einer von beiden, der Mann oder die Frau, die Hand aus, um den anderen zu berühren. Oder durchquert das Zimmer und setzt sich auf die Armlehne des Sessels oder ergreift einfach im Vorübergehen die Hand des anderen.

Das Ritual des Vorspiels und danach

Das Ritual des Vorspiels der Lust hat begonnen, und einer von beiden übernimmt die Führung. Aber wenn sie vollständig erregt werden soll, dann wird er an einem bestimmten Punkt die Initiative übernehmen, sie liebkosen, ihre samtene Haut streicheln und küssen, mit sanften Bewegungen ihre erogenen Zonen berühren. Dabei bereitet er sich darauf vor, im richtigen Moment, wenn sie ihn in einer bestimmten Weise berührt, in eine ihrer vertrauten und oft geübten Stellungen für den Koitus überzugehen und ruhig in sie einzudringen. In dem Augenblick, wo sie es will und ihm das zeigt.

Aus der Art, wie er sich ihr nähert und wie er sie anfaßt, kann sie erkennen, welche Stellung er beabsichtigt, und auf ihn eingehen. Oder wenn sie in der Stimmung für etwas anderes ist, ihm eine andere Stellung zeigen.

Im Verlauf des Vorspiels bis hierher haben sich die beiden höchstwahrscheinlich schon in unterschiedlichen Positionen befunden. Er hat sie auf dem Bauch liegend gestreichelt und dann auf dem

Rücken liegend, ihr angenehme Empfindungen bereitet und auch selbst Vergnügen dabei verspürt, sie zu entdecken – zum hundertstenmal vielleicht schon.

Auch nachdem er in sie eingedrungen ist, können die beiden noch öfter die Stellung wechseln, je nachdem wie es ihm oder ihr in den Sinn kommt, wobei die Bewegungen für beide schon vertraut sind.

Wenn erfahrene Liebende eine bestimmte Stellung benutzen, dann aus Lust und Vergnügen, und sie können durchaus zu anderen Stellungen übergehen, die ihnen aufregender erscheinen, um dann zum Schluß wieder zur ersten zurückzukehren.

Das geht so weiter, bis erst der eine und dann der andere einen Orgasmus erreicht (selten beide zur gleichen Zeit, obwohl auch das vorkommt). Dann bleiben sie weiter in enger Berührung liegen als Zeichen ihrer Vertrautheit, ihrer Zuneigung und ihrer Erfüllung. Vielleicht schlafen sie danach ein, vielleicht werden sie auch wieder munter und setzen ihr Liebesspiel fort, je nachdem wie die Stimmung ist.

Ich habe dieses Ritual und die Übergänge zwischen den einzelnen Phasen so ausführlich geschildert, weil ich den Eindruck vermeiden möchte, daß die Stellungen, die ich jetzt beschreiben möchte, statisch oder mechanisch oder gar militärisch zu verstehen seien. Sie sollen fließend ineinander übergehen und sich spontan ergeben. Ich brauche wohl kaum zu wiederholen, daß es nicht nur neunundneunzig oder hundert Stellungen für die Liebe gibt, sondern weit eher an die tausend – obwohl nicht alle diese Stellungen für den Koitus in Frage kommen. Zum Beispiel gehört dazu, daß man getrennt nebeneinander liegt und sich nur mit den großen Zehen berührt – eine Stellung, die einer bestimmten Stimmung entspricht, aber ungeeignet ist, wenn man zusammen ein Kind zeugen möchte oder das spezielle männlich-weibliche Bedürfnis nach Vereinigung befriedigen will, bei dem die Bewegungen des Penis in der Vagina zum Höhepunkt führen.

Die Stellungen für den eigentlichen Koitus, bei dem der Penis sich in der Vagina befindet, sind im Grunde nur sehr wenige. Die erste und wichtigste davon, sozusagen Fleisch und Kartoffeln in dieser umfangreichen Speisekarte, ist die Missionarsstellung, bei der der Mann oben liegt.

Der Mann oben

Als europäische Reisende sich in exotische Länder wagten und mit fremden Stoffen, Tierhäuten, Gerüchen und Gewürzen zurückkehrten, da brachten sie auch Kunde von den merkwürdigen Arten der geschlechtlichen Vereinigung mit, die von fremden, weit entfernten Völkern praktiziert wurden. Die einzige korrekte und gottgefällige Methode bestand natürlich darin, daß der Mann oben lag. Nun, auch wenn Sie gehört haben, daß dies eine sehr konservative und simple Art des Geschlechtsverkehrs ist, so ist diese Stellung doch ausgezeichnet und nützlich. Sie eignet sich besonders für Anfänger, und auch erfahrene Liebende kehren oft zu ihr zurück. Aber natürlich ist sie nicht die *einzige* Stellung.

Die Frau liegt auf dem Rücken. Ihre Beine sind gespreizt und die Knie leicht nach außen gebogen. Der Mann liegt mit dem Gesicht nach unten über ihr, zwischen ihren Beinen, und stützt sich dabei mit seinen Ellbogen und den Knien ab. Die beiden liegen Schenkel auf Schenkel, Bauch an Bauch, Brust an Brust. In dieser Stellung kann er mit seiner Hand seinen bereits erigierten Penis in ihre feuchte Vagina einführen. Und zwar sehr leicht. Sie kann ihm dabei helfen, wenn sie mag. Er stößt in sie hinein, zieht sich ein wenig zurück, stößt dann erneut zu, wobei sie jeden seiner Stöße durch Bewegungen ihres Beckens erwidert. Diese Bewegungen lassen sich auf unterschiedliche Weise variieren. Die beiden können sich kreisförmig oder in Form einer »8« aneinanderreiben oder sich gemeinsam bewegen, ohne daß er stößt. Die Frau kann mit ihren Vaginal-Muskeln seinen Penis rhythmisch drücken.

Die beiden küssen und liebkosen sich das Gesicht, die Haare, den Oberkörper; sie kann ihre Hände auf seine Hinterbacken legen und ihn näher an sich drücken, ihn fest in ihren Armen halten, seine Hoden streicheln.

Eine weitere Variante dazu: sie liegt mit geschlossenen Beinen auf dem Rücken und er umschließt ihre Beine mit seinen. Diese Stellung ist sehr gut geeignet, wenn sie seinen Penis fest in ihrer Vagina umschließen will oder wenn sie ihn noch in sich behalten will, obwohl er bereits verausgabt und erschlafft ist. Außerdem kann sie dabei ihr Becken viel freier bewegen.

Sie kann auch auf dem Rücken liegend ihre Knie bis an die Schultern hochziehen, mit ihren Beinen seine Hüften umschlingen oder sie um seine Schultern legen. Alle diese Variationen erleichtern den Zugang zu ihrer Vulva, den Eingang der Vagina. Ein Kissen unter ihrem Po verstärkt diese Wirkung noch.

In dieser Stellung – er oben, sie unten – kann der Mann sehr gut seine Stoßbewegungen kontrollieren, so daß er seine Ejakulation zurückhalten kann, bis der beste Augenblick gekommen ist – kurz vor oder nach ihrem Höhepunkt.

Die Frau oben

Viele Paare, nicht nur die Frauen, mögen diese Stellung am liebsten, weil sie dabei die Kontrolle über die Bewegungen hat. Der Mann liegt dabei auf dem Rücken, sein Penis ist erigiert und bereit, so daß sie sich auf ihn setzen und ihn so in ihre Vagina aufnehmen kann.

Sobald er eingedrungen ist, kann die Frau sich ganz auf ihn sinken lassen, wobei ihr Oberkörper von den Hüften aufwärts aufgerichtet bleibt. Sie kann sich aber auch mit vorsichtigen Bewegungen auf seinen Körper legen, so wie er in der zuvor geschilderten Missionarsstellung auf ihr liegen würde. Dabei kann sie sich auch umdrehen, so daß sie ihm den Rücken zukehrt und auf seine Füße schaut.

In dieser Stellung bestimmt die Frau, wie tief der Penis in ihre Vagina eindringt und wie schnell und kräftig die Stöße erfolgen, und sie kann sich zusätzlich damit stimulieren, daß sie mit ihrer Klitoris auf seinem Schambein hin und her reibt. Für den Mann, der bei dieser Stellung seine Hände und Arme frei hat, ergibt sich dabei die Möglichkeit, sie auf unterschiedliche Weise zu berühren und zu streicheln: ihre Hinterbacken, ihre Brüste, ihre Klitoris. Für beide Partner ist diese Stellung deshalb sehr reizvoll.

Als zusätzliche Variation kann die Frau sich in einem Winkel schräg über den Mann legen und ein Bein zwischen seine Beine schieben. Damit erhalten beide Partner sehr viel mehr Bewegungsfreiheit.

Auf der Seite

Wenn ein Paar diese Stellung probiert, empfiehlt es sich, mehrere Kissen in Reichweite zu haben, um sie bei Bedarf unterlegen zu können. Auf der Seite liegend, kann man dann mehrere unterschiedliche Beinhaltungen ausprobieren. Zuerst seine Beine zwischen ihren, dann ihr oberes Bein über seinen, wobei ihr anderes Bein das gesamte Gewicht trägt. Das wird ihr vielleicht zu schwer sein, deshalb versuchen sie bald etwas anderes. Jetzt umklammert er ihre Beine mit den seinen, und alles Gewicht ruht auf seinem unteren Schenkel. Dann kann er auch versuchen, sein oberes Bein an den Körper zu ziehen, zwischen ihren Beinen, um auf diese Weise zusätzlich ihre Klitoris zu stimulieren.

Von hinten

Auch in dieser Stellung wird der Penis in die Vagina eingeführt, nicht etwa in den Anus. Eine sehr erregende Stellung mit vielen möglichen Varianten. Ich schlage vor, diese Positionen auszuprobieren, wenn sich das Paar in einer besonders verspielten und experimentierfreudigen Stimmung befindet.

In einer der Varianten liegt die Frau mit dem Gesicht nach unten und hebt dann ihre Hüften an, wobei sie sich auf die Knie und den Brustkorb stützt und den Kopf zur Seite dreht. Der Mann kniet hinter ihr und dringt mit dem Penis in ihre Vagina ein.

Oder die beiden liegen in der Löffelchen-Position auf der Seite, und er führt seinen Penis zwischen ihren Beinen in die Vagina ein.

Oder er sitzt auf der Bettkante, während sie sich rücklings auf seine Schenkel setzt und seinen Penis in sich aufnimmt.

Oder sie stellt sich hin und beugt sich vornüber, wobei sie sich mit den Händen auf ein geeignetes Möbelstück stützt.

In allen diesen Stellungen haben beide Partner sehr viele Möglichkeiten, sich gegenseitig zu berühren und zu streicheln – insbesondere kann er während des Koitus mit seinen Fingern ihre Klitoris stimulieren. Auf jeden Fall sind diese Stellungen eine aufregende Abwechslung. Wie aufregend sie sein können, das entscheiden und entdecken Sie am besten selbst.

Im Sitzen, einander zugewandt

Er sitzt auf einem geraden Stuhl oder auf der Bettkante, während sie sich, mit dem Gesicht zu ihm gewandt, auf seinen Schoß setzt und auf den Penis herunterläßt.

Im Stehen

Sie lehnt sich dabei mit gespreizten Beinen an eine Wand. Er dringt in sie ein, wobei er seine Knie leicht beugt (vorausgesetzt er ist mindestens so groß wie sie oder sogar größer). Diese Stellung hat sich auch im Freien bei schlechtem Wetter schon oft bewährt. Aber versuchen Sie sie auf keinen Fall bei Gewitter unter einem Baum!

Wenn der Mann kräftig genug oder die Frau sehr zierlich ist, dann macht es sehr viel Spaß, wenn sie nach dem Eindringen des Penis sich fest an ihn klammert und ihre Beine um seine Hüften schlingt.

Bei diesen letztgenannten Stellungen ist die psychologische Wirkung weit wichtiger als alle anderen Vorzüge, die damit verbunden sein mögen. Der Gedanke, daß der Mann sie tatsächlich selbst trägt und sie während des Koitus ganz für sich allein hat, ist sowohl für den Mann als auch die Frau sehr reizvoll.

Befriedigung

Häufig masturbieren sich gute Liebhaber gegenseitig, entweder als Vorspiel oder als eigene Form des Liebesspiels mit dem Ziel, einen Orgasmus auszulösen. Das können sie sowohl gleichzeitig als auch abwechselnd tun, wobei es im letzteren Fall wahrscheinlich mit mehr Aufmerksamkeit und Hingabe geschieht. Da die meisten Menschen wissen, wie sie sich selbst manuell befriedigen können, ist es am besten, wenn jeder seinen Partner oder seine Partnerin in diese Kunst einweiht.

Wenn die Frau ihren Partner mit dem Mund erregen oder auch zum Orgasmus bringen will, dann kann sie sich entweder zwischen seinen Beinen auf das Bett oder auf den Fußboden neben dem Bett knien oder auch eine andere geeignete Stellung einnehmen, bei der sie mit dem Kopf bequem seinen Schoß erreicht.

Meistens wird sie damit beginnen, seinen Penis mit den Fingern zu berühren, ihn sanft anzuheben und dann wieder fallenzulassen und den Schaft und die Hoden zu streicheln, vielleicht sogar ganz vorsichtig mit ihren scharfen Fingernägeln! Sie küßt die Eichel, knabbert und leckt den Schaft, nimmt die Hoden ganz oder teilweise in den Mund und bemüht sich so, wie es ihr gerade einfällt, das männliche Organ dazu zu bewegen, sich aufzurichten. Schließlich nimmt sie die

Eichel und den Schaft in den Mund, wobei sie sorgfältig darauf achtet, ihn nicht mit ihren scharfen Zähnen zu verletzen, und ahmt mit dem Mund die stoßweisen Bewegungen des Koitus nach. Manche Frauen können ihre Halsmuskulatur so entspannen, daß sie, ohne zu ersticken oder zu würgen, den Penis fast vollständig in den Mund nehmen können – aber betrachten Sie das nur als ein Ziel, das Sie nicht gleich beim zweiten oder dritten Mal erreichen müssen. Wenn Sie wollen, können Sie den Samen auch schlucken, er hat kaum Eigengeschmack und ist ohne weiteres verdaulich. Wenn Sie das nicht wollen, dann bitten Sie den Mann, Sie rechtzeitig zu warnen, damit Sie das Ejakulat in einem Papiertüchlein oder auf andere Weise auffangen können. Für die Frau besteht dabei das Vergnügen darin, ihn erregen und befriedigen zu können – wobei besonders die Methode des Start-und-Stop zu einer beeindruckenden Ejakulation führen kann.

Es kommt vor, daß eine Frau mit zunehmender Geschicklichkeit und Erfahrung eines Abends oder Nachmittags beschließt, den Samen trotzdem hinunterzuschlucken, aber zwingen Sie sich nicht dazu. (Das gilt für beide Partner!)

Wenn der Mann seine Partnerin mit dem Mund erregen oder zum Höhepunkt bringen will, dann beginnt er in der Regel damit, daß er liebevoll ihren Bauch, ihren Venushügel und die Innenseiten ihrer Schenkel küßt und sich dann auf die äußeren Genitalien konzentriert, wobei er an den Schamlippen knabbert und saugt und die Umgebung der Klitoris leckt.

Vielleicht hat sie es gerne, wenn er mit der Zunge direkt dieses empfindliche Organ reizt, aber er sollte dabei mit Vorsicht und Zartheit vorgehen, denn dieses Zentrum so lustvoller Empfindungen kann leicht überreizt werden.

Finden Sie heraus, was ihr gefällt, und lassen Sie sich von ihren Worten oder ihren Händen dabei führen!

Es ist sehr wichtig, daß der Mann das auch wirklich will. Wenn es ihm unangenehm ist oder er keine Lust hat, dann ist es für beide Partner wenig angenehm. Auch bei dieser Methode gilt, daß sie keineswegs unbedingt erforderlich ist und auch nicht unbedingt zu Ihrem Repertoire gehören muß.

Ich habe natürlich nicht alle möglichen Formen des Liebesspiels beschrieben, sondern mich auf die wichtigsten beschränkt, damit Sie einen Einblick bekommen, welche Welt der Liebe darauf wartet, von Ihnen entdeckt zu werden. Mit zunehmender Erfahrung wird ein Liebespaar immer neue Varianten entdecken, die Lust und Freude machen. Lassen Sie dabei Ihrer Phantasie freien Lauf – innerhalb gewisser Grenzen ist alles erlaubt. Machen Sie also nicht den Versuch, sich am Kronleuchter schaukelnd zu lieben.

23.

Wenn das Baby kommt

Wenn das Baby kommt, ist es zuerst noch ganz versteckt und macht sich dann langsam immer stärker bemerkbar, wenn der Bauch der Mutter wächst und sie immer stärkere Bewegungen darin verspürt. Während des ersten Trimesters der Schwangerschaft, also in den ersten drei Monaten, sind die Eltern häufig unsicher und sehr vorsichtig, was den gemeinsamen Sex angeht, insbesondere wenn es sich um die erste Schwangerschaft handelt. Selbst wenn sie gesagt bekommen, daß es völlig ungefährlich ist, verzichten sie vielleicht trotzdem darauf, weil es schließlich *ihr* Kind ist und sie kein Risiko eingehen wollen. Im zweiten Trimester legt sich dann meist die Angst vor einer Fehlgeburt, und die beiden lieben sich wieder ganz entspannt. In den letzten drei Monaten wird ihr Bauch ziemlich umfangreich sein, und je näher die Geburt rückt, desto besorgter werden die beiden und dazu neigen, Sex zu vermeiden.

Nach der Geburt des Babys sollte man vernünftigerweise eine Zeitlang ganz auf Sex verzichten, aber nach dieser Zeit kann es durchaus ein Zeichen von tiefer liegenden Problemen sein, wenn einer der beiden jegliche sexuelle Aktivitäten vermeidet.

An dieser Stelle möchte ich auf einige häufig gestellte Fragen eingehen, die sich auf die Schwangerschaft und die Zeit danach beziehen, wenn ein neues Familienmitglied da ist.

Bevor ich zu diesen Fragen komme, noch ein Wort über einen verbreiteten Volksglauben zum Thema Sex während der Schwangerschaft: es heißt, daß das Baby auf diese Art ernährt werde. Oder daß es zumindest eine hervorragende Zusatzernährung für das Kind im Mutterleib sei. Dieser Aberglaube kann dazu dienen, den Partner zum gemeinsamen Sex während der Schwangerschaft zu ermutigen, und hört sich wirklich sehr lustig an, aber natürlich entbehrt er jeder Grundlage. Warum ich »natürlich« sage? Nun, wenn Sie diese Geschichte glauben, dann sind Sie wirklich ungeheuer naiv und sollten sich gründlich darüber informieren, wie das ungeborene Kind im Mutterleib ernährt wird!

Und nun zu den Fragen.

»Dr. Ruth, mein Mann und ich treiben es ziemlich wild, wenn wir uns lieben. So haben wir es eben gerne. Jetzt bin ich schwanger, und wir sind sehr unsicher in diesem Punkt, ich ebenso wie er. Ich bin der Meinung, wir sollten es trotzdem tun, weil ich wegen dieser Schwangerschaft nicht so ein großes Theater machen will. Aber woher weiß ich, daß wir uns dabei nicht gehen lassen und vielleicht etwas tun, was eine Fehlgeburt auslösen könnte?«

Nun, Sie sollten es in der Tat so wie die Igel machen: sehr, sehr vorsichtig! Das werden Sie bestimmt schaffen. Haben Sie sich schon einmal auf Zehenspitzen nach einer späten Verabredung ins Haus geschlichen, um Ihre Eltern nicht zu wecken? Oder Eierlaufen gemacht? Mikado gespielt? Eine Nähnadel eingefädelt? Es gibt viele Dinge, die wir still und vorsichtig machen müssen. Und was die Liebe angeht, so muß es nicht immer wild und grob sein. Im Gegenteil, sexuelle Feinschmecker bevorzugen gerade langsame, spielerische Liebesmethoden, die den Orgasmus hinauszögern.

Wenn Sie beim normalen Liebesspiel mit dem Penis in der Vagina Hemmungen haben, dann sollten Sie eine Alternative probieren – indem Sie sich gegenseitig mit der Hand, mit der Zunge oder mit Nase oder Zehen befriedigen oder durch Reiben zwischen den Brüsten, unter den Achseln, usw.

Aber Sie können durchaus auch Vaginalverkehr wagen, sofern der Gynäkologe das nicht ausdrücklich untersagt hat. Dies ist eine günstige Gelegenheit zum Abweichen von der üblichen Missionarsstellung mit dem Mann oben, da die meisten gerade vor dieser Stellung zurückschrecken. Es ist wirklich keine besonders gute Idee, wenn der Mann mit seinem Gewicht auf dem wassergefüllten Bauch mit dem Baby liegt und sich womöglich noch heftig bewegt. Die entgegengesetzte Stellung, bei der die Frau oben liegt, ist besser, weil sie dann die Kontrolle hat. Seitenlage ist ebenfalls gut. Koitus von hinten, Penis in der Vagina, in Seitenlage ist eine sehr ruhige und nicht anstrengende Methode, wenn sie sich auf den Rücken legt und die Füße auf den Boden stellt, so daß ihre Genitalien sich etwa an der Bettkante befinden, dann kann er sich hinknien und in sie eindringen, ohne sie mit seinem Gewicht zu belasten.

»Sind die Kontraktionen und die Aufregung beim Orgasmus für das Baby nicht schädlich?«

Im allgemeinen nicht. Das Baby spürt in der Regel nichts davon, denn diese Dinge haben nur die Wirkung, der Mutter Lust zu verschaffen! Ein Orgasmus ist zwar ein wundervolles Erlebnis, aber er spielt sich nur in einem verhältnismäßig eng umgrenzten Bereich ab und betrifft nur wenige kleine Muskeln und Nervenendorgane. Es ist keineswegs so wie bei einem Vulkanausbruch. Allerdings gehört bei manchen Menschen zum Orgasmus eine gewisse Schauspielerei – sie krümmen den Rücken, schreien laut, schlagen um sich und werfen sich hin und her. *Zu Ihrer eigenen Beruhigung* sollten Sie vielleicht während Ihrer Schwangerschaft auf diese Art von Dramatisierung verzichten. Darüber hinaus kann es in seltenen Fällen vorkommen, daß die Kontraktionen beim Orgasmus vorzeitige Wehen auslösen – in diesem Falle sollten Sie mit Ihrem Arzt sprechen. Im allgemeinen jedoch gefährdet ein Orgasmus das Baby in keiner Weise.

»Haben Sie schon einmal davon gehört, daß dieses Eindringen des Penis in seinen Bereich für das Baby wie eine Bedrohung ist und ein seelisches Trauma auslösen kann?«

Diese Vorstellung geht zurück auf die Zeit, in der eine wahre Freud-Manie herrschte und man Freuds Theorien zur Grundlage von allen möglichen Ideen und Empfehlungen machte, die Freud selber sicherlich nicht gebilligt hätte. Der Penis kann ohne weiteres in die Vagina aufgenommen werden, ohne das Baby im Uterus im geringsten zu stören. Es ist genug Platz für beide, und das Baby nimmt so etwas überhaupt nicht wahr. Bei einem plötzlichen lauten Geräusch erschrickt das Baby, was die Mutter deutlich fühlen kann, aber ein ruhiges Liebesspiel ist völlig harmlos.

»Wie lange sollte man nach der Geburt mit dem Sex warten?«

Sechs Wochen. Fragen Sie bitte Ihren Arzt, aber sechs Wochen sind völlig ausreichend, um die Episiotomie ausheilen zu lassen, d. h. den kleinen Schnitt, den der Arzt – bei der Geburt – in die Vagina macht. Bei einer Geburt durch Kaiserschnitt gilt etwa die gleiche Zeitspanne, aber auch hier sollten Sie Ihren Arzt konsultieren. Sechs Wochen sind eine schöne runde Zahl und eine ziemlich sichere Angabe, die von den Ärzten bevorzugt wird. Nach dieser Zeit sind alle Schnitte normalerweise *sehr gut* verheilt.

»Warum vermeidet man Sex während und nach der Schwangerschaft?«

Dafür gibt es sehr viele Gründe, aber man sollte dabei vor allem nicht vergessen, daß nicht jedes Paar diese Art von Enthaltsamkeit durchmacht. Es gibt allerdings genug Fälle, in denen es ein kleines Problem gibt, so daß sich niemand deswegen Gedanken machen sollte. Es gibt ganz einfach kein Gesetz, daß es so sein muß. Wenn es jedoch wirklich auftritt, dann seien Sie vor allem geduldig und liebevoll und erinnern Sie Ihren Partner zärtlich daran, daß es so etwas wie körperliche Liebe gibt und Sie es gern mit ihr (oder ihm) tun. Die Vermeidung sexueller Aktivitäten kann von beiden Partnern ausgehen, sowohl vom Mann als auch von der Frau, und der Befürchtung entspringen, daß die Vagina verletzt werden könnte, weil sie schmerzt oder empfindlich ist.

Nach der Geburt des Kindes kommt vielleicht die Angst vor einer erneuten Schwangerschaft hinzu. Die Mutter fühlt sich völlig erschöpft und so von ihren mütterlichen Pflichten in Anspruch genommen, daß sie unfähig ist, sich zu entspannen und an sexuelle Lust zu denken oder ihrem Mann Liebe zu schenken. Für eine gewisse Zeit entwickelt sie vielleicht eine Art Antipathie gegen den Sex, weil er die Ursache für so viel Sorgen, Schmerzen und Arbeit war. Wenn das Baby häufig nachts wach wird, ist sie vielleicht übermüdet und gereizt. Oder sie leidet unter den hormonellen Veränderungen in ihrem Körper – die möglichen Gründe sind vielfältiger Art.

Und natürlich gibt es auch Menschen, die mit ihrem Sexualleben unzufrieden waren, die Schwangerschaft als einen willkommenen Anlaß nahmen, den Sex aufzugeben, und jetzt nicht wieder damit anfangen wollen. In einem solchen Fall ist eine Beratung oder Therapie erforderlich.

»Ist es in Ordnung, miteinander zu schlafen, wenn das Baby im selben Raum ist, weil es das Schlafzimmer der Eltern teilt?«

Ich finde es besser, wenn das Baby in einem nahegelegenen anderen Raum schläft, wo Sie es hören, aber gleichzeitig auch Ihre Ruhe haben und für sich sein können. Dann brauchen sich die Eltern beim Sex auch keine Scheu aufzuerlegen. Es ist nicht so, daß der Sex das junge Baby stört. Im Gegenteil, das Baby wird eher den Sex der Eltern stören. Und wenn das Baby von Anfang an ein eigenes Zimmer hat, dann braucht es sich später nicht erst mühsam an das Alleinsein zu gewöhnen (mit oder ohne Nachtlicht, denn es gibt keinen Grund, das Kind in einem völlig dunklen Raum zu lassen).

Wenn das Baby daran gewöhnt ist, mit den Eltern zusammen in einem Raum zu schlafen, dann kommt irgendwann der Zeitpunkt, an dem es sein eigenes Zimmer bekommen sollte, wenn es sich irgendwie ermöglichen läßt. Natürlich ist das nicht immer möglich, und in einem solchen Fall muß man einfach damit leben und versuchen, sich irgendwie eine Möglichkeit zu schaffen, ungestört miteinander zu schlafen. Am besten ist es jedoch, wenn die Eltern ein eigenes Zimmer haben zum Schlafen und für die Liebe.

Wenn das Kind zum erstenmal nachts allein ist, wird es oft laut rufen, um die gewohnte Aufmerksamkeit zu empfangen. Gehen Sie zu ihm und beruhigen Sie es, und nach kurzer Zeit wird es sich daran gewöhnen, allein in seinem Zimmer zu schlafen, statt sich ständig mit Gewalt wachzuhalten.

»Und wenn das Kind plötzlich ins Zimmmer kommen sollte, während wir uns lieben?«

Und wenn? Und wenn? Was soll das heißen? Es wird *bestimmt* reinkommen! Irgendwann steht plötzlich ein kleines Wesen im Zimmer, während Sie gerade in voller Aktion sind. Überhaupt kein Problem. Wenn das Kind fragt, was Sie da machen, dann sagen Sie ganz einfach, daß Sie sich lieben, und lassen Sie es dabei bewenden. Versuchen Sie gar nicht erst, sich irgendeine alberne Ausrede oder Lüge auszudenken, und reagieren Sie auch nicht schuldbewußt, als hätte Sie der Hauptmann der Wache erwischt.

Häufig ist es so, daß das Kind ins Zimmer kommt und sofort ganz ruhig zu Ihnen ins Bett kriecht, ohne etwas zu bemerken oder ein Wort zu sagen, weil es heute abend einfach nur näher bei seinen Eltern schlafen will. Wenn das Kind doch etwas bemerkt haben sollte, dann wird es das in der Regel für ein Spiel der Eltern halten.

Ich schlage vor, Sie installieren innen an Ihrer Schlafzimmertür einen Haken oder Riegel. Wenn das Kind an der Tür ist, haben Sie genug Zeit, Ihr Liebesspiel abzubrechen. Im Notfall ist es sehr viel leichter, den Haken oder Riegel zu lösen, als die verschlossene Tür aufzuschließen. Sie können aber auch einfach einen Stuhl vor die Tür schieben.

Wenn das Kind älter wird und anfängt, Fragen zu stellen – z. B.

»Was macht der Papi da mit dir?« oder »Warum hast du so geweint?« –, dann sagen Sie einfach, daß er Sie geliebt hat – das sei
etwas, was Erwachsene tun und was Mami sehr gern hat. Und Sie
hätten nicht geweint, sondern würden immer solche Töne von sich
geben, wenn etwas sehr schön ist.

24.

Verhütungsmaßnahmen in der Ehe

Eheleute (und alle anderen Paare, die zusammen leben) sollten alles über Verhütungsmittel wissen. Vielleicht ist die plötzliche Nachricht über die bevorstehende Ankunft eines kleinen Fremdlings in der Familie für sie kein so großes Problem wie für zwei unverheiratete Teenager, aber eine ungeplante Schwangerschaft verändert auf jeden Fall das ganze Leben zweier Menschen. Sie bedeutet vielleicht den Verzicht auf berufliches Fortkommen für einen oder sogar beide Partner. Abtreibung? Nun, es gibt religiöse Menschen, für die eine Abtreibung nicht in Frage kommt, und für die anderen ist eine Abtreibung immer eine bittere Erfahrung, wenn die Beteiligten wissen, daß sie vermeidbar gewesen wäre.

Ich plädiere mit allem Nachdruck für zwei einfache und seit langem bewährte Verhütungsmittel – das Kondom und das Pessar. Diese beiden Methoden propagiere ich auch in meiner Fernsehshow und meinen Vorträgen, und ich möchte in diesem Kapitel noch einmal ausführlich darlegen, warum ich sie den anderen Methoden der Empfängnisverhütung vorziehe. Als verantwortungsvolle Liebende sollten Sie allerdings auch wissen, welche Mittel und Methoden Ihnen außerdem noch zur Verfügung stehen und was ihre jeweiligen Vor- und Nachteile sind. Dann können Sie selbst entscheiden, welche Risiken Sie eingehen wollen, denn es gibt keine Methode, die für alle Menschen hundertprozentig befriedigend wäre.

Der Legende nach gab es in der Zeit vor dem Zweiten Weltkrieg ein Ehepaar, das eine sehr witzige Geburtsanzeige aufgab: »Ein freudiges Ereignis wird anvisiert – es gibt eben nichts, was perfekt funktioniert.« Heute dagegen gibt es durchaus Verhütungsmethoden, die hundertprozentige Sicherheit gewährleisten, allerdings auf Kosten anderer schwerwiegender Nachteile. Trotzdem haben Sie vielleicht Grund, eine von diesen Methoden anzuwenden – aber Sie sollten alle Fakten kennen, bevor Sie Ihre ganz persönliche Entscheidung treffen. (Der Gynäkologe wird in einigen Fällen einer Frau aus medizinischen Gründen bestimmte Verhütungsmethoden verweigern und jede Verantwortung für die Gesundheit seiner Patientin ablehnen, wenn sie seinen Anweisungen nicht Folge leistet.)

Es gibt noch einen weiteren Grund, warum ein Ehepaar alle Fakten kennen und umfassend informiert sein sollte. Es werden immer wieder

Menschen zu Ihnen kommen und Sie als erfahrene Erwachsene um Rat fragen – ein Freund oder eine Freundin, ein Bruder oder eine Schwester. In solchen Fällen werden Sie erleichtert sein, wenn Sie Ihr fundiertes Wissen weitergeben können oder ein verläßliches Buch über das Thema zur Hand haben.

Ich möchte, daß jeder einzelne von Ihnen genau weiß, was er jüngeren Menschen zu diesem Thema sagen sollte. Hundertmal und öfter habe ich deutlich zu machen versucht, daß sexuelle Beziehungen ohne Empfängnisverhütung – wenn man sich nicht ausdrücklich ein Kind wünscht und in der Lage ist, es aufzuziehen – eine fast schon kriminelle Handlungsweise darstellen. Ich bin viel zu bescheiden (wirklich!), als daß ich behaupten würde, dafür sei ich berühmt geworden, aber es kommt immer wieder vor, daß mich wildfremde Menschen auf der Straße grüßen, mir mit dem erhobenen Finger ein Zeichen geben und sagen: »Mit Verhütungsmittel!« Dabei lächeln sie und bemühen sich, meinen Tonfall nachzuahmen. Um der Wahrheit die Ehre zu geben: Manche von ihnen imitieren mich dabei wirklich ganz hervorragend.

Ich finde das großartig! Jedesmal wenn sie das sagen, prägt sich ihnen dieser Satz noch fester im Gedächtnis ein. Und das ist gut so.

Kondome

Aus Ihrer Sicht sind Kondome vielleicht etwas für Jugendliche. Nun, ich wünsche mir, jeder sexuell aktive junge Mann würde seinen Beitrag zur Empfängnisverhütung leisten, indem er jedesmal ein Kondom benutzt, wenn er seinen Penis in eine Vagina steckt, aber es ist auch für erfahrene Partner sehr nützlich, immer einen Vorrat an Kondomen in der Nachttischschublade zu haben. Ganz einfach als bewährtes Hilfsmittel für Notfälle. Nehmen Sie doch nur einmal an, die Dame hätte vergessen, regelmäßig ihre Pille zu nehmen! Oder die Packung mit dem Schaum ist leer! Oder Sie haben das Pessar im Schlafzimmer des Holiday Inn liegen lassen!

Hier eine kleine Szene aus dem wirklichen Leben: Toby, ein liebevoller Ehemann, wacht im Bett neben seiner geliebten Frau auf und fühlte sich nach dem wundervollen sexuellen Erlebnis des vergangenen Abends angenehm entspannt und glücklich. Er dreht sich um und kuschelt sich eng an seine Frau, sie machen »Löffelchen«. Irgendwie wird sein Penis steif. Er spürt, daß seine Frau wach ist. Gleich darauf steht sie auf, verschwindet im Badezimmer und kriecht dann wieder zu ihm ins Bett. Sie ist so bewundernswert schnell und geschickt! Vor wenigen Augenblicken trug sie noch ihr Nachthemd, und jetzt ist sie nackt. Aber sie sagt zu ihm: »Zieh ihm lieber eine Tarnkappe über, mein Schatz.«

»Wirklich?«

»Es ist wirklich besser so.«

»Hast du das Pessar noch drin, mein Engel?«

»Ja, aber es ist noch zu früh, um es rauszunehmen, und viel zu riskant, nur Creme zu benutzen. Der Schaum ist alle.«

»Also gut, wenn das so ist.« Er angelt sich ein kleines Päckchen aus der Nachttischschublade und öffnet es. Den Gummi zwischen den Fingern haltend, starrt er verträumt an die Decke.

»Streif ihn schon über!« mahnt seine Frau. »Die Zeit drängt.«

»Aber er ist nicht mehr so wie vorher«, sagt er.

»Nun, das werden wir gleich haben«, meint sie fröhlich. »Ich will nur noch schnell den verflixten Wecker abstellen.« Nachdem das erledigt ist, schlägt sie die Bettdecke zurück und klopft mit dem Finger sanft auf den schlafenden Penis. »Auf, auf, mein müdes Kerlchen«, sagt sie. »Morgenstund' hat Gold im Mund! Immer rein ins Vergnügen!«

»Alles schon wach und willig?« fragt Toby.

»Und wie«, antwortete sie und meint damit, daß auch sie da unten schon ganz feucht ist. Sie schnurrt, liebkost den Penis, und es dauert nicht lange, bis er sich zu seiner vollen Größe aufrichtet. Sie nimmt Toby das Kondom aus der Hand, streift es geschickt über den aufrechten Penis und setzt sich dann über ihn, wobei sie mit ihren Fingernägeln seinen Hodensack sanft berührt, damit diese schöne Erektion nicht verlorengeht. Dann nimmt sie ihn in sich auf.

Die Szene macht sehr schön deutlich, wie ein Paar spontan und begeistert sein kann, ohne gleichzeitig die notwendigen Vorsichtsmaßregeln außer acht zu lassen. Das Vergnügen wird dadurch keineswegs gemindert – jedenfalls nicht, wenn man das Überstreifen des Kondoms über den Penis als Teil des (in diesem Falle eher kurzen) Vorspiels betrachtet.

Spontan sein heißt nicht: »Los, komm! Nicht nächste Woche, nicht morgen, nicht in einer Stunde – tun wir es jetzt!« Worauf er seine Hosen fallen läßt und sie sich auf den Rücken fallen läßt. Statt dessen kann man bei diesen Worten schnell zur Kommode hinüberlaufen, wo die Kondome aufbewahrt werden. Wenn Sie dann mit dramatischer

Geste die Packung aufreißen, sollten Sie allerdings darauf achten, daß Sie dabei die zarten Hüllen nicht verletzen.

Wenn ich in einem meiner Vorträge über Kondome spreche, dann streife ich mir einen über den Finger, und jeder darf ihn anfassen. So kann jeder feststellen, wie wenig Gefühl mit dem Kondom verlorengeht. Wenn ein Paar zusammen ist und sich gut versteht, dann kann es ein Spiel daraus machen, mit dem Kondom zu üben. Eines weiß ich ganz genau – wenn die Dame will, daß er seine Erektion behält, dann wird sie es schon schaffen. Sie streift ihm das Kondom über, und wenn die Erektion dabei ein wenig zurückgeht, kann sie sie ganz schnell wieder zum Leben erwecken, indem sie zärtlich mit dem Penis spricht, ihn streichelt, mit ihren Brüsten darüber streicht, die Hoden liebkost...

Das Kondom oder auch Präservativ ist eine nahtlose Gummihaut, die man wie einen Luftballon aufblasen kann – aber wenn Sie das tun, sollten Sie es anschließend nicht mehr als Empfängnisschutz verwenden, denn durch die Dehnung wird das dünne Gummi beansprucht und kann vielleicht durchlässig werden. Wenn man ein Kondom kauft, dann ist es in der Regel bis auf ein kleines Stück an der Spitze zu einer Art Ring aufgerollt. Dieses Ende wird über die Eichel des erigierten Gliedes gestreift und so gehalten, daß ein oder zwei Zentimeter Platz bleiben, um den bei der Ejakulation austretenden Samen aufzufangen. Dann streift man die Gummihaut über die ganze Länge des Penis. Manche Kondome haben am Ende eine kleine Ausbuchtung, um den Samen aufzufangen. Wenn kein Platz vorhanden ist, um den Samen aufzunehmen, dann wird die Flüssigkeit seitlich am Penis herunterlaufen und ihn so glitschig machen, daß das Kondom abrutschen und auf diese Weise der Samen in die Vagina gelangen kann.

Der mit einem Kondom geschützte Penis ist so gleitfähig, daß er ohne Schwierigkeiten in eine ausreichend feuchte Vagina eingeführt werden kann, aber manchmal kann es erforderlich sein, den Gummi von außen anzufeuchten. In solchen Fällen empfiehlt sich ein besonderes Gleitmittel, aber im Notfall tut es auch Speichel. Auf keinen Fall sollten Sie jedoch Vaseline nehmen, da diese den Gummi angreifen könnte.

Ein Kondom sollte nur einmal benutzt werden. Auch wenn Sie noch so geschickt oder vorsichtig sind, wird ein Teil des Ejakulats vom erstenmal wahrscheinlich an der Außenseite des Kondoms hängenbleiben.

Wenn Sie Ihren Penis aus der Vagina ziehen, sollten Sie dabei vorsichtshalber das Kondom am unteren Ende mit den Fingern festhalten, damit es nicht abrutscht. Außerdem ist es besser, den Penis schon dann zurückzuziehen, wenn er noch teilweise erigiert ist, da sonst die Gefahr besteht, daß das schlaffe Glied aus dem Kondom herausrutscht. Dann nehmen Sie das Kondom ab und werfen es sofort weg. Benutzen Sie auf jeden Fall ein frisches Kondom für den nächsten Sexualakt, ganz gleich wann er stattfindet – fünf Minuten später, am nächsten Abend oder wann auch immer.

Wenn Eheleute einen Vorrat an Kondomen in der Nachttischschublade aufbewahren, dann ist das eine sehr viel bessere Methode, als wenn ein Schuljunge sie monate- oder sogar jahrelang in seiner Hosentasche mit sich herumträgt. Durch die Körperwärme, die Reibung und die ganz normale Alterung wird das Gummi im Laufe der Zeit spröde. Selbst in einer Schublade aufbewahrt, wird ein Kondom nach einer Lagerzeit von vierundzwanzig Monaten wahrscheinlich keinen sicheren Schutz mehr gewährleisten.

Wählen Sie beim Kauf ein Markenfabrikat eines erfahrenen Herstellers und benutzen Sie das Kondom so, wie Sie es aus der Packung nehmen. Sie sollten es also auf keinen Fall vorher testen, indem Sie es aufblasen oder mit Wasser füllen, um zu sehen, ob es ein Loch hat. Diese allzu wissenschaftliche Vorgehensweise kann das Gummi ebenfalls so stark in Mitleidenschaft ziehen, daß die Sicherheit nicht mehr garantiert ist, auch wenn sich dabei kein Leck zeigt.

Es gibt zwei grundsätzlich verschiedene Arten von Kondomen. Die einfachen sind völlig ausreichend, solange man beim Überstreifen über den Penis ausreichend Platz läßt, um den Samen aufzunehmen. Luxusausführungen – »gefühlsstark« mit Rippen oder Noppen – sollen zwar die Empfindungen bei der Frau verstärken, sind aber nur ein Gag. Meistens sind die Noppen oder Rippen so weit am oberen Ende des Kondoms, daß sie mit den empfindlichen Partien der Vagina und des Scheideneingangs überhaupt nicht in Berührung kommen.

Nur geringfügig teurer sind Kondome, die bereits mit einem Gleitmittel »befeuchtet« sind und die Empfindungen für den Mann eher verstärken als verringern sollen. Allerdings besteht die Gefahr, daß diese Kondome auch leichter abrutschen.

Manche Menschen sind allergisch gegen Gummi und bekommen bei Verwendung von Gummi-Kondomen einen Hautausschlag im Genitalbereich. Solche Fälle sind glücklicherweise sehr selten. Dennoch gibt es dafür sogenannte »Naturhaut«-Kondome, die aus Gewebe von Lämmern hergestellt werden und anti-allergisch sind. Abgesehen von solchen seltenen und vorübergehenden Hautreizungen ist die Verwendung von Kondomen für Männer wie für Frauen völlig unschädlich und garantiert einen außerordentlich sicheren Schutz gegen unerwünschte Empfängnis.

Eine kleine geschichtliche Anmerkung: Das Kondom galt bei Armeeärzten und anderen, die mit Geschlechtskrankheiten zu tun hatten, als ausgezeichnetes Prophylaktikum. Es bildet eine wirksame Barriere gegen eine Infektion mit Gonorrhoe-Erregern beim Geschlechtsverkehr, da die Gonokokken, wie diese Erreger heißen, den Körper auf dem Weg über die Schleimhäute infizieren.

Das Diaphragma oder Pessar

Am inneren Ende der Vagina befindet sich der Cervix oder Gebärmutterhals, der wie ein kleiner runder Vorsprung in die Vagina hineinragt. Ein Diaphragma oder Pessar besteht nun aus einer kleinen schüsselförmigen Gummikappe, die genau über diesen Cervix gestülpt werden kann. Zuvor ist eine gynäkologische Untersuchung erforderlich, bei der die entsprechende Größe des Pessars ermittelt wird. Außerdem muß die Frau lernen und üben, das Pessar richtig einzusetzen, weil man das ohne Anleitung keineswegs instinktiv richtig macht: wie Sie das Pessar richtig in die Vagina einführen und so einsetzen, daß es am Cervix eng anliegt.

Ehe Sie das Pessar einsetzen, tragen Sie auf die Innenseite und auf den Rand der Kappe ein spermientötendes Gelee oder eine entsprechende Creme auf. Dann drücken Sie die Ränder des Pessars zusammen und führen es in die Vagina ein. Dabei stellen Sie sich am besten mit einem Fuß auf einen Hocker oder Stuhl, gehen in die Hocke oder legen sich auf den Rücken und ziehen die Knie hoch. Wenn Sie die Gummikappe auf diese Weise in die Vagina eingeführt haben, dann legen Sie Ihre Fingerspitzen hinter den Rand der Gummikappe und schieben sie bis hinter das Schambein und damit ziemlich genau über den Cervix. Tasten Sie mit den Fingern, um zu prüfen, ob das Pessar auch wirklich eng über dem Gebärmutterhals liegt.

Wenn Sie Ihr Diaphragma oder Pessar einsetzen lassen, wird Ihr Arzt Ihnen zeigen, wie Sie es richtig einführen, und Sie üben den Vorgang unter seiner Kontrolle. Dann nehmen Sie das Pessar mit nach Hause und üben eine Woche lang das Einsetzen. Anschließend demonstrieren Sie Ihrem Arzt Ihre neu erlernte Fähigkeit, um ganz sicherzugehen, daß Sie auch alles richtig machen. Während dieser

Übungsphase können Sie nicht sicher sein, daß der Empfängnisschutz gewährleistet ist, deshalb sollte Ihr Liebhaber in dieser Zeit zusätzlich ein Kondom benutzen.

Man kann sofort nach dem Einsetzen des Pessars mit dem Sex beginnen, und in der Regel wird das auch so sein. Genauso wie die Frau lernen kann, ihrem Liebhaber das Kondom überzustreifen, so kann der Mann das Einsetzen des Pessars übernehmen – sozusagen als Teil des Vorspiels. Die Kombination von Pessar und Gelee oder Creme gewährt Ihnen einen Empfängnisschutz von mehreren Stunden nach dem Einsetzen, danach sollten Sie mit Hilfe eines Applikators neuen Gelee oder Creme auftragen, ohne das Pessar herauszunehmen. Es sollte nach dem Koitus noch etwa acht Stunden an Ort und Stelle bleiben, um ganz sicherzugehen, daß alle Spermien durch das Gelee oder die Creme abgetötet wurden. Nach acht Stunden können Sie das Pessar gefahrlos herausnehmen.

Wenn das Pessar richtig eingesetzt wurde, dann ist es nicht zu spüren und sollte auch für den eindringenden Penis nicht störend wirken. Eine Frau kann auch mit eingesetztem Pessar ohne weiteres einen Stadtbummel oder eine längere Wanderung unternehmen, ohne die geringsten Beschwerden zu verspüren. In der Tat wird Ihr Arzt Sie bitten, mit eingesetztem Pessar in die Praxis zu kommen, wenn er es auf guten Sitz untersucht.

Sie sollten Ihr Pessar in regelmäßigen Abständen auf Beschädigungen oder Abnutzung untersuchen lassen und benötigen vielleicht manchmal eine andere Größe, so zum Beispiel nach der Geburt eines Kindes, nach einer Abtreibung oder Fehlgeburt oder nach Unterleibsoperationen, aber auch wenn Sie mehr als zehn Pfund Gewicht verloren haben. Gelegentlich wird Ihr Arzt Ihnen eine andere Form der Empfängnisverhütung empfehlen, wenn Ihre Vaginalmuskulatur einen schwachen Tonus hat oder Sie gegen Gummi bzw. gegen das Gelee oder die Creme allergisch sind.

Auch das Pessar stellt eine sehr wirkungsvolle Methode des Empfängnisschutzes dar, wenn es wirklich bei jedem Geschlechtsverkehr eingesetzt wird. Sowohl der Mann als auch die Frau empfinden dabei das Pessar als sehr angenehme Methode, weil es für die Frau keinerlei schädliche oder unangenehme Nebenwirkung hat.

Wenn Sie das Pessar nach Gebrauch herausgenommen haben, sollten Sie es mit warmem Wasser und Seife reinigen, abspülen, trockentupfen und dann mit Speisestärke einpudern – niemals mit Talkum oder Körperpuder. Bewahren Sie das Pessar in der Originalpackung auf und kontrollieren Sie es in regelmäßigen Abständen auf Beschädigungen und Abnutzung.

Wenn die Frau beim Koitus häufig oben liegt, dann sollte sie zusätzlich mit dem Applikator Creme oder Schaum in die Vagina einbringen oder den Mann veranlassen, außerdem ein Kondom zu benutzen, weil das Pessar in dieser Stellung gelegentlich verrutschen kann. Häufig werden auch spermientötende Cremes oder Gelees allein zur Empfängnisverhütung verwendet. Das ist zwar besser als gar kein Schutz, aber trotzdem verhältnismäßig unsicher und deshalb auch nicht zu empfehlen. Diese Mittel sollten Sie also nur wie angegeben zusammen mit dem Pessar benutzen.

Die Spirale

Die Spirale ist eine Art Intrauterinpessar oder auch IUP. IUPs sind kleine Plastikgebilde, die durch den Gebärmutterhals in den Uterus eingesetzt werden. Im Inneren der Gebärmutter entfalten sich ein oder zwei kleine Arme, die verhindern sollen, daß das IUP in die Vagina zurückrutscht. Außerdem besitzt ein IUP ein spiralenförmiges Anhängsel, welches durch den Cervix hindurch in die Vagina hineinragt. Wenn das IUP noch sehr neu ist, dann kann dieses Fädchen beim Koitus den Penis manchmal irritieren, wird aber nach einer gewissen Zeit weich, wenn es genügend Feuchtigkeit aufgenommen hat. Die Trägerin sollte in regelmäßigen Abständen mit den Fingern in der Vagina prüfen, ob diese Spirale noch an Ort und Stelle ist, da die IUPs manchmal ganz in die Gebärmutter hineinrutschen bzw. herausfallen können.

Die Spirale wirkt nicht wie ein Kondom oder ein Pessar wie eine Sperre, die verhindert, daß die Spermien in den Uterus und dann in den Eileiter eindringen und ein Ei befruchten können. Wenn sich jedoch ein befruchtetes Ei in den Uterus bewegt und dort in die Schleimhaut einnisten will, dann wird dieses Einnisten durch das IUP oder die Spirale verhindert. Wie das genau geschieht, ist noch nicht vollständig erforscht. Auf jeden Fall wird das befruchtete Ei von der Gebärmutterschleimhaut abgestoßen und mit der Regelblutung ausgeschwemmt. Einige Theorien gehen davon aus, daß die Spirale eine leichte Entzündung der Schleimhaut hervorruft.

Es leuchtet ein, warum diese Art von IUP von vielen Paaren bevorzugt wird – Sie brauchen sich nämlich keine Gedanken zu machen und keine Vorbereitungen zu treffen, wenn Sie plötzlich Lust auf Sex haben.

Außerdem bietet das IUP einen ausgezeichneten Schutz. Allerdings hat es eine Reihe von schwerwiegenden Nachteilen, die Sie mit Ihrem Gynäkologen besprechen sollten.

Die Pille

Die Anti-Baby-Pille ist bei vorschriftsmäßiger Anwendung ein fast hundertprozentig sicherer Schutz gegen Schwangerschaft. Eine Monatspackung enthält 28 kleine Pillen, die nach Wochentagen gekennzeichnet sind. Normalerweise beginnen Sie mit der Einnahme am fünften Tag Ihrer monatlichen Blutung, wenn nicht anders angegeben. Sind die Pillen nicht nach Wochentagen gekennzeichnet, dann beginnen Sie am besten am ersten Sonntag nach dem Einsetzen der Blutung. Dabei hat der Sonntag keine religiöse Bedeutung, wie man vielleicht annehmen könnte, sondern wird ganz einfach aus praktischen Gründen gewählt, da Sie so den besten Überblick über die vierwöchige Einnahmeperiode haben. Sollten Sie trotzdem ein- oder zweimal vergessen, die Pille einzunehmen, müssen Sie allerdings mit einer eventuellen Schwangerschaft rechnen.

Wenn Sie sich nach längerer Einnahme der Pille doch entschließen, ein Kind zu bekommen, dann sollten Sie die Pille absetzen und über einen Zeitraum von drei Monaten eine andere Methode der Empfängnisverhütung verwenden, damit sich der Hormonhaushalt Ihres Körpers wieder normalisieren kann. Erst dann sollten Sie auf jede Empfängnisverhütung verzichten.

Manche Patienten haben so große Angst vor einer Schwangerschaft, daß sie ohne einen absolut sicheren Empfängnisschutz sozial wie sexuell einfach nicht funktionieren können. In solchen Fällen gebe ich den Rat, einen Arzt aufzusuchen, und wenn er (oder sie) bereit ist, die Pille zu verschreiben, dann bitte sehr. Ich persönlich bin jedoch dagegen, in den natürlichen Hormonhaushalt des menschlichen Körpers einzugreifen, wenn das nicht unbedingt erforderlich ist. Wohlgemerkt: Ich bin keine Ärztin, sondern äußere damit nur die persönliche Überzeugung eines Laien.

Abgesehen davon ist die Pille keineswegs ein problemloses Verhütungsmittel. Man kann leicht vergessen, sie einzunehmen. Es gibt genug Leute, die sich nur schwer daran erinnern können, die Pille einzunehmen, und die sich ebenfalls nicht erinnern, ob sie sie schon eingenommen haben oder nicht.

Auch hier gilt wieder, daß Sie sich die medizinischen Aspekte von Ihrem Arzt oder Ihrer Ärztin erklären lassen und gegebenenfalls selber darauf achten sollten, daß Sie sie entsprechend den Anweisungen regelmäßig einnehmen.

Der Schwamm

Eine weitere Möglichkeit der Empfängnisverhütung ist ein kleiner weicher Spezialschwamm, der mit einer spermientötenden Flüssigkeit getränkt ist. Das Einsetzen dieser Schwämmchen erfordert keine besondere Übung oder Geschicklichkeit. Wenn Sie wissen, wo Ihre Vagina liegt, werden Sie keine Schwierigkeiten haben und brauchen auch nicht zum Gynäkologen zu gehen, um sich solche Schwämmchen verschreiben zu lassen, da sie rezeptfrei verkauft werden. Viele Ärzte warnen allerdings vor dem Gebrauch dieser Schwämmchen, weil über eventuelle Nebenwirkungen noch keine ausreichenden Erkenntnisse vorliegen und die Gefahr einer Vergiftung (»Toxic Shock Syndrome«) gegeben ist. Ich bin wie gesagt keine Ärztin, aber ich muß sagen, ich hoffe, daß sich diese Art der Empfängnisverhütung als sicher erweisen wird und für viele, viele Menschen ideal wäre. Insbesondere für Teenager, die sich dieses Mittel ganz einfach kaufen und es benutzen können, ohne sich groß mit Erwachsenen auseinandersetzen zu müssen – zum Beispiel mit Ärzten. Aber ich fürchte, daß viele junge Leute ihr knappes Taschengeld lieber für Hamburger und Cola ausgeben würden als für diese doch nicht ganz billigen Schwämmchen.

Chirurgische Eingriffe

Eine Frau hat zur Empfängnisverhütung die Möglichkeit, sich einer Tubenligatur zu unterziehen, d. h. einer Unterbrechung der Eileiter. Entsprechend kann beim Mann der Samenleiter durchtrennt werden (Vasektomie). Der erste dieser Eingriffe verhindert, daß eine Frau je schwanger wird, während der zweite, wenn er richtig ausgeführt wird, den Mann absolut zeugungsunfähig macht – jedenfalls solange es noch keine bessere Methode gibt, den Eingriff rückgängig zu machen.

Eine Frau wird sich fast ohne Ausnahme erst dann für eine Tubenligatur entscheiden, wenn sie bereits eine bestimmte Anzahl von Kindern hat. Der Grund ist oft, daß weitere Schwangerschaften ihr Leben oder ihre Gesundheit schwer gefährden würden. Ich glaube, eine Frau kann sehr gut selbst bestimmen, ob sie ab einem bestimmten Punkt ihres Lebens noch eine Schwangerschaft riskieren will oder nicht.

Auch ein Mann kann eine solche Entscheidung treffen – aber bei ihm ist die Gefahr sehr viel größer, daß er später den Eingriff vielleicht bereut. Ich kenne derartige Fälle. Einer dieser Männer unterzog sich der Operation einer Frau zuliebe, die ihn nur dann heiraten wollte. Sie wollte keine Kinder, weil sie einfach keine wollte – das war alles. Natürlich war das ihr gutes Recht, aber der Mann hatte das Pech, daß sie ihm nach kurzer Zeit den Laufpaß gab. Da stand er nun, dreißig Jahre alt und völlig uninteressant für alle Frauen, die sich Kinder wünschten. Es kommt auch vor, daß Männer nach einem Unglücksfall, bei dem sie Frau und Kind verloren haben, erneut heiraten und noch einmal ganz von vorn anfangen wollen.

Aber ein erwachsener Mann kann und muß seine eigenen Entscheidungen treffen – insbesondere wenn er das Alter erreicht, wo er sicher ist, daß er der Unruhe und den Belastungen, die Kinder in den Haushalt bringen, nicht mehr gewachsen sein wird.

Leichtsinn mit Folgen

Die einzig vernünftige Art, schwanger zu werden, ist die, daß man sich nach reiflicher Überlegung wirklich Kinder wünscht. Dagegen ist es einfach nur dumm, wenn man schwanger wird, obgleich man der Meinung war, man hätte alles getan, eine Schwangerschaft zu verhindern.

Das dümmste ist, zu glauben, der sogenannte Koitus interruptus, bei dem der Mann seinen Penis aus der Vagina zurückzieht, ehe er kommt, müsse eine Schwangerschaft verhindern. Es gibt viele junge Leute, die behaupten, sie seien absolute Experten in dieser Technik. Das Problem dabei ist nur, daß kein Mann auf der ganzen Welt fühlen kann, wann der erste Samentropfen austritt, nämlich *vor* dem Höhepunkt des Orgasmus und der Ejakulation. Man kann einfach nicht wissen, *wann* man aufhören muß.

Auch der Koitus im Stehen gewährleistet keinen Schutz vor Schwangerschaft. Wenn es das erste Mal ist, kann man genauso schwanger werden wie sonst auch. Eine Scheidenspülung nach dem Koitus ist etwa so wirkungsvoll, als würde man die Fäuste ballen, die Augen schließen und ganz intensiv das Beste hoffen. Das gilt auch für Spülungen mit Essigwasser oder Coca-Cola. Ebenso nutzlos ist es, sich nach dem Koitus in der Missionarstellung heftig auf den Bauch zu werfen. Es ist wohl überflüssig, diese Aufzählung noch weiter fortzusetzen. Man sollte ganz einfach keiner auch noch so wohlmeinend empfohlenen Methode trauen, die nicht auch in anerkannten Sex-Handbüchern oder von Sextherapeuten oder Ärzten vertreten wird.

Die Beschränkung auf die unfruchtbaren Tage der Frau

Jede Frau ist an bestimmten Tagen unfruchtbar. Wenn sie nur an solchen Tagen Geschlechtsverkehr hat und sich auch dann, wenn die Fruchtbarkeit wieder eintritt, keine lebenden Spermienzellen in ihrer Vagina oder ihrer Gebärmutter befinden, kann sie nicht schwanger werden. Es erfordert aufmerksame Kontrolle und Beobachtung, wenn man die fruchtbaren Tage einer Frau herausbekommen und dieses Wissen allein und ohne Zuhilfenahme zusätzlicher Empfängnisverhütungsmethoden dazu benutzen will, eine Schwangerschaft zu vermeiden. Die unterschiedlichen Methoden, die dabei angewendet werden können, gewährleisten bei genauer Anwendung einen einigermaßen zuverlässigen Schutz vor Schwangerschaft.

Die Frau muß lernen, wann die Ovulation oder der Eisprung innerhalb ihres rund 28tägigen Zyklus mit einiger Wahrscheinlichkeit stattfinden wird. Dazu ist erforderlich, daß sie genau Buch führt, und zwar täglich, und daß sie ebenfalls täglich ihre Vaginaltemperatur mißt und die Beschaffenheit des vaginalen Schleims prüft.

Ich kann guten Gewissens nicht mehr darüber sagen, weil eine Frau, die diese Methode der Empfängnisverhütung anwenden will, auf jeden Fall persönlich ihren Arzt oder einen anderen geeigneten Fachmann konsultieren sollte, der mit dieser Methode vertraut ist und auch prüfen kann, ob das nötige Verständnis für die physiologischen Zusammenhänge vorhanden ist.

Es gibt auch keine religiöse Gruppe, die Einwände gegen diese Art der Empfängnisverhütung hat. Im Gegensatz zu dem, was Sie vielleicht darüber gehört oder gelesen haben, kann diese Methode wirklich effektiv sein – vorausgesetzt Sie wissen genau, was Sie tun, und halten sich strikt an die Anweisungen. Natürlich ist diese Methode für die Gesundheit der Frau absolut ungefährlich.

25.

Die Grenzen der Sextherapie

In meinem Radioprogramm gebe ich meinen Zuhörern oft den Rat, einen Sexualtherapeuten aufzusuchen, aber ich gebe ihnen nicht meine Telefonnummer! Ich mache sie nur darauf aufmerksam, daß ein Sextherapeut ein professioneller Berater ist, der einem bei der Lösung sexueller Schwierigkeiten oder Probleme helfen kann. Ich bin Sextherapeutin und glaube fest an die Sextherapie. Ich bin dafür, daß ein Ehepaar bei eventuell auftretenden sexuellen Problemen mit der gleichen Selbstverständlichkeit, mit der sie in bestimmten Situationen einen Maler oder einen anderen Handwerker bestellen oder zum Zahnarzt gehen würden, einen Sextherapeuten konsultieren kann. Das soll nicht heißen, daß Sie während ihrer gesamten Ehe jeden Monat eine Rechnung vom Sextherapeuten bekommen müssen oder zu sexuellen Hypochondern werden sollen, die bei jeder Veränderung ihres Liebeslebens zum Therapeuten rennen. Mit anderen Worten: Der Sinn einer Sextherapie besteht nicht darin, die Patienten von dieser Therapie abhängig oder gar süchtig zu machen.

Sextherapie kann eine wichtige Hilfe sein, aber sie hat auch ihre festen Grenzen, und ich glaube, es könnte sehr nützlich sein, eine Vorstellung von diesen Grenzen zu haben!

Für Eheleute

Dieses Buch ist ausdrücklich für Eheleute gedacht – und das ist eine ziemlich große Gruppe, wenn es Sie interessiert. Ich persönlich nehme Eheleute sehr ernst, aber nicht aus statistischen Gründen. Ich bin selber verheiratet, und auch meine Eltern waren verheiratet. Außerdem bin ich umgeben von Verwandten, Nachbarn, Freunden und Patienten, die ebenfalls alle verheiratet sind.

Wenn solche Menschen nicht verheiratet oder zusammen bleiben, bis der Tod sie scheidet, dann suchen sie sich in der Regel bald nach der Trennung neue Partner. Egal wie ihr Leben aussieht, sie suchen immer eine Zweierbeziehung – manchmal für immer, manchmal auch nicht. Auf jeden Fall ist für solche Menschen das Bild erst vollständig, wenn sie Teil eines Paares sind.

Natürlich kann man das auch anders sehen. Es gibt eine große Zahl von Menschen, die das Bedürfnis haben, eine ernsthafte sexuelle Beziehung einzugehen, und ständig danach streben. Für diese Leute ist das Bild erst vollständig, wenn sie eine feste Bindung eingegangen sind. Dabei ist es gar nicht notwendig, daß sie dieses Bild auch dauerhaft rahmen lassen. Vielleicht hängen sie es einfach eine Weile an die Wand, um zu sehen, ob es in die Wohnung paßt. Vielleicht lassen sie es dann später rahmen, vielleicht nehmen sie es auch wieder herunter – oder es fällt herunter.

Menschen, die eine Beziehung eingehen, ohne formell zu heiraten, gehören meiner Meinung nach ebenfalls in diese Gruppe. Schließlich sind es die gleichen Bedürfnisse, die sie auf eine dauerhafte und ernste Beziehung hoffen lassen. Solche Beziehungen sind in vieler Hinsicht einer Ehe durchaus vergleichbar; die Freuden und die Probleme sind ähnlich.

Sex in der Beziehung

Es ist für mich eine Tatsache, daß in allen Formen der Ehe der körperliche Vorgang der Paarung entweder mit Freude und Befriedigung oder mit Enttäuschung verbunden ist. In den letzten Jahren kamen immer mehr Menschen zu Therapeuten wie mir, weil sie hofften, das würde ihnen helfen, in der Ehe sexuelle Freude und Erfüllung zu finden.

Was sie dabei von mir oder von anderen modernen Sextherapeuten bekommen, hat nichts mit Zauberei zu tun. Was wir ihnen bieten können, sind fundierte Informationen und Ratschläge und eine gehörige Portion fast detektivischer Erfahrung bei dem Versuch herauszufinden, wo etwas nicht stimmt und was man dagegen tun kann.

Lehrer und Therapeuten

Glücklicherweise wissen wir Sextherapeuten weit mehr über das, was in Hunderten von Schlafzimmern im ganzen Land vorgeht, als das durchschnittliche Ehepaar, so daß wir häufig, sogar sehr häufig, in der Lage sind, Leiden und Ängste zu beseitigen, die aus einfachen Mißverständnissen und aus Informationsmangel entstehen. Dabei spielt der Sextherapeut oft nur die Rolle eines Lehrers, und in den meisten Fällen sind ein oder zwei Beratungsstunden völlig ausreichend.

Wenn zwischen den beiden Partnern einer Ehe wirklich komplexere

Probleme aufgetaucht sind, dann können wir ihnen eine richtige Therapie bieten. Dabei kommt das Paar einmal in der Woche, alle zwei
Wochen oder auch in noch größeren Abständen regelmäßig in die Praxis, und zwar über einen Zeitraum zwischen sechs Monaten und einem
Jahr. Dabei sind es die Ausnahmefälle, die ein volles Jahr beanspru-
chen – meistens reichen sogar einige wenige Sitzungen völlig aus. Eine
Therapie soll schließlich nicht jahrelang oder ewig dauern – das ist
nicht der Sinn der Sache.

Was geschieht denn nun in der Praxis des Therapeuten?

Wie sieht eine Sextherapie aus? Ich weiß, daß manche Leute eine
ziemlich wilde Vorstellung davon haben! Einer der Gründe dafür liegt
einfach in dem Wort *Sex*, bei dem man automatisch bestimmte Vorgänge vor Augen hat. Aber auch der Begriff *Therapie* ist Schuld daran,
weil sich viele Menschen dabei eine Form von körperlicher Berührung
oder Behandlung vorstellen. Die bekannteste Form der Therapie ist
die Physiotherapie, bei der der Therapeut mit dem Patienten passive
Übungen macht.

Wenn also *dieser* Therapeut einen anfaßt und einem die Arme und
Beine bewegt und einen massiert, was macht dann wohl ein Sextherapeut? Na? – Aber es ist ganz verständlich, wenn man so denkt.

Glauben Sie mir – in meiner Praxis wird nur geredet! Manchmal
zeige ich meinen Patienten Bilder, um ihnen zu verdeutlichen, was ich
meine, oder ich benutze ein paar Gliederpuppen, um sexuelle Stellungen zu demonstrieren. Sehen Sie? Diese Puppen sind aus Holz und
haben weder Finger, Zehen und Gesichter noch einen Penis oder eine
Vagina. Dafür haben sie bewegliche Gelenke, fast so wie ein Mensch,
und lassen sich auf diese Weise in alle möglichen Stellungen bringen,
die auch für Menschen in Frage kommen.

Diese Art von Puppen verwenden Maler und Zeichner schon seit
langer Zeit, wenn sie kein lebendes Modell zur Verfügung haben. Man
bezeichnet sie einfach als Gliederpuppen.

Diese Puppen sind nicht sehr sexy.

Wenn meine Patienten das erste Mal zu mir in die Praxis kommen,
dann reden wir miteinander, um herauszufinden, was das eigentliche
Problem ist. Wenn dabei bestimmte körperliche Behandlungsmetho-

den oder Übungen, wie wir sagen, notwendig werden, dann gehen die Patienten nach Hause und üben dort. Auf keinen Fall in meiner Praxis, während ich ihnen dabei zusehe. Das wäre vielleicht peinlich für sie, wenn auch nicht für mich, und damit wäre der Sinn der Übungen in Frage gestellt.

Ich habe in meinem Sprechzimmer nicht einmal eine Couch. Im Gegensatz zu Sigmund Freud, der Psychoanalytiker war und die Geburt der Sextherapie nicht mehr erlebt hat, brauche ich für meine Arbeit keine Couch. Ebenso wie meine Patienten sitze auch ich auf einem ganz einfachen Stuhl, weil man sich so am leichtesten unterhalten kann. Nur im Vorraum meiner Praxis steht eine Couch, auf der aber niemand sitzt. Sie steht einfach da, damit ich auf ihr alles mögliche ablegen kann, zum Beispiel meine Handtasche, meine Einkaufstasche, meinen Mantel, die Post usw. Manchmal lege ich mich hier auch ein paar Minuten hin, um mich zwischen zwei Patienten auszuruhen oder nach der Sprechstunde, ehe ich dann zum Abendessen oder zu einem Vortrag gehe. Im Sprechzimmer selbst habe ich absichtlich keine Couch stehen, weil neue Patienten dadurch vielleicht irritiert oder ängstlich werden könnten und sich fragen, wozu *die* denn da sei.

In meiner Praxis gibt es nichts, was einem Angst machen könnte. Auch keine medizinischen Geräte, denn ich bin nun einmal keine Ärztin. Ich werde Ihnen auch kein Blut abnehmen oder eine Urinprobe verlangen oder Ihnen in den Hals oder in die Ohren schauen.

Ich werde Ihnen nicht weh tun, und auch die Sextherapie wird Ihnen in keiner Weise weh tun. Darum geht es einfach nicht. Ich habe schon in einem früheren Kapitel betont, daß eine Therapie, bei der man lernt, einen Orgasmus zu haben, keine tiefgreifende Veränderung der Persönlichkeit oder des Lebens bedeutet, sondern eigentlich nur das Leben verschönert und den Genuß vergrößert. Da gibt es also nichts, wovor man Angst haben müßte. Und das gilt für die gesamte Sextherapie. Sie bleiben im wesentlichen immer, was Sie sind und was Sie sein möchten.

Therapie ist nicht gleich Therapie

Ich möchte noch einmal betonen, daß psychosexuelle Therapie, wie wir unsere Tätigkeit offiziell nennen, nichts mit anderen Therapieformen zu tun hat, von denen Sie vielleicht gehört haben.

Therapie ist ganz einfach ein Sammelbegriff mit der Bedeutung »Behandlung«. Manche Therapien beinhalten die Einnahme von Medikamenten, Wärme- oder Kurzwellenbestrahlung, Übungen und Training. So ist eine Sprachtherapie zum Beispiel für Menschen, die Schwierigkeiten haben, Laute oder Worte zu bilden oder flüssig und deutlich zu sprechen. In dem Musical *My Fair Lady* bekam Eliza Doolittle von Professor Higgins eine solche Sprachtherapie.

Sextherapie dagegen ist etwas völlig anderes. Bis jetzt habe ich jedenfalls noch nicht versucht, die Sprechweise eines meiner Patienten zu verbessern – abgesehen vielleicht von dem Mann, dem ich sagte, er solle seine Frau beim Sex immer anbellen.

Sextherapie besteht häufig ganz einfach darin, daß ich einem Patienten ganz bestimmte spezielle Informationen gebe. So habe ich schon Eheleuten erklären müssen, wo sich die Vagina bei der Frau befindet, und in komplizierteren Fällen ging es um die Bedeutung der Begriffe »a tergo« und »sexuelle Phantasie«. Oder auch darum, wie man seinen Partner beim Vorspiel erregen kann, um den Geschlechtsverkehr zu einem größeren Genuß zu machen.

Wenn eine Sextherapie Übungen verlangt, dann sind es die Patienten, die die eigentliche Therapie übernehmen. Es findet also zwischen dem Therapeuten und dem Patienten keinerlei körperlicher Kontakt, keine Berührung statt – abgesehen davon, daß sie sich zur Begrüßung oder Verabschiedung die Hand geben.

Wie man einen vertrauenswürdigen Therapeuten findet

Vielleicht haben Sie schon einmal von einer Sextherapie oder Psychotherapie gelesen oder gehört, bei der es zwischen dem Patienten und dem Therapeuten zu sexuellen Kontakten kam. Ich kann und will nicht leugnen, daß so etwas schon vorgekommen ist – aber diese Art von unprofessionellem Verhalten ist leicht zu vermeiden. Gehen Sie nur zu einem Sextherapeuten, der Ihnen von einem kompetenten Mediziner oder einer vertrauenswürdigen sozialen oder religiösen Institution empfohlen wurde. Bitten Sie Ihren Arzt, Ihnen einen Sextherapeuten zu nennen, oder wenden Sie sich an Ihren Seelsorger oder ein Krankenhaus bzw. eine Klinik. Wenn Sie sich scheuen, mit einem Menschen darüber zu sprechen, den Sie kennen, dann suchen Sie sich aus dem Telefonbuch die Nummer und Adresse einer sexualpsychologischen Beratungsstelle oder einer Sexual- und Partnerschaftsberatung, die Ihnen die gewünschten Informationen geben werden.

Kein anerkanntes Mitglied von therapeutischen Vereinigungen wird je versuchen, Ihre körperliche Integrität zu verletzen oder Sie zwingen, etwas zu tun, was Sie mit Ihrem Gewissen nicht vereinbaren können.

Wenn Sie zu einem Therapeuten gehen, sagen Sie ihm oder ihr gleich zu Beginn, daß Sie wissen möchten, wie die Behandlung aussehen wird. Sie brauchen sich deswegen keineswegs zu schämen. Schließlich werden Sie mit dem Therapeuten über Ihre ganz persönlichen intimen Probleme sprechen, über Ihre Vagina bzw. Ihren Penis und ähnliche persönliche Dinge, darum brauchen Sie keine Scheu zu haben, eventuelle Bedenken zu äußern. Der Therapeut wird das verstehen – er hat sich schon öfter mit derartigen Bedenken und mit der Befangenheit seiner Patienten auseinandergesetzt. Das ist etwas, was ein Therapeut in seiner Ausbildung lernt, lange bevor er zum erstenmal mit einem Patienten konfrontiert wird.

Wenn Sie vor Ihrem ersten Besuch bei einem Sextherapeuten Angst haben, dann kann ich Sie beruhigen, weil diese Ängste ganz verständlich sind. Niemand wird sie deswegen schief ansehen. Und es ist sehr unwahrscheinlich, daß Sie bei einem Sextherapeuten landen, der kein Fachmann auf seinem Gebiet ist. Die Hauptsache ist, daß Sie bei der Auswahl den richtigen, offiziellen Weg gehen.

In der letzten Zeit war in den Medien hin und wieder von sogenannten Zentren für sexuelle Bereicherung die Rede – wenn dieser Ausdruck zutrifft. Diese Zentren bieten neue Formen der Behandlung an, die kaum verhüllte Sexorgien zu sein scheinen. Aber Sie werden sich nur dann in einer solchen Gruppe wiederfinden, *wenn Sie es wirklich unbedingt wollen.*

Diese allgemeinen Bemerkungen zu häufig geäußerten Vorbehalten und Ängsten sollen ängstliche Leser beruhigen und ihnen eine Hilfe sein, nicht aber eine Panik auslösen. Ich bin der Meinung, daß es notwendig ist, ganz offen und öffentlich darüber zu sprechen, und wenn einige meiner Kollegen sagen, daß ich nie von solchen Ängsten auch nur hätte sprechen dürfen, dann sage ich ihnen in aller Bescheidenheit, daß ich ganz einfach anderer Meinung bin.

Eine ganz neue Einrichtung

Einer der Gründe dafür, daß viele Menschen Ängste und Mißtrauen haben und beruhigt werden sollten, liegt darin, daß die anerkannte, ernstzunehmende Sextherapie, wie sie an den Universitäten und in den Kliniken heute gelehrt und praktiziert wird, eine ganz neue Einrichtung ist und erst seit etwa zwanzig Jahren existiert. Die Grundlagen auf diesem Gebiet wurden von Masters und Johnson in St. Louis erst 1954 gelegt. Davor wurden sexuelle Störungen entweder von Medizinern oder anerkannten Psychotherapeuten behandelt.

Diese neue Behandlungsmethode wirkte in Tausenden von Fällen wahre Wunder und ist aus der Sicht der Menschen, denen sie geholfen hat, eine der größten Erfindungen seit der Einführung von Scheibenbrot. Was ich nebenbei bemerkt gar nicht mag, denn ich bevorzuge frisches Brot vom Bäcker.

Auf jeden Fall ist die Sextherapie kein Zaubermittel. Sie ist leicht anzuwenden, vernünftig, hilfreich und vielleicht sogar ein Segen – aber sie hat ihre Grenzen. Viele der Dinge, die von ihr erwartet werden, kann sie nicht leisten. Wir behandeln niemanden, der ein falsches Bild von uns hat und sich falsche Hoffnungen macht – jedenfalls versuchen wir das zu vermeiden. In derartigen Fällen verweisen wir in der Regel auf geeignetere Behandlungsmethoden.

Was die Sextherapie nicht leisten kann

Ziel der Sextherapie ist die Verbesserung der sexuellen Funktionen bei Mann und Frau. Dieses Ziel ist sehr lobenswert, aber die Verbesserung Ihres Sexuallebens wird nicht Ihre Neurosen heilen, falls Sie welche haben. Diese Therapie wird keine ungeahnten kreativen Fähigkeiten in Ihnen freisetzen und Sie zu einem zweiten Michelangelo machen, sie wird die kahlen Stellen in Ihrem Vorgartenrasen nicht beseitigen und auch nicht bewirken, daß Sie bei jedem Orgasmus die Erde beben fühlen.

Ich werde immer nur Gutes über den Orgasmus zu sagen haben. Er ist wirklich ein einmaliges, wunderbares Erlebnis. Aber Menschen, die nie einen Orgasmus erlebt haben, die davon gelesen haben, die gesehen haben, wie ein Orgasmus im Film gespielt wird, die gehört haben, wie ihre Freunde damit angeben, die dem blinden Glauben erlegen sind, ein Orgasmus würde alle ihre Probleme beseitigen, von ihrer Vergeßlichkeit bis hin zum schwachen Aufschlag beim Tennis – diese Menschen sind manchmal enttäuscht von der Wirklichkeit. Es geht ihnen vielleicht so wie dem, der zum erstenmal Kaviar probiert. Man muß erst auf den Geschmack kommen und ihn entwickeln.

Ein gutes Sexualleben ist eine großartige Sache in einer Ehe, in der auch noch andere Dinge wichtig sind, aber ohne gute Kameradschaft und gegenseitige Unterstützung im Beruf und im gemeinsamen Haushalt kann eine Ehe nicht funktionieren. Die Scheidungsgerichte sind voll von Paaren, die sich im Bett sehr gut verstehen. Manchmal aber ist die Abneigung zwischen zwei Menschen so groß und so alt, daß sie nicht mehr überwunden werden kann.

Wer mit der Bitte um Hilfe zu uns kommt, muß wirklich das tiefe *Bedürfnis* nach sexuellen Freuden haben. Wenn ein Mensch sich innerlich dagegen sträubt, sein Sexualleben zu verbessern, dann kann auch kein Therapeut helfen.

Rufen Sie einfach an

Es kann nicht schaden, eine Sexualberatungsstelle oder einen anerkannten Sexualtherapeuten anzurufen. Einer der Vorteile der Sextherapie liegt darin, daß sie zwar nicht jedes Problem lösen und jede Krankheit heilen kann, aber auf keinen Fall schadet.

Das Telefon läutet gerade, während ich hier in meiner Praxis sitze und diese Zeilen diktiere. Es ist ein Mann, der mir sagt, er hätte einen wunden Penis. Ich gebe ihm den Rat, sofort einen Urologen aufzusuchen und gebe ihm eine Telefonnummer. Dann erkläre ich ihm noch einmal, daß ich keine Ärztin bin, und schon habe ich sein Mißverständnis aufgeklärt und ihn auf den richtigen Weg gebracht.

Eine Frau ruft an und berichtet, daß sie drei Töchter hat, die immer wieder in Schwierigkeiten kommen. Ich empfehle ihr, sich an den sozialen Dienst ihrer Kirche zu wenden. Ich habe nicht die Möglichkeiten, jungen Mädchen zu helfen, die immer wieder die Schule schwänzen, sich herumtreiben, mit wilden Jungs ausgehen, Ladendiebstahl begehen, trinken, ohne Führerschein und unter Alkohol- oder Drogeneinfluß Auto fahren, Haschisch rauchen usw. Meine Sympathie ist zwar geweckt, aber es gibt andere Leute, die sehr viel besser mit solchen Problemen umgehen können als ich.

Eine Frau vereinbart mit mir einen Termin, um über ihren Vaginismus zu sprechen (ich werde später darauf zurückkommen), unter dem sie seit dem Tode ihres Mannes leidet. Das ist ein Problem, das der Sextherapie durchaus zugänglich ist, und ich übernehme die Behandlung dieser Frau. Nach einem halbstündigen Gespräch mit ihr schicke ich sie wieder fort und empfehle ihr eine psychiatrische Klinik. Sie mag zwar unter Vaginismus leiden, aber das Erste, was behandelt werden muß, sind ihre Wahnvorstellungen. Unter anderem ist sie fest davon überzeugt, daß ihr Gehirn auf elektronischem Wege von Washington aus kontrolliert wird. Ich bin schließlich kein Psychiater.

Eine andere Frau ruft mich an und sagt, sie hätte noch nie einen Orgasmus erlebt. Ich unterhalte mich eine ganze Weile länger als sonst mit ihr, weil die ferngesteuerte Dame von eben mich mißtrauisch gemacht hat, aber diese Anruferin scheint durchaus bei Verstand zu sein, und ich willige gern ein, ihr einen Termin zu geben. Ich sage ihr, was die erste Stunde kostet und daß wir bei allen weiteren Stunden über den Preis reden können. Ich bekomme sehr gute Laune, weil ich gute Aussichten habe, dieser Frau helfen zu können.

Kein Cadillac. Auch kein völlig neues Leben. Kein neuer Liebhaber, der wie John Travolta aussieht. Einfach nur ein Orgasmus, einfach nur die Fähigkeit, Orgasmen zu erleben. Das ist alles, was ich bieten kann.

26.

Erektionsschwierigkeiten

Ich kenne eine Geschichte über einen ziemlich berühmten Mann. Allerdings bin ich mir nicht ganz sicher, ob die Geschichte auch wirklich stimmt, deshalb werde ich seinen Namen nicht nennen. Aber als Sextherapeutin weiß ich, daß sie sehr wohl stimmen *könnte* und daß sie sehr lehrreich ist – und ermutigend.

Dieser Mann hatte schon einen großen Teil seines Lebens hinter sich, und zwar ein Leben voller denkwürdiger Liebesaffären und sexueller Ausschweifung, als er eines Tages feststellen mußte, daß seine berühmten Erektionen ihn im Stich gelassen hatten. Also dachte er: »Nun, ich bin einfach zu alt. Das wird's sein.« Ein paar Jahre später wachte er eines Morgens auf und hatte zu seiner großen Überraschung und Freude wieder eine enorme Erektion. In den nächsten Tagen ebenso. Er hatte bis dahin ein richtiges Einsiedlerleben geführt, doch jetzt machte er sich wieder auf die Suche nach einer netten Frau, mit der er zusammenleben wollte. Er fand sie, und die beiden führten ein herrliches Leben zusammen. Wie ist das zu erklären?

Depressionen und Erektionen

Wenn ein Mann sich unwohl fühlt und depressiv wird, dann kann es passieren, daß er vorübergehend seine Fähigkeit, Erektionen zu haben, verliert. Dadurch wird unter Umständen seine Depression noch verstärkt und die Wahrscheinlichkeit einer Erektion nimmt noch weiter ab. Wenn sich nach einer Weile seine Lebenssituation wieder bessert und er wieder fröhlicher und lebenslustiger wird, dann stellt er plötzlich fest, daß auch seine sexuelle Potenz zurückgekehrt ist. Dabei spielt es keine Rolle, ob der Betreffende schon im fortgeschrittenen Alter ist oder nicht.

Ich sage nicht: »Machen Sie sich keine Sorge, guter Mann. Warten Sie einfach ab, und Ihre Erektionen werden eines Tages von allein zurückkommen wie die Schwalben im Frühling – vielleicht nicht gleich in diesem Frühling, vielleicht erst, wenn Ihr Bart schon ergraut ist.« Aber wenn Ihre Erektionen sich nicht mehr regelmäßig einstellen, dann ist es gut zu wissen, daß Sie jederzeit wieder ein Comeback erleben können. Und es gibt Mittel und Wege, das zu fördern. Auf jeden Fall sollte es Ihnen einen Versuch wert sein.

Wenn ein Mann einen Freund braucht

Natürlich gibt es Männer, die nie Schwierigkeiten mit ihren Erektionen hatten – außer, daß sie manchmal vielleicht niemanden finden, mit dem sie sie teilen können.

Die Gruppe von Männern, die am wenigsten Probleme haben, Erektionen zu bekommen, sind junge Männer unter zwanzig. Für diese Männer sind Erektionen eine wahre Plage und verfolgen sie zu allen Stunden und sogar in der Öffentlichkeit. Aber wenn sie später ihre Phantasiemädchen vergessen und richtige Frauen kennenlernen, dann erfahren sie plötzlich, was es heißt, Erektionsschwierigkeiten zu haben. Ein aufdringlich selbstbewußter Penis kann sich in ein schrumpfendes Veilchen verwandeln, wenn er sich plötzlich in Gesellschaft findet.

In solchen Situationen braucht ein Mann ein erfahrenes und mitfühlendes Mädchen. Ich sage nicht: eine ältere Frau. Ich sage auch nicht: ein erfahrenes Callgirl. Einfach ein weibliches Wesen, das Männer mag und ein bißchen von ihren sexuellen Funktionen versteht. Sie kann sogar Jungfrau sein – solange sie nicht völlig unwissend ist.

Warum starke Männer in Panik geraten

Was *ältere* Männer betrifft – sagen wir zwischen zwanzig und hundert Jahren –, so gibt es keinen Grund, sich zu wünschen, ständig auf dem Höhepunkt seiner sexuellen Leistungsfähigkeit zu sein. Das ist einfach nicht realistisch. Es gibt allerdings auch nur wenige erfahrene Männer, die nicht wissen, wie es ist, wenn ihr Penis sich plötzlich nicht mehr zu regen scheint. Eine solche Erfahrung kann bei ihnen manchmal eine Panik auslösen.

Es gibt einen Männerwitz, der folgendermaßen lautet: »Die Panik kommt nicht, wenn man ihn zum erstenmal beim drittenmal nicht mehr hochkriegt; die Panik überfällt einen erst dann, wenn man ihn das drittemal nicht mal das erstemal hochkriegt!« Dieser Witz löst bei den Männern in der Kneipe meistens ein großes Echo aus, denn es wird kaum einen unter ihnen geben, der diese Panik nicht zumindest ansatzweise selbst schon verspürt hat.

Gehen die Männer zum Sextherapeuten, wenn sie ab und zu Erektionsschwierigkeiten bekommen? Wahrscheinlich nicht. Dafür rufen sie manchmal bei mir in der Radio-Talkshow an und sagen: »Hallo, Dr. Ruth. Ich habe da einen Freund...« Das ist völlig in Ordnung; wir brauchen alle einen Freund. In solchen Fällen versuche ich immer, die Betreffenden zu beruhigen, und sage ihnen, sie sollten sich wegen eines gelegentlichen Versagens keine Sorgen machen. Das bedeute einfach, daß ihr »Freund« müde und erschöpft sei und »sein« Penis wahrscheinlich vernünftiger ist als er selbst.

In meiner Praxis habe ich es eher mit Männern zu tun, die unter längerfristigen Erektionsstörungen leiden. Manchmal kommt sogar ein Mann, der sich nicht einmal daran erinnern kann, jemals eine Erektion gehabt zu haben. Bevor ich es in solchen Fällen mit Sextherapie versuche, schicke ich den Betreffenden erst einmal zum Urologen, und wenn der feststellt, daß körperlich alles in Ordnung ist, dann bin nicht nur ich beruhigt, sondern auch der Patient. Auf jeden Fall sollte ein Mann, der noch nie eine Erektion hatte, nicht die Flinte ins Korn werfen, ohne vorher einen Arzt zu konsultieren.

Unterschiedliche Probleme

In der modernen Sextherapie verwendet man nicht gern den Begriff *Impotenz* – er ist einfach zu vage und für viele Menschen eng verknüpft mit Hoffnungslosigkeit. Wir sagen lieber Erektionsschwierigkeiten oder Erektionsprobleme und verstehen darunter eine ganze Reihe von unterschiedlichen Beschwerden. Dazu gehört zum Beispiel, daß ein Mann

- Erektionen hat, wenn er allein ist, aber nicht in Gegenwart einer Frau;
- Erektionen in Gegenwart einer Frau hat, diese Erektion aber sofort verschwindet, wenn die Frau sich ihm anbietet;
- Erektionen während des Vorspiels hat, die aber erschlaffen, wenn er einen Koitus versucht;
- Erektionen hat, die kurz nach dem Eindringen in die Vagina verschwinden;
- Erektionen hat, die beim Koitus nach wenigen Stößen zurückgehen;
- Erektionen hat, aber nicht bei seiner Frau;
- schwache oder weiche Erektionen hat;

– selten eine Erektion hat, oder sogar noch nie eine Erektion gehabt hat – bei dieser Art von Erektionsschwierigkeiten sollte man allerdings einen Arzt konsultieren. Dieses ernste Problem nennt man eine primäre sexuelle Funktionsstörung, alle anderen sind sekundäre Störungen.

Die Ursachen für Erektionsschwierigkeiten

Dies können zum Beispiel Ursachen körperlicher Art sein, die medizinisch behandelt werden können. Eine der Behandlungsmethoden ist die Injektion des Hormons Testosteron. In ganz schwierigen Fällen kann ein Chirurg eine Implantation in den Penis vornehmen. Auch Alkoholiker, Drogenabhängige und Menschen, die bestimmte Medikamente einnehmen müssen, können unter Erektionsschwierigkeiten leiden.

Darüber hinaus gibt es auch eine Reihe von psychischen Ursachen, die im Seelenleben verwurzelt sind und oft nur mit Hilfe der Psychoanalyse gefunden und beseitigt werden können. Allerdings erfordert das eine langwierige Behandlung, die bei sexuellen Störungen keine besonders großen Erfolge gezeigt hat.

Sehr viel mehr Aussicht auf Erfolg bei sexuellen Funktionsstörungen wie Erektionsschwierigkeiten besteht dann, wenn die Ursache in Konditionierungsprozessen zu suchen ist, die das Sexualverhalten beeinflussen. Solche Konditionierungsprozesse lassen sich in der Therapie häufig umkehren, wobei die tieferen Ursachen unberührt bleiben. In vielen Fällen wird der Patient, von der belastenden Funktionsstörung befreit, er kann anschließend eine Psychoanalyse beginnen, ohne daß er dabei auf sein Sexualleben verzichten muß.

Ein typischer Fall

Der folgende Fall einer Erektionsstörung ist ein typisches Beispiel, da bei diesem Paar auch andere Dinge nicht in Ordnung waren, wodurch die Erektionsstörungen des Mannes noch verstärkt wurden. Es handelte sich um ein ziemlich religiöses und ganz konventionelles Paar in den Dreißigern. Trotz ihrer vielen Probleme dachten die beiden keineswegs an eine Trennung oder Scheidung – und das war ein großer Vorteil, zumindest was die Sextherapie angeht. Schließlich ist die Sextherapie nicht das letzte Mittel, eine Scheidung zu vermeiden. Die beiden Ehepartner müssen sich darin einig sein, daß sie weiterhin zusammenbleiben und sich gegenseitig helfen wollen, zu einem besseren Sexualleben zu kommen. Sie brauchen nicht in Liebe entflammt zu sein, aber sie sollten sich so gut vertragen, daß sie sich gegenseitig helfen können.

Er hatte zuviel gearbeitet, weil sein Beruf es verlangte und ihm die Arbeit schon zur Routine geworden war. Eine andere Arbeit oder ein Berufswechsel kamen überhaupt nicht in Frage. Die beiden hatten zwei Kinder, wohnten in einem schönen Stadtviertel und besaßen auch ein Sommerhaus. Wenn er arbeitete, war er oft bis zu zwölf Stunden aus dem Haus, und das manchmal sogar sieben Tage die Woche. Zu Beginn ihrer Ehe hatten die beiden ein ziemlich gutes Sexualleben gehabt, ihre Aktivitäten aber im Laufe der Zeit immer mehr reduziert. Sie machten sich gegenseitig Vorhaltungen, wobei viele Aspekte ihres Zusammenlebens kritisiert wurden.

Das Wichtigste zuerst

Nachdem ich mir während anderthalb Sitzungen ihre Geschichte angehört hatte, sagte ich im Beisein seiner Frau zu ihm: »Als erstes möchte ich, daß Sie sich einen Basketball kaufen.« Er war sichtlich überrascht! Das sollte eine Sextherapie sein? Er dachte vielleicht, ich würde ihm als nächstes sagen, er solle Sex mit einem Basketball treiben!

Ich erklärte ihm, was ich meinte: »Sehen Sie, an sechs Tagen in der Woche arbeiten Sie bis spät abends. Einmal die Woche gehen Sie zum Abendessen zu Ihren Eltern oder den Eltern Ihrer Frau. Sie gehen zu den Treffen des Elternrats, Sie sind Mitglied in allen möglichen Vereinen, Sie arbeiten bei den Pfadfindern mit. Das ist alles sehr schön. Sie sind ein guter Ehemann und Vater, trotz der Beanspruchungen durch Ihren Beruf. Aber wieviel Zeit haben Sie noch für sich selbst? Früher haben Sie doch Basketball gespielt! Also kaufen Sie sich jetzt einen Basketball, und dann möchte ich, daß Sie einmal in der Woche am Vormittag oder Nachmittag rausgehen und ein paar Körbe werfen.«

Wenn ich ihm gesagt hätte, er solle sich ein Hobby suchen, dann hätte er das immer wieder hinausgeschoben. Aber dieser Auftrag war ganz eindeutig. Wenn er einen Ball in der Hand hatte, dann würde er auch spielen gehen. Er brauchte einfach etwas, was ganz allein seine

Sache war und seinem Vergnügen diente – nicht dem Beruf oder der Familie oder der Gesellschaft, sondern wirklich nur ihm selbst, sonst würde er weiter durchs Leben gehen und glauben, daß er überhaupt nicht existiere. Bevor Sie ein sinnvolles Sexualleben anstreben, müssen Sie erst einmal erkennen, daß Sie eine Persönlichkeit, ein Individuum sind.

Natürlich sage ich nicht jedem Mann, der Erektionsstörungen hat, er solle sich einen Basketball kaufen!

Ein Problem nach dem anderen

Erst danach ging ich auf die sexuellen Probleme der beiden ein. Das erste war, daß sie keinen Orgasmus bekam, und das zweite, daß er seit sechs Monaten keine Erektion mehr gehabt hatte.

»Eins nach dem anderen«, sagte ich, »erst einmal kümmern wir uns um seine Erektionen, und wenn Sie dann immer noch keinen Orgasmus bekommen, dann werden wir daran arbeiten.«

Die Übungen

Während der ersten Woche der Behandlung sollten die beiden keinen Geschlechtsverkehr haben, und er durfte auch keinesfalls auf andere Weise zur Ejakulation kommen. Er sollte sich einfach hinlegen und sich von ihr von Kopf bis zu den Zehenspitzen liebkosen, streicheln und küssen lassen – mit Ausnahme der Genitalien. Er sollte ganz einfach nur daliegen und sich seinen Empfindungen überlassen und sie aufmerksam verfolgen. Danach sollte er das gleiche mit ihr tun.

»Als Sie sich kennenlernten, wollten Sie sich gegenseitig berühren«, sagte ich. »Das kam vor dem Sex. Jetzt sollen Sie sich an diese Gefühle erinnern und daran, wie aufregend es war, einander zu berühren.« Außerdem hatte er so die Möglichkeit, auf sinnliche Berührung zu reagieren, ohne unter dem Zwang zu stehen, eine Erektion produzieren zu müssen. Normalerweise bekommt ein Mann in einer solchen Situation prompt eine Erektion, weil kein Druck mehr auf ihm lastet.

In dieser ersten Woche fanden die beiden die Übungen irgendwie peinlich und konnten sich nicht dabei entspannen, aber sie machten sich pflichtgemäß an die Erfüllung der ihnen gestellten Aufgabe. Dabei machten sie immer wieder kleine Witzchen, zum Beispiel, daß es jetzt Zeit für die Hausaufgaben sei und daß er oder sie jetzt an der Reihe sei mit den Spielchen. Ihre Hemmungen verloren sich im Laufe der Zeit, am Ende der Woche waren sie fast ganz verschwunden, und er hatte wieder ziemlich kräftige Erektionen. Aber er hatte trotzdem noch Angst, er würde wieder versagen, wenn es wirklich darauf ankäme.

In der folgenden Woche machten sie das gleiche Spiel, aber mit einer interessanten Veränderung. Jetzt durften – ja sollten – sie nach der Beschäftigung mit dem Körper sich auch den Genitalien zuwenden und sanft und neckend damit spielen. Dabei sollte sie ihn jedoch nicht zum Orgasmus bringen.

»Das will ich auch hoffen!« sagte sie.

»Aber er darf Sie zum Orgasmus bringen, wenn Sie wollen«, fügte ich hinzu. Sie war so überrascht, daß sie nichts mehr sagen konnte.

An dieser Stelle machte er den Vorschlag, wir sollten, da sie mit diesen Dingen nicht vertraut seien, über dieses Spielen mit den Genitalien sprechen, und ich sollte ihnen erklären, was sie zu tun hätten. Ich gab ihnen ein paar Anregungen und sagte dann, wenn dem einen etwas besonders gut gefiele, dann solle es der andere wiederholen. Außerdem sollten sie sich gegenseitig mitteilen, was sie besonders aufregend und erregend fänden. Auch jetzt wiederholte ich noch einmal, daß das zum ganz normalen Vorspiel gehöre und den eigentlichen Koitus dann um so lustvoller machen würde.

Wenn er an irgendeinem Punkt Angst bekommen sollte, seine Erektion zu verlieren, dann dürfe er seine passive Rolle aufgeben und statt dessen dazu übergehen, seiner Frau Befriedigung zu verschaffen. In der Regel verstärkt sich dabei die Erektion des Mannes wieder, außerdem wird er abgelenkt und hört auf, sich ständig auf seine Erektion zu konzentrieren und sie schon auf diese Weise zum Verschwinden zu bringen.

Als die beiden dann eine Woche später den neuen Auftrag bekamen, sich gegenseitig zu befriedigen, hatte sie ihren Widerstand gegen diese Übung bereits aufgegeben. Für mich kam es jetzt nur noch darauf an, ob sie sich von ihm wirklich zum Orgasmus bringen lassen würde. Sie hatte schon angedeutet, daß sie bei früheren Versuchen, sich selbst zu befriedigen – »vor langer Zeit« –, tatsächlich »etwas gefühlt« habe, aber vielleicht wollte sie es einfach nicht zulassen, von ihm zur Ekstase gebracht zu werden. Doch meine Besorgnis erwies sich als völlig unbegründet. In dieser Woche erreichten beide ihren Orgasmus.

Während dieser Phase der Übung sollte er sich noch ganz auf seine eigene Lust konzentrieren, wenn er an der Reihe war, sich einfach hinlegen und den Pascha, den sexuellen Genießer spielen. Bei anderer Gelegenheit durfte er dann ihr aufmerksamer Liebhaber sein, aber wenn sie sich mit ihm beschäftigte, dann sollte er, wie gesagt, nur an sich selbst denken. Um alle eventuellen negativen Gefühle oder Gedanken zu vermeiden, sollte er sich dabei auf eine beliebige sexuelle Phantasie konzentrieren. Wenn ihnen danach war, dann durften sie sich gegenseitig ihre sexuellen Phantasien erzählen, aber das war nicht unbedingt erforderlich. Diese beiden jedenfalls taten es nicht. Ich hatte den Eindruck, sie hatte Angst, auf seine Phantasien eifersüchtig zu werden.

Auf diese Weise hatte er immer wieder kräftige, anhaltende Erektionen – mit Ausnahme eines einzigen Abends, an dem er sehr erschöpft nach Hause kam und bald einschlief. Aber das spielte keine Rolle.

Dann ging ich zum nächsten Stadium der Therapie über. Dabei mußte ich meine kleinen hölzernen Gliederpuppen zu Hilfe nehmen, um ihr die Stellung zu veranschaulichen, bei der der Mann unten liegt. Sobald sein Penis erigiert war, sollte sie sich über ihn hocken und den Penis in ihre Vagina einführen. Dabei durfte sie sich leicht bewegen, mußte sich aber zurückziehen, ehe er zur Ejakulation kam – und von neuem mit der Übung beginnen. Diese für den Mann sehr erregenden Unterbrechungen sollten so lange wiederholt werden, bis er das starke Verlangen hatte, zuzustoßen und zur Ejakulation zu kommen. Erst dann war es ihm gestattet. Auf diese Weise würde er seine Erektionsfähigkeit zurückgewinnen und die Sicherheit haben, daß er in sie eindringen und den Koitus fortsetzen könne.

Über Gefühle sprechen

Wenn die beiden zu mir in die Praxis kamen, unterhielten wir uns über die Übungen und über die Gefühle, die sie in ihnen auslösten. Der Basketballspieler meinte, er würde sich wie ein kleines Baby vorkommen, wenn er einfach so da läge und sich von ihr am ganzen Körper streicheln lasse. Jedenfalls am Anfang. In dem Maße jedoch, wie die beiden in dieser neuen Intimität immer sicherer wurden, fand er mehr und mehr Vergnügen daran. Er litt nur darunter, daß er sie nicht stärker begehrte und es für ihn gewissermaßen erniedrigend sei, sich von ihr befriedigen zu lassen. Dann beschrieb ich der Frau die Möglichkeit einer Beziehung, in der jeder für die Lust des anderen zuständig sei und daß beide gemeinsam die Verantwortung für seine Erektion und den Orgasmus beider Partner hätten. Sie sollten vor allem die Erektion als ihr gemeinsames Eigentum betrachten.

Diese Art von Beratung stößt in vielen Fällen auf hartnäckigen Widerstand, spielt aber in der Sextherapie eine ganz wichtige Rolle.

Sextherapie im Do-It-Yourself-Verfahren?

Ich weiß, daß diese therapeutischen Methoden heute überall publiziert werden und in der Öffentlichkeit bekannt sind. Die Leute lesen die Bücher von Masters und Johnson oder von Helen Singer Kaplan und versuchen, einiges davon auf eigene Faust umzusetzen und auszuprobieren. Das ist nicht nur unvermeidlich, sondern auch sehr begrüßenswert. Manche werden dabei keine Schwierigkeiten haben, während andere ohne professionelle Anleitung früher oder später ins Stocken geraten. Auf jeden Fall ist es nützlich, wenn man erkennt, daß die Dinge, die in diesen Übungen praktiziert werden, nicht nur erlaubt sind, sondern auch zu besserem Sex führen. In diesen Übungen geschieht nichts, was einem schaden könnte. Wenn trotzdem jemand ernsthafte Bedenken dagegen haben sollte, kann – und wird – er oder sie ganz einfach damit aufhören, ohne irgendeinen Schaden davonzutragen.

Wer in entlegenen Gegenden wohnt und weit und breit keinen Sextherapeuten in der Nähe hat, kann ohne weiteres diese Übungen probieren. Nur ein Wort der Warnung: Wenn die Übungen zu starken negativen Reaktionen führen und die eheliche Beziehung eher zusätzlich zu belasten scheinen, dann sollte man zumindest für eine Weile damit aufhören und vielleicht doch versuchen, professionelle Hilfe in Anspruch zu nehmen.

Die Übungen sind ganz leicht auszuführen, müssen aber in einzelnen Fällen leicht modifiziert werden, um der besonderen Situation eines Paares gerecht zu werden. Und die Erfahrung und Befähigung eines Sextherapeuten liegt vor allem darin, Unsicherheiten zu beseitigen und die beiden Partner zu beruhigen und zu bestärken. Aber lassen Sie mich noch einmal wiederholen, daß diese Übungen auf keinen Fall gefährlich oder schädlich sind. Sie sollen ja schließlich nicht auf eigene Faust eine Gehirnoperation ausführen!

Gute Nachrichten aus dem Schlummerland

Ein Mann kam zu mir und meinte, er sei ganz sicher, daß er nie wieder eine Erektion haben würde. Warum er trotzdem zu mir kam? Nun, natürlich glaubte er, es gäbe jemanden, der ihm helfen könne. Er war auf der Suche nach dem Zaubermittel, das seine Erektionen zurückbringen würde. Wenn ich ihm nicht helfen könne, dann wollte er es als nächstes mit dem gemahlenen Horn eines Nashorns versuchen (Armes Nashorn!).

Ich schickte ihn in eine Schlafklinik, wo man Meßelektroden an seinen Penis anlegte und ihn dann schlafen ließ. Am nächsten Morgen zeigten die Kontrollstreifen, daß er in der Nacht – während der REM-Phase seines Schlafs – nicht weniger als sieben Erektionen gehabt hatte. Auf diese Weise erfuhr er, daß er durchaus noch in der Lage war, Erektionen zu bekommen. Damit hatte er etwas Positives, auf dem er aufbauen konnte, und wir machten uns an die Therapie, um ihn auch im Wachzustand erektionsfähig zu machen.

Auch in der Phantasie noch treu

Wenn der Mann dazu übergeht, wieder einen Koitus zu versuchen, dann braucht er Phantasien, um seine Zweifel zu vertreiben und seine eigene Erektion ständig zu kontrollieren. Einige Religionen verbieten es jedoch dem Mann, irgendeine andere Frau außer seiner Ehefrau zu begehren, und sei es auch nur in Gedanken. In diesen Fällen lautet mein Rat: Denken Sie zurück an die Zeit, als Sie Ihre Frau kennenlernten und ihr den Hof machten, oder an die ersten Tage Ihrer Ehe. Versuchen Sie sich zu erinnern, wie es war, als Sie Ihre Frau besonders reizvoll und erregend fanden. Und gehen Sie bei Ihren Phantasien von diesen Erinnerungen aus.

Ich erinnere mich, daß ich einem sehr frommen Mann einmal diesen Rat gab und er mit einem merkwürdigen Lächeln reagierte. Weil ich mich dadurch irgendwie verunsichert fühlte, gab ich mir alle Mühe, ihm die Sache noch einmal ganz genau zu erklären und ihn zu beruhigen, daß er daduch keineswegs »unreine Gadanken« haben würde, weil sich seine Gefühle ja ausschließlich auf seine ihm angetraute Ehefrau richten würden. Als er auch weiterhin lächelte, wurde mir plötzlich klar, daß er in Gedanken bereits in diese Situationen aus der Vergangenheit vertieft war. Ich fühlte mich fast wie ein Eindringling.

Was ihm auch immer eingefallen sein mag in dieser Situation, es tat auf jeden Fall seine Wirkung, und das Sexualleben der beiden erlebte ein großartiges Comeback.

27.

Vorzeitige Ejakulation

Wahrscheinlich hat jeder Mann irgendwann einmal diese Erfahrung gemacht. Sie tanzten gerade mit einem Mädchen und hatten dabei einen Samenerguß. Oder Sie versuchten, auf dem Rücksitz eines Autos mit einem Mädchen Sex zu machen, und es kam Ihnen, noch ehe Sie in sie eingedrungen waren. Oder kurz danach – was Ihrem Image als großartiger Don Juan nicht gerade zuträglich war. Vielleicht war es auch in Ihrer Hochzeitsnacht.

Während manche Männer nach ein paar jungfräulichen Fehlschlägen ihre vorzeitigen Ejakulationen überwinden, scheinen sie bei anderen zur festen Gewohnheit zu werden. Das ist sehr peinlich und erniedrigend! Und ein Mann fühlt sich dabei natürlich ausgesprochen schuldig und schlecht, weil er seine Dame nicht befriedigen kann, obwohl er sich doch alle Mühe gibt. Dabei ist dieses Problem von allen Problemen, die ein Mann haben kann, vielleicht noch am leichtesten zu lösen. Ich erinnere mich nur an einen einzigen Fall, in dem meine Bemühungen erfolglos blieben.

Ein schwieriger Fall

Ein Mann kam zu mir und beschwerte sich darüber, daß er in seinen Sexträumen immer zu früh kam! Seine »feuchten Träume« enttäuschten ihn fürchterlich. Ich reagierte etwas ironisch und sagte, wenn er jemanden kennen sollte, der wirklich unter vorzeitigen Ejakulationen leide, dann könne er ihn gern zu mir schicken; ich würde das Problem bestimmt lösen – aber für sexuelle Probleme im Schlaf sei ich leider nicht zuständig.

Die Fakten

Vorzeitige Ejakulation bedeutet, daß Sie früher kommen, als Sie wollen – noch ehe die ganze Sache anfängt, Spaß zu machen. Das Ergebnis ist, daß Sie frustriert sind. Dabei spielt es keine Rolle, ob Sie schon nach ein paar Sekunden, erst nach ein paar Minuten kommen oder kurz bevor die Dame *bereit* ist, Ihnen für Ihre Leistung eine Goldmedaille zu verleihen. Entscheidend ist nur, daß Sie früher kommen, als *Sie* selbst wollen. Wir müssen das Problem so definieren, weil es sonst von anderen überlagert und die Situation dadurch verwirrt würde. Ein Beispiel: Nehmen wir an, die Dame will nicht, daß Sie das Vorspiel allzu lange ausdehnen, und besteht darauf, so bald wie möglich zum Koitus zu kommen, obwohl sie noch lange nicht genügend erregt und vom Orgasmus noch weit entfernt ist. Sie ejakulieren nach fünfzehn Minuten, und *sie* braucht noch weitere zehn Minuten, um zum Höhepunkt zu kommen. In diesem Falle, nach fünfzehn Minuten, handelt es sich *nicht* um eine vorzeitige Ejakulation!

Das eigentliche Problem besteht nicht darin, die vorzeitige Ejakulation zu überwinden, sondern *Kontrolle* zu lernen.

Das Paar übernimmt die Therapie

Wenn ein Mann in meiner Praxis anruft und mich wegen seiner vorzeitigen Ejakulationen konsultieren möchte, dann hoffe ich, daß er verheiratet ist oder zumindest eine feste Beziehung hat. Ein liebevoller Partner erleichtert die Behandlung außerordentlich. Natürlich gibt es auch Methoden, wie man alleinstehenden Männern mit diesem Problem helfen kann, aber das eigentliche Ziel ist ein guter Geschlechtsverkehr, und der beste Helfer für den Mann ist die Dame, der die erfolgreiche Behandlung zugute kommt – die Dame seines Herzens.

Dabei übernimmt das Paar gemeinsam die eigentliche Therapie; der Therapeut zeigt ihnen nur den Weg. Wenn das Paar sich gut versteht, dann werden die Übungen, die der Therapeut verschreibt, für beide Partner sehr lustvoll sein. Diese sexuellen Erfahrungen gehen in die Geschichte des Paares ein und können noch sehr lange Zeit später als wichtiger Bestandteil des sexuellen Repertoires der beiden fungieren. Sie basieren auf Übungen, die von den Sexualforschern Masters und Johnson vor rund zwanzig Jahren entwickelt wurden, unter Einbeziehung einer von Dr. James Seman erfundenen Technik, und später von meiner Lehrerin, Dr. Helen Singer Kaplan, modifiziert wurden.

Sabotage!

Wenn ein Paar mit der Beschwerde vorzeitiger Ejakulationen zu mir kommt, dann lautet meine Prognose: Wenn der Mann überhaupt eine nennenswerte Erektion hat und tatsächlich ejakuliert, dann können wir seine Erektionen mit ziemlicher Sicherheit verlängern und die Ejakulation hinauszögern. Die einzige Voraussetzung dabei ist, daß *er* wirklich das Bedürfnis hat, zu lernen, wie er seine Ejakulation selbst kontrollieren kann. Es reicht nicht, wenn er es nur für *sie* tun will, weil sie ihm ständig in den Ohren gelegen hat, er solle doch einen Sextherapeuten aufsuchen. Ebenso muß die Frau für sich selbst eine Verbesserung ihres gemeinsamen Sexuallebens wollen. Sonst kann es passieren, daß der eine oder der andere mit Unwillen auf die Übungen reagiert und einen Weg findet, sie zu sabotieren.

Warum sollte ein Mann seine eigene Heilung unterlaufen wollen? Nun, es gibt Männer, denen einfach alles egal ist! Alles was sie zum Sex brauchen, ist eine Frau, die sie besteigen können und einfach solange ›bearbeiten‹, bis sie zum Orgasmus kommen. Und zwar je schneller, um so besser – weil sie es wollen! Wenn ihr der Sex kein Vergnügen macht, dann soll *sie* doch zum Therapeuten gehen.

Für eine Frau gibt es eine ganze Reihe von möglichen Gründen, die Übungen zu sabotieren. Vielleicht findet sie es erniedrigend, daß sie so hart arbeiten muß, nur damit er lernt, wie man richtig Liebe macht. Vielleicht wird ihr die Sache langweilig, weil sie sich aus Sex sowieso nicht viel macht. Vielleicht hat sie auch Angst, daß er, wenn er erst einmal gelernt hat, seinen Orgasmus zu kontrollieren, allen möglichen Frauen nachlaufen wird, während er jetzt ein braver, kleiner Ehemann ist. Es ist durchaus möglich, daß es in der Beziehung andere Schwierigkeiten gibt, die vor Beginn der Sextherapie eine Eheberatung angezeigt erscheinen lassen. Und dann ist da noch ein Punkt, auf den ich das Paar hinweise.

»Sie sind zu mir gekommen, weil Sie beide mit Ihrem Sex nicht zufrieden sind. Wenn wir die Kontrolle und Selbstbeherrschung des Mannes verbessert haben, was uns bestimmt gelingen wird, dann sollte auch die Frau mehr Freude am Sex haben. Wenn nicht, dann besteht die Möglichkeit, daß *sie* selbst ein Problem hat. Aber im Augenblick wollen wir das einmal außer Betracht lassen. Jetzt ist erst einmal *er* an der Reihe – »Gentlemen first«.

Die Übungen

Zwei Wochen lang muß das Paar auf Geschlechtsverkehr verzichten. Der Ehemann soll sich erst einmal richtig entspannen. Er legt sich auf den Rücken, läßt sie mit seinem Penis spielen und denkt an nichts anderes als die Empfindungen in seinem Schoß.

Zuerst einmal muß er eine Erektion bekommen, und die beiden können selbst entscheiden, wie sie das zuwege bringen wollen. Dann legt er sich mit geschlossenen Augen auf den Rücken und läßt sich von ihr mit der Hand stimulieren. Vielleicht weiß sie, was sie zu tun hat, vielleicht auch nicht. Wenn nicht, dann kann er ihr Anweisungen geben. Ein großartiges Leben – nicht einmal das muß er selber machen! Er braucht dabei auf ihre Gefühle keine Rücksicht zu nehmen. Er ist der Pascha, und sie ist seine Haremssklavin. Er ist der Samurai und sie die Geisha.

Es sollte mich wundern, wenn er nicht weiß, was er ihr befehlen soll. Ihre Aufgabe besteht darin, ihn sanft und langsam zu masturbieren, und er braucht nur auf den Augenblick zu warten, nach dem es kein Halten mehr gibt. Auf das Gefühl, das ihm sagt: »Noch eine Bewegung, dann gibt es kein Zurück – dann kommst du.« Er muß lernen, dieses Gefühl zu erkennen. Und dann muß er sie bitten, aufzuhören.

Nun, ich weiß sehr wohl, daß diese Übung zu ziemlichen Spannungen führen kann, und es wird ihr sicher nicht gefallen, wenn er immer nur daliegt und ihr Befehle gibt. Selbst wenn sie es noch so gut meint, ihre Gutmütigkeit hat irgendwo Grenzen. Deshalb sollte er, wenn es soweit ist, liebevoll sagen: »Bitte aufhören!« Kein Grund zum Schreien! Schließlich ist sie bei ihm und nicht im Nachbarhaus.

Nach kurzer Zeit wird das Gefühl, daß er kommen muß, vorübergehen. Dann sagt er wieder liebevoll zu ihr: »Bitte weitermachen.« Darum nennen wir diese Übung auch die Start-Stopp-Übung.

Wenn seine Erektion dann etwas zurückgegangen sein sollte, wird sie mit ein wenig Aufmerksamkeit schnell wiederkehren. Dabei kann er sie durchaus auffordern, schneller oder langsamer zu machen. Wenn er dann wieder fühlt, daß sein Orgasmus unmittelbar bevorsteht, sagt er wieder: »Bitte aufhören.«

Sie kann sich dabei ruhig vorstellen, was für eine großartige Frau sie ist – eine richtige Sextherapeutin, eine erfahrene Kurtisane, eine wahre Florence Nightingale des Sex.

Auf diese Weise kann sie ihn ein-, zwei- oder dreimal an den Rand eines Orgasmus bringen und immer kurz davor aufhören. Aber beim viertenmal – ja! Beim viertenmal macht sie bis zum großen Moment weiter, und er darf ejakulieren.

Beim nächsten Mal werden die Rollen vertauscht, und er kann ihr Befriedigung verschaffen und sie so oft zum Orgasmus bringen, wie sie es wünscht. Er kann sie umarmen, küssen, massieren – alles was diese kapriziöse Frau sich wünscht. Die einzige Ausnahme ist der Koitus. Er kann seine Finger benutzen, seine Zunge, seine Nase, seine Zehen, und ihr auf diese Weise zeigen, wie sehr er ihre Bemühungen zu schätzen weiß und wie dankbar er ist. So braucht sie nicht das Gefühl zu haben, daß sie die ganze Arbeit allein machen muß.

Wenn sie sich mit ihm beschäftigt, dann gebe ich dem Mann in der Regel die Anweisung, ihr alles zu überlassen und selbst keine Stoßbewegungen zu machen. Allerdings gibt es Männer, die sich bewegen müssen, weil sie sonst ihre Erektion verlieren; deshalb soll der Mann selbst entscheiden, was er für notwendig hält.

Das Paar setzt diese Übungen ein paar Wochen fort – oder zumindest solange, bis er es wenigstens in vier Sitzungen geschafft hat, viermal nacheinander das Vorgefühl des Orgasmus zu erreichen. Dann geht die Frau dazu über, ihre Hand mit Vaseline oder einem anderen geeigneten Gleitmittel einzureiben. Dadurch wird die Empfindung einer feuchten Vagina simuliert und der Penis weit stärker erregt als mit trockenen Händen (das ist auch der Grund, warum wir zu Anfang darauf verzichten).

Auch diese Variante der Übung wird so lange fortgesetzt, bis er es wieder an vier Abenden geschafft hat, viermal nacheinander fast bis zum Orgasmus zu kommen.

Koitus nach der Start-Stopp-Methode

In der nächsten Phase der Übung versuchen die beiden die Start-Stopp-Methode beim richtigen Koitus. Wenn er eine starke Erektion hat und auch sie bereit und ihre Vagina feucht ist, dann setzt sie sich auf seinen Schoß und nimmt den Penis in ihre Vagina auf. Der Mann umfaßt mit beiden Händen ihre Hüften und steuert auf diese Weise ihre Bewegungen, damit sie rechtzeitig aufhört. Auch jetzt soll er wieder dreimal nacheinander das Vorgefühl des Orgasmus erreichen und erst beim viertenmal ejakulieren. Diese Stellung gewährleistet, daß die Frau ihre Bewegungen sehr gut kontrollieren kann.

Nach drei oder vier Sitzungen wechseln die beiden die Stellung: Sie legen sich jetzt auf die Seite und wenden einander das Gesicht zu. Auch diese Stellung wird so lange geübt, bis das Paar sie gut beherrscht, und dann gehen sie zur Missionarstellung über, bei der der Mann oben liegt.

In Verlauf dieser Phase der Therapie lernt der Mann, seine Ejakulation fast nach Belieben hinauszuzögern. Dabei ist ein endlos andauernder Geschlechtsverkehr keineswegs ein erstrebenswertes Ziel – auch wenn Sie schon so viel von der Leistungsfähigkeit gewisser Sexualathleten gehört haben. Das Entscheidende ist, daß das Selbstvertrauen und die Sicherheit des Mannes gestärkt werden. In den folgenden Monaten lernt er dann, den Wechsel zwischen Bewegung und Ruhe, zwischen Start und Stopp so flüssig zu gestalten, daß seine gesamte Leistung wie eine Einheit ohne Unterbrechungen wirkt.

Der Mann sollte dabei wenige Wochen bis höchstens zwei Monate benötigen, um eine relativ gute Kontrolle über seine Ejakulation zu erreichen, und wird diese Kontrolle vielleicht ein halbes Jahr nach Beginn der Therapie gemeistert haben. Aber auch nach dem Übergang zum eigentlichen Koitus sollte sich das Paar weiterhin einmal in der Woche nach der Start-Stopp-Methode mit der Hand befriedigen.

Noch ein Wort der Warnung: Während dieser gesamten Therapie sollte die Frau auf oralen Verkehr mit ihrem Mann verzichten, weil die Empfindungen, die dabei beim Mann ausgelöst werden, meist zu stark sind!

Einschränkungen

Diese Therapie ist nicht für alle Patienten gleichermaßen geeignet. Zum Beispiel ist es orthodoxen Juden nicht gestattet, außerhalb der Vagina zu ejakulieren. Aber in solchen Fällen kann die Übung leicht variiert werden: Nachdem er zum drittenmal das Vorgefühl des Orgasmus erreicht hat, kann er beim viertenmal seinen Penis in ihre Vagina einführen und mit seinen Stößen zum Höhepunkt kommen.

Diese Übungen können auch von einem Mann gemacht werden, der keine feste Partnerin hat, die ihm dabei helfen könnte. Dabei kann er anfangs mit trockenen und später mit fettigen Händen das gleiche machen, was sonst die Frau für ihn tun würde. Das ist natürlich nicht ideal, aber ein Mann kann auf diese Weise durchaus lernen, seine Ejakulation zu kontrollieren, um diese Fähigkeit dann später beim Geschlechtsverkehr anzuwenden.

Die Ursachen der vorzeitigen Ejakulation

In der psychoanalytischen Theorie geht man davon aus, daß manche Männer die Frauen hassen und den sexuellen Akt mit der Frau so schnell wie möglich hinter sich bringen wollen. Für einen Mann, der lernen will, seine Ejakulation zu kontrollieren, um seiner Herzensdame zu gefallen, ist dieser Gedanke jedoch ziemlich absurd.

Früher hat man die Selbstbefriedigung oder Masturbation für die Ursache dieser Störung gehalten – heute ist sie die Behandlungsmethode der Wahl! Es gab einmal eine Theorie, derzufolge ein Junge, der schnell und heimlich masturbiert, ganz einfach lernt, so schnell wie möglich zu kommen. Das wäre eine Möglichkeit.

Andere Methoden zur Behandlung einer vorzeitigen Ejakulation

Ein Vorschlag der Sexualforscher Masters und Johnson bestand darin, daß die Frau den Penis zwar kontinuierlich reiben, ihn aber kurz unter der Eichel fest zusammendrücken sollte. Das funktionierte zwar, doch viele Frauen hatten Angst, sie könnten dieses empfindliche Organ verletzen – und vielleicht war das manchmal auch tatsächlich der Fall. Es erscheint also viel sinnvoller, daß sie im richtigen Moment einfach aufhört.

Ein Männermärchen: Früher haben sich Männer untereinander den guten Rat gegeben, vor dem Geschlechtsverkehr eine Zeitlang zu masturbieren, um die sexuelle Spannung zu verringern und den Sex dadurch zu verlängern. Natürlich wurde der Sex dadurch weniger interessant, und ich habe nie erfahren, ob diese Methode eigentlich funktioniert.

Der dümmste Trick bestand darin, während des Sex einfach an etwas Langweiliges oder Frustrierendes zu denken. Statt sich auf die nackte Frau in Ihren Armen zu konzentrieren, sollten Sie lieber an Ihre Schwiegermutter, Ihren Chef oder Ihre Arbeit denken. Oder im Geiste Zahlenkolonnen addieren.

Man kann sich auch eine Creme besorgen, die auf den Penis aufgetragen wird und eine leicht betäubende Wirkung hat, so daß er nicht so schnell ejakuliert. Allerdings kann das auch dazu führen, daß die

Erektion ganz einschläft, und außerdem werden durch die Creme auch die Empfindungen in der Vagina weniger intensiv.

Glücklicherweise ist die Start-Stopp-Methode so zuverlässig und effektiv, daß wir hoffen, das Problem der vorzeitigen Ejakulation ein für allemal beseitigen zu können. Außer vielleicht im Iran, wo Bücher wie dieses für obszön gehalten werden und verboten sind.

28.

Verzögerte oder ausbleibende Ejakulation

Es scheint, als hinge alles davon ab, im richtigen Augenblick zu ejakulieren, und dabei sind die Regeln so kompliziert! Ein Mann kann wirklich wahnsinnig werden dabei!

Früher haben die Männer Angst gehabt, sie könnten im Schlaf ejakulieren und auf diese Weise ihre Manneskraft schwächen oder verlieren. Gott sei Dank ist diese Vorstellung heute weitgehend ausgerottet! Vor etwa dreißig Jahren verbreitete dann irgendein Ignorant die Idee, daß der Mann im gleichen Moment ejakulieren solle, in dem die Frau ihren Orgasmus hat. Wenn ihm das nicht gelinge, sei er ein Versager. Nun ist die Wahrscheinlichkeit eines gemeinsamen Orgasmus etwa genauso groß wie die Chance, am Spielautomaten ein Vermögen zu gewinnen, und die Folge war, daß diese Idee ein ganzes Heer von Männern an ihren Liebhaberqualitäten zweifeln ließ. Alles prächtige Kerle – wirklich eine Schande! Aber heute macht sich auch darüber kaum noch jemand Gedanken. Wenn beide Partner ihr sexuelles Vergnügen haben, ist das Grund genug zum Jubeln.

Dann gab es noch die Theorie, daß ein Mann sich sorgfältig überlegen sollte, ob und wann er ejakuliert, da er in seinem ganzen Leben zusammengenommen auf höchstens 1247 Ejakulationen kommen könne – oder waren es 1472? Wenn ein junger Mann zufällig diese Zeilen lesen sollte, dann möge er diese absurde Vorstellung so schnell wie möglich wieder vergessen! Es gibt keinerlei Statistik, aus der hervorginge, wie oft ein Mann ejakulieren oder kommen kann oder wie auch immer man es heute nennen mag.

Heutzutage machen sich Männer immer noch Gedanken darüber, wann sie ejakulieren sollen. Wenn Sie zu früh kommen, dann verlieren Sie Ihre Erektion und die ganze Sache ist vorbei, obwohl die Dame noch gar nicht auf ihre Kosten gekommen ist – und damit gelten die Herren Liebhaber als Versager. Wenn sie normalerweise schon nach einer Minute Koitus zum Orgasmus kommt und Sie schon nach einer halben Minute kommen, dann Pfui über Sie! Und wenn die Dame genau eine Stunde braucht und Sie nach neunundfünfzig Minuten kommen, haben Sie immer noch zu früh ejakuliert! Was ist an diesem Sex, von dem alle Welt redet, eigentlich so schön?

Der Mann, der in Gesellschaft nicht kommen kann

Wenn es wirklich so strenge Regeln gäbe, dann würde es wahrscheinlich schon seit Jahren keinen Sex mehr geben. Jedes Paar lernt, die sexuelle Realität zu akzeptieren.

Denoch gibt es eine Regel, von der wahrscheinlich niemand abgehen wird: Sie sollten in der Lage sein, wenigstens *irgendwann* einmal zu kommen. Das macht natürlich denjenigen Männern Sorgen, die feststellen müssen, daß sie ganz einfach nicht ejakulieren können, gleichgültig wie lange der sexuelle Akt dauert. Sie können noch so lange stoßen – der Erfolg bleibt aus.

Wenn ein Mann unter vorzeitiger Ejakulation leidet und dann zum erstenmal von *verzögerter* Ejakulation hört, denkt er vielleicht:»Zum Teufel, ich wünschte, ich hätte das Problem.« Aber unglücklicherweise ist das ganz und gar nicht angenehm. Ein Mann kann sehr unglücklich werden, weil er nicht kommen kann, wenn er will. Natürlich ist es für ihn angenehm, daß er eine Frau so lange lieben kann, bis sie wild um sich schlägt und ihn umarmt und beißt und »Ja, ja, *ja!*« ruft. Aber auch er möchte gern zum Höhepunkt kommen, wenn er sie in den Armen hält und in ihr drin ist Doch es geht nicht. Nach einer Weile muß er einfach aufgeben. Dann kann er sich entweder neben sie legen und zusehen, wie seine Erektion zurückgeht, oder er steht auf, geht ins Badezimmer und masturbiert sich bis zur Ejakulation – denn wenn er allein ist, *kann* er ejakulieren.

Dadurch löst sich zwar die sexuelle Spannung, aber er fühlt sich nicht gerade glücklich, sondern schämt sich und hat Schuldgefühle, weil er unfähig ist, eine Frau zu lieben »wie alle anderen Männer«.

Ähnlich wie eine präorgasmische Frau nicht dann zum Orgasmus kommen kann, wann sie es will, kann auch ein Mann mit verzögerter Ejakulation nicht kommen, wann er will. Die resultierenden Gefühle von Scham und Wut sind die gleichen, außer daß die präorgasmische Frau vielleicht denkt: »Er ist schuld, weil er so ein schlechter Liebhaber ist! Er ist impotent!«, während ein Mann, der nicht ejakulieren kann, fast immer sich selbst die Schuld gibt.

Simulierte Zuckungen

Er hat das Gefühl, nicht normal zu sein, weil er zwar ejakulieren kann, wenn er masturbiert, aber nicht, wenn er mit einer Frau zusammen ist – oft nicht einmal, wenn eine Frau im selben Zimmer ist. Er würde sofort schwören, daß er auf Frauen abfährt, aber die Tatsachen scheinen einfach dafür zu sprechen, daß er Frauen fürchtet und haßt.

Von allen sexuellen Funktionsstörungen *scheint* diese auf die dramatischste Weise mit der Psychostruktur des Betreffenden verknüpft zu sein. Wenn ein Mann keine Erektion bekommt oder schon nach kürzester Zeit ejakuliert, dann scheint es wirklich so, als würden seine Genitalien einfach nicht richtig funktionieren. In Wirklichkeit mögen diese Probleme durchaus psychische Ursachen haben – aber es sieht wenigstens nicht so aus. Wenn Sie dagegen im Badezimmer kommen können, aber nicht bei Ihrer Frau – das ist einfach *verrückt*! Sie fühlen sich dann einfach nicht normal. Und das ist etwas, was Sie vor der Frau, die Sie lieben, nicht verbergen können.

Ich nehme das zurück: Sie können es wirklich verbergen. Genau wie eine präorgasmische Frau sich aufbäumen und stöhnen und einen überwältigenden Orgasmus vortäuschen kann, so kann auch ein Mann stoßen und sich winden und zucken und sich dann auf den Rücken werfen, als habe er soeben einen Höhepunkt erreicht. Dabei verdiente er vielleicht einen Oscar für schauspielerische Leistung, doch sich selbst wird er nicht täuschen können.

Nun, ich würde dieses Problem nicht so ausführlich schildern, wenn es dafür kein Heilmittel gäbe. Trotzdem war es mir wichtig zu zeigen, daß eine verzögerte Ejakulation keineswegs ein unverdienter Segen ist, wie man annehmen könnte.

Genug ist genug

Es gibt Fälle von sogenannter teilweise verzögerter Ejakulation. In diesen ausgesprochen seltenen Fällen kann der Mann nach sehr langen Bemühungen und kontinuierlichem Stoßen schließlich doch zum Orgasmus kommen – wenn die Vagina der Frau längst wieder trocken ist und sie die ganze Sache leid hat, wenn es für sie schmerzhaft zu werden beginnt und sie sich wünscht, daß sie sich lieber den Spätfilm im Fernsehen angeschaut hätten.

Es ist falsch zu glauben, eine Frau könne unbegrenzt lange am Koitus Vergnügen haben. Es gibt durchaus Grenzen. Es gibt Männer, die stundenlang ihre Erektion halten können und glauben, sie könnten jede Frau zum Orgasmus bringen, wenn sie lange genug daran arbeiten. Dahinter steht jedoch ein stark reduziertes Verständnis des sexuellen Aktes. Wenn es zu lange dauert, wird die Frau sich immer wünschen, es wäre endlich vorbei.

Ursachen für verzögerte Ejakulation

Das Problem ist, wie ich bereits angedeutet habe, mit der weiblichen Anorgasmie eng verwandt und auch der Mechanismus ist weitgehend derselbe. Der Mann kann es einfach nicht zulassen, daß er einen Orgasmus bekommt. Nicht mit einer Frau. Die Anwesenheit der Frau weckt in ihm irgendwie die Angst, die Kontrolle zu verlieren und sich gehenzulassen.

Und warum hat die Frau auf ihn diese Wirkung? Ein Psychoanalytiker kann sich jahrelang damit beschäftigen, die tieferliegenden Ursachen dieser Gefühle freizulegen. Bitte verstehen Sie mich nicht falsch: Die Psychoanalyse ist eine ernsthafte Wissenschaft und jeder Sextherapeut hat von ihr gelernt und respektiert sie. Aber sie ist langwierig und hat oft keine Auswirkung auf das Sexualverhalten. Abgesehen davon können wir davon ausgehen, daß, ungeachtet der tieferliegenden Ursachen für die Störung, die Angst vor sexuellem Versagen einen Großteil des Problems ausmacht, das den Mann dazu veranlaßt, einen Sextherapeuten aufzusuchen.

Therapie: erst einmal darüber sprechen

Der Therapeut muß sich erst einmal mit dem Paar darüber unterhalten, wie die Therapie funktioniert, wie die Übungen aussehen, und daß es notwendig ist, daß beide Partner bereitwillig die ihnen aufgetragenen Pflichten übernehmen. Das gilt für alle Formen der Zweiertherapie. Ein Paar, das eine solche Therapie auf eigene Faust versuchen will, sollte immer daran denken. Wenn der Bauer und seine Frau in einer abgelegenen, ländlichen Gegend, weit entfernt von jeder Beratungsstelle oder Klinik, diese Übungen machen wollen, dann sollten sie zuerst klären, was sie davon halten und solange miteinander reden, bis sie zu gegenseitigem Einverständnis gekommen sind. Diese Leute wissen sich in vielen Dingen erstaunlich gut zu helfen – bei sanitären Installationen, beim Reparieren von Autos, beim Dachdecken, bei der Geburtshilfe für Kälber oder Lämmer; oft können sie sogar kleinere chirurgische Eingriffe vornehmen. Warum sollte da nicht auch eine Sextherapie in eigener Regie – sozusagen in Heimarbeit, ohne Anleitung durch mich oder einen anderen Therapeuten – zum Erfolg führen können? Vielleicht klappt es nicht hundertprozentig, aber auf jeden Fall ist es einen Versuch wert.

Die Übungen

Zu Anfang sollte sich das Paar drei Tage lang mit aufregenden Sexspielen beschäftigen – mit allem, was ihnen Spaß macht; allerdings darf der Mann dabei nicht masturbieren. Dieses Verbot gilt keineswegs die ganze Zeit über! Aber in dieser Phase sollte der Mann darauf verzichten, sich nach dem Sex ins Badezimmer zurückzuziehen und sich selbst zur Ejakulation zu bringen. Er sollte während dieser drei Tage überhaupt nicht masturbieren. Dadurch wird sich sein Bedürfnis verstärken, einen Orgasmus zu erreichen. Es kommt ja darauf an, daß er anschließend ein starkes sexuelles Verlangen hat.

Danach können sie zwar auch weiterhin Sex haben, doch nun soll er sich möglichst kurz nach dem Liebesspiel auf irgendeine beliebige Weise zur Ejakulation bringen. Wenn ihm das unmöglich ist, während die Frau bei ihm im Schlafzimmer ist, sollte sie ins Wohnzimmer gehen und sich den Spätfilm im Fernsehen ansehen oder das Frühstück für den nächsten Morgen vorbereiten, während er sich bis zum Orgasmus masturbiert – möglichst unter Zuhilfenahme einer wirksamen Phantasievorstellung. Ich möchte, daß er sich eine erregende Phantasie ausdenkt, auf die er auch in der nächsten Phase der Therapie zurückgreifen kann.

Als nächstes kann er dazu übergehen, mit ihr zu schlafen und dann im Nebenzimmer zu masturbieren, bis er sich genügend sicher fühlt für die nächste Übung, die darin besteht, daß er sich in ihrem Beisein zum Orgasmus bringt.

Die Frau darf dabei in dieser Phase keinerlei Ungeduld mit ihm zeigen und sollte ihn auch auf keinen Fall necken oder aufziehen – auch wenn sie sicher ist, daß er nichts dagegen hat; auch wenn sie weiß, daß er kein Spielverderber ist; auch wenn sie es noch so gern möchte. Wenn jemand unbedingt einen Witz machen muß, dann soll *er* es sein.

Es ist nicht gut, wenn sie zu ihm sagt: »Okay, Kleiner, dann spiel mal schön mit dir!« Oder: »Nun dreh dich um und sieh zu, daß du fertig wirst!« Auch wenn es den Anschein hat, als müsse er doch Spaß verstehen. Was muß *sie* schließlich nicht alles mitmachen! Aber Sie sollten lieber vorsichtig sein und davon ausgehen, daß er in dieser Phase der Therapie sehr empfindlich ist. Darum sollte die Frau ihn möglichst liebevoll und taktvoll unterstützen.

Ein paarmal wird er so mit ihr schlafen und dann anschließend masturbieren, wobei er mit wachsendem Selbstvertrauen ihre Nähe sucht. Er fängt an, sie mit seinen angenehmen Gefühlen in Verbindung zu bringen, die er beim Orgasmus empfindet. Wenn es ihm dann gelingt, mit ihr zusammen im Bett zum Orgasmus zu kommen, während sie ihn vielleicht sogar berührt, dann hat er es beinahe geschafft. Jetzt kommt der große Augenblick, wo sie seinen Penis in die Hand nehmen kann, um ihn zur Ejakulation zu bringen. Diese Übung wird so oft wiederholt, bis sie dabei ganz entspannt und sicher ist, und allmählich wird sie ihre Vagina immer näher an seinen Penis bringen.

Als nächstes legen sich beide einander zugewandt auf die Seite oder sie setzt sich auf ihn oder beide nehmen eine andere Stellung ein, die für dieses Manöver geeignet ist, und sie stimuliert mit der Hand seinen Penis bis kurz vor dem Orgasmus, um ihn dann zur Ejakulation mühelos in ihre Vagina aufnehmen zu können. Wenn dies beiden gelingt, sind sie bereits auf der Zielgeraden. Er kann jetzt bei jedem Mal tiefer in die Vagina eindringen und immer früher damit beginnen. Bald wird er soweit sein, daß er seinen erigierten Penis selbst einführen und dann bis zur Ejakulation stoßen kann.

Bei diesen Übungen kann der Mann beliebige Phantasievorstellungen zu Hilfe nehmen, um sich ganz auf das Liebesspiel zu konzentrieren und alle negativen Gedanken aus dem Kopf zu verdrängen, die dazu führen könnten, daß er seine Kontrolle übertreibt und den Orgasmus zurückhält.

Es ist klar, daß das Paar sich gut vertragen muß, wenn es diese Übungen erfolgreich absolvieren will. Alle ehelichen Zwistigkeiten und Vorwürfe sollten dabei vergessen sein oder wenigstens zurückgestellt werden. Das ist durchaus möglich. Diese Übungen sind nicht für Wunderkinder, sondern für ganz normale Menschen gedacht; jeder von uns sollte sie erfolgreich anwenden können.

29

Gefühlskalte Frauen

Manchmal fühlt sich ein Mann verletzt, wenn er zurückgewiesen wird oder wenn die Dame nur mäßig begeistert auf ihn reagiert. Dann sagt er vielleicht: »Sie ist frigide.« Dabei denkt man an eine Frau mit gelangweiltem Gesichtsausdruck und Genitalien aus Eis.

Natürlich ist es für jeden werbenden Mann demoralisierend, wenn er abgewiesen wird oder einen Korb bekommt, aber da das jedem von Ihnen passieren kann, sollten Sie versuchen, das einfach zu akzeptieren, ohne andere zu beschimpfen. Vielleicht ist es wirklich unmöglich, nicht ärgerlich zu werden, wenn ein anderer Mensch all die Vorzüge, die einem so klar vor Augen stehen, einfach ignoriert. Aber um unsere Selbstachtung nicht zu verlieren, sollten wir andere nicht beleidigen. Wenn jemand uns die Tür vor der Nase zuschlägt – gut, das ist wirklich grob und verletztend. Aber wenn die Tür ganz ruhig geschlossen wird, dann sollte man einfach sagen: »Na gut, wir sind einfach nicht für einander geschaffen.«

Die Situation ist schon schwieriger, wenn ein Mann mit einer Frau verheiratet ist, die ihn zwar gern um sich hat, aber sexuell nicht auf ihn reagiert. Solche Frauen haben oft ständig Kopfschmerzen und scheinen sofort einzuschlafen, wenn sie ihren Kopf aufs Kissen legen; wenn sie immer wieder bedrängt werden, öffnen sie stumm die Beine und liegen reglos, als hätten sie mit der ganzen Sache nichts zu tun.

Es ist durchaus nicht selten, daß ein Mann nach ein paar Monaten Ehe zu der Überzeugung gelangt, eine »frigide« Frau geheiratet zu haben. Er hatte zwar schon von solchen Frauen gehört, aber nie geglaubt, daß er das Pech haben könnte, eine davon zu heiraten. Eine Frau, die zwar Brüste und eine Vagina hat und auch Kinder kriegen kann, aber kein Vergnügen am Sex hat.

Früher war man allgemein der Meinung, daß manche Frauen eben »frigide« und manche Männer »impotent« seien. Das war eben so, und man konnte nichts anfangen – mit diesen ›Outsidern‹. Wenn man einen solchen Menschen heiratete, dann sollte er wenigstens reich sein. Die beiden eben genannten Begriffe beinhalteten so gut wie alle sexuellen Schwierigkeiten, die ein Mensch nur haben kann – Frigidität und Impotenz galten als hoffnungslose Fälle.

Sextherapeuten bemühen sich herauszufinden, welche Probleme im einzelnen dafür verantwortlich sein können, daß eine Frau wirklich keine Freude am Sex hat. Da es sehr viele unterschiedliche Ursachen für eine scheinbare Gefühlslosigkeit oder Gleichgültigkeit gibt, ist der Begriff der *Frigidität* heute fraglich geworden, und auch in der Öffentlichkeit wird er immer weniger benutzt. Was bedeutet das Wort eigentlich? Eine Frau findet den Sex vielleicht langweilig, weil er für sie frustrierend ist. Sie hat es einfach satt, immer wieder zu versuchen, einen Orgasmus zu erreichen. Es ist nicht so, daß sie nicht will – sonst würde sie sich nicht so verschließen und verkrampfen, wenn ihr ein Penis nahekommt. Vielleicht hat sie es sehr gern, wenn man sie lobt und verhätschelt, sie umarmt, küßt und streichelt, aber dennoch kann sie sich nicht an das Gefühl gewöhnen, daß Sex etwas Schönes und Wünschenswertes sein könnte.

In der Sextherapie werden solche psychosexuellen Störungen nach einzelnen Gruppen kategorisiert, die jeweils unterschiedliche Behandlungsformen erfordern.

Es gibt zum Beispiel Frauen, die sexuell einfach nicht reagieren, wenn sich ihnen die Möglichkeit zum Sex bietet oder wenn sie an Sex denken. Ihre Vagina wird nicht feucht, wenn sie ein erotisches Erlebnis haben. Trotzdem wünschen sie sich eine Beziehung und verlieben sich, und viele dieser Frauen suchen Rat und Hilfe bei einem Sextherapeuten. Und kein Therapeut wird sie einfach als »frigide« bezeichnen.

Allgemeine sexuelle Funktionsstörungen

Wenn eine Frau sexuell nicht reagiert, schickt ihr Gehirn keine Signale an die Vagina. Dadurch schließen sich dort auch die Ventilklappen nicht, und es kommt nicht zur Vasokonstriktion oder Gefäßverengung, die für das Anschwellen der großen Schamlippen verantwortlich ist. Außerdem sondert die vaginale Schleimhaut kein Sekret ab, um die Vagina zu befeuchten. Dabei ist es durchaus möglich, daß solche Frauen durch direkte Reizung der Klitoris zum Orgasmus kommen, ähnlich wie auch ein Mann zuweilen sogar ohne Erektion einen Orgasmus haben kann. Eine Frau, die sexuell nicht reagiert, hat auch nicht das Bedürfnis nach Sex, und wenn sie den Geschlechtsverkehr trotzdem duldet, dann nur mit Widerwillen. Deshalb sucht sie sexuelle Kontakte zu vermeiden.

Einige dieser Frauen mit solchen sexuellen Funktionsstörungen kommen auf Drängen ihrer Männer zum Sextherapeuten, einige auch aus eigenem Antrieb. In beiden Fällen jedoch sollte sich der Therapeut genau vergewissern, ob die Frau wirklich eine Therapie sucht und auch entschlossen ist, sie durchzuhalten.

Ein besonderer Fall

Eines Tages kam eine hübsche junge Frau von 28 Jahren in meine Praxis und sagte mir, sie habe das Gefühl, daß ihr etwas fehle und daß ihr Mann deswegen unglücklich sei. Ich bat sie, mir zu sagen, wie es mit ihrem Mann im Bett liefe, und es sah ganz so aus, als hätte ich es hier mit einem Fall allgemeiner Gefühlskälte zu tun. Sie liebte ihren Mann, aber ihrer Meinung nach nicht so, »wie es Erwachsene tun«. Wenn es zum Sex kam, dann versuchte sie immer, die Sache so schnell wie möglich hinter sich zu bringen, weil sie das Gefühl hatte, sie sei viel zu eng und viel zu trocken. Deshalb ergriff sie auch nie die Initiative, sondern entzog sich ihrem Mann häufig mit allen möglichen Ausreden. Ihr Mann war lieb und nett, aber er hatte offenbar eine Art, sie zu kritisieren, die sie ziemlich gemein fand: Er zog sie immer damit auf, daß sie eine »verheiratete Nonne« sei und der Sex nun einmal das »Kreuz sei, das sie zu tragen hätte«. In der letzten Zeit war sie richtig böse auf ihn geworden und hatte ihn gewarnt, darüber ja nicht mit anderen Leuten zu sprechen. Er hatte ihr geantwortet, wenn die Sache so ernst sei, daß man nicht einmal einen harmlosen Witz darüber machen könne, dann sei sie auch ernst genug, wie ein ernstes Problem behandelt zu werden. Er schlug vor, sie solle einen Sextherapeuten aufsuchen, und als sie sich grundsätzlich einverstanden erklärte, lag er ihr zwei Wochen lang so in den Ohren, bis sie endlich zu mir kam. Sie sagte mir, daß sie fest entschlossen sei, das Problem in den Griff zu bekommen, und daß sie die Angelegenheit nur deshalb so hinausgezögert habe, weil es einfach ihre Art sei, die Dinge immer wieder aufzuschieben. Ich hatte den Eindruck, daß es ihr wirklich ernst war und sie wirklich einen Weg suchte, als normal reife Frau ein glückliches Eheleben zu führen.

Als ich die beiden dann gemeinsam zu einem Gespräch bat, erklärten sie sich mit der Therapie einverstanden.

Angenehme Hausaufgaben

In der ersten Woche konzentrierte sich die Therapie auf Übungen, die gezielt der Sensibilisierung bestimmter Körperbereiche dienen. Diese Übungen wurden von den Sexualforschern Masters und Johnson entwickelt und »sensate focus«-Übungen genannt. Das klingt vielleicht ziemlich mechanisch, doch sind diese Übungen ganz im Gegenteil sehr angenehm. Ein Mann gestand mir einmal, das sei etwas, was er eigentlich immer schon tun wollte, und zwar vor dem Koitus, nicht hinterher; da er jedoch immer den Drang verspürte, möglichst schnell zum Orgasmus zu gelangen, kam er einfach nie dazu. Schon seit langer Zeit – seit er dreizehn war etwa – hatte er davon geträumt, eine Frau am ganzen Körper zu küssen, zu riechen, zu berühren. Er meinte, er sei sich nicht sicher gewesen, ob eine Frau so etwas mit sich würde machen lassen, außer wenn er sie auf dem Sklavenmarkt gekauft hätte. Nun sei er froh darüber, daß er auf dem Umweg über seine sexuellen Probleme endlich doch eine Möglichkeit gefunden habe, seinen Traum zu verwirklichen – das sei die Sache wirklich wert. Ein wirklich sehr einsichtiger, sensibler Mann. In der Tat haben viele Männer diesen Traum, aber im allgemeinen werden sie durch ihren starken Drang nach Sex davon abgehalten, ihn zu verwirklichen.

Für den Mann, der seine Frau eine Nonne genannt hatte, waren diese Übungen offensichtlich sehr angenehm, und die Frau hatte ebenfalls Gefallen daran, weil sie dabei keine Angst vor dem Koitus zu haben brauchte. Die beiden wechselten sich ab, den jeweils anderen am ganzen Körper zu berühren, zu streicheln und zu liebkosen, jedoch ohne dabei die Genitalien einzubeziehen. Außerdem durfte er in dieser ersten Woche ihre Brustwarzen nicht berühren. Da keiner der beiden Partner irgendwelche Widersprüche gegen diese Übung hatte, kam es zwischen ihnen zu einer entspannten Intimität und zu leichten erotischen Gefühlen. Wenn er sie so streichelte, hatte sie Empfindungen, die ihr aus sehr viel früherer Zeit vertraut waren – leichte Schauer, die ihr an bestimmten Stellen über die Haut liefen. Auch ohne direkte Berührung wurden ihre Brustwarzen steif, und sie bekam eine angenehme Gänsehaut. Wenn sie ihn dann streichelte, bekam er immer eine Erektion, was sie sehr amüsierte. Er war für sie fast wie ein lebendiges Spielzeug, das sie nach Belieben kontrollieren konnte. Wenn danach er sie wieder streichelte, wurden ihre Empfindungen stärker, und sie verspürte eine Art Kitzeln in ihrer Vagina. Außerdem liebte sie es, »angebetet« zu werden und sich wie eine kleine heidnische Göttin zu fühlen.

In der zweiten Woche setzten sie diese Übung in leicht veränderter Form fort. Jetzt durfte er ihre Brustwarzen berühren, diese sanft kneifen und in den Mund nehmen und auch leicht mit ihren Genitalien spielen – ohne sie jedoch zu stark zu erregen oder gar zum Orgasmus zu bringen. Nur leichte, spielerische Zärtlichkeiten. Er bekam dabei eine kräftige Erektion, und wenn er dann an der Reihe war, durfte sie ihn zum Orgasmus bringen. Wenn er ihre Genitalien berührte, fühlte sie, wie sie sich immer verkrampfte, aber dieses Gefühl wurde ausgeglichen durch die Freude, mit der sie ihn masturbierte. Sie entwickelte immer stärker aggressive sexuelle Gefühle für ihn, was sie beide amüsierte. Dadurch wurde in ihr irgendwie eine Veränderung bewirkt, und gegen Ende der Woche berichtete sie, daß ihre Vagina feucht geworden sei.

Das war ein gutes Zeichen. Der nächste Schritt war der sogenannte Koitus ohne Anforderung. Dabei ist es von Vorteil, wenn die Frau unten feucht ist; sollte das nicht der Fall sein, kann der Mann seinen Penis mit Vaseline oder – insbesondere bei Verwendung von Kondomen als Verhütungsmittel – einem anderen Gleitmittel einreiben. Natürlich kann auch die Frau eines der handelsüblichen Gleit-Suppositorien in die Vagina einführen, wenn sie das vorzieht.

Die beiden sollten sich auf das Vorspiel konzentrieren, bis er eine Erektion bekäme und auch sie möglichst erregt sei, d. h. ihre Schamlippen anschwellten und die Vagina feucht würde. Dann sollte sie sich auf ihn setzen und vorsichtig seinen Penis in ihre Vagina aufnehmen, einige sanfte Bewegungen machen und sich dann wieder zurückziehen. Er durfte dabei keine Stoßbewegungen machen oder zumindest keine sehr starken. Sie sollte sich zurückziehen, ehe er zur Ejakulation käme. Dann sollten sie sich ausruhen und durch Streicheln und Massieren seinen Penis wieder zur Erektion bringen. Dabei durfte er sie auch genital berühren. Sobald sie soweit seien, sollten sie den vorsichtigen, zwanglosen Koitus wiederholen. Wenn sie das ein paarmal gemacht hätten, dürfe sie ihn zum Abschluß zum Orgasmus bringen.

Es kann vorkommen, daß die Frau während dieser Übungsphase von sexueller Begierde überwältigt wird und durch heftige Stöße zum Orgasmus kommt. Aber das ist selten und war zumindest bei diesem Paar nicht der Fall. Dennoch wurde die Frau regelmäßig durch die Übungen erregt, ihre Genitalien schwollen leicht an, und ihre Vagina wurde feucht.

Nach diesem Erfolg hielt ich eine weitere Therapie für überflüssig. Das Problem, über das sie geklagt hatte, war beseitigt: daß sie den Sex haßte, weil sie immer trocken und eng war und überhaupt kein Vergnügen dabei hatte. Jetzt wurde ihre Vagina feucht, und sie hatte den Wunsch, ihm Erektionen zu verschaffen und zu sehen, wie er beim Orgasmus von lustvollen Zuckungen überwältigt wurde. Vor unserer letzten gemeinsamen Sitzung waren sie »ungehorsam« gewesen und über die Anweisungen hinausgegangen. Er war in ihrer Vagina zum Orgasmus gekommen, und sie hatte ihn gebeten, es ihr ebenfalls sofort zu »machen« und sie mit dem Mund zu befriedigen. Natürlich hatte es Spaß gemacht – um so mehr, als sie ihrer »Lehrerin« ungehorsam gewesen waren. Ich konnte in diesem Stadium schlechterdings nichts mehr dagegen einwenden, zumal es ein Zeichen von Fortschritt war. Ich sagte ihnen nur, sie sollten jetzt nach Hause gehen und sich amüsieren. Sie könnten vielleicht so weitermachen, daß sie immer näher an einen Orgasmus herankomme und er versuche, sie zum Abschluß mit dem Penis in der Vagina durch Koitus zum Höhepunkt zu bringen – so wie es jeder am liebsten hätte, wenn das auch nicht das Wichtigste auf der Welt sei. Ich empfahl ihnen ein Sexhandbuch, das sie zusammen lesen sollten, um neue Wege zu finden, das Vorspiel, den Koitus und das Nachspiel noch aufregender und angenehmer zu gestalten. Und vielleicht neue Stellungen auszuprobieren, mit deren Hilfe sie beim Koitus leichter zum Orgasmus kommen könnte.

Einige Zeit später fand ich in meiner Post eine Ansichtskarte von den Bermudas. Das Bild zeigte ein Segelboot, und ich konnte die beiden Vornamen, die darunter standen, erst nicht einordnen, aber dann erriet ich doch, um wen es sich handelte. Die Nachricht bestand nur in einem Wort: »Bingo!« Das konnte nur bedeuten, daß sie es endlich geschafft hatte, beim Koitus zum Orgasmus zu kommen. Es ist häufig so, daß dieser Durchbruch während einer sehr schönen Ferienreise oder im Urlaub erfolgt.

Ein leichter Fall

Für ein anderes Paar gab es viele Gründe, warum ihnen das, was sie unter meiner Anleitung lernten, so verhältnismäßig leicht fiel. Obwohl er zum Beispiel die Tendenz hatte, sie indirekt immer wieder zu kritisieren und das als bloße spielerische Neckerei zu entschuldigen, war er doch im Grunde ein sanfter Typ ohne Macho-Gehabe. Es war für ihn kein Problem, sich von ihr verwöhnen zu lassen und sie »anzubeten«. Sie war für ihn so begehrenswert, daß er ohne Schwierigkeiten eine Erektion bekam, wenn ihnen danach war. Darüber hinaus war es ein besonderer Glücksfall, als sie plötzlich entdeckte, daß sie Vergnügen daran hatte, ein Vamp zu sein und ihn sexuell erregen zu können. Das gab ihr genügend Sicherheit, ihre Bedürfnisse auch spielerisch-aggressiv zu äußern.

Es ist selten, daß eine Therapie auf so wenig Widerstand stößt. Obwohl die theurapeutischen Übungen für diejenigen, die sie akzeptieren, sehr angenehm sind, muß ich immer wieder viel Zeit darauf verwenden, meine Patienten aufzufordern, sich gegenseitig zu akzeptieren und auch den Sex als etwas zu verstehen, das auf Gegenseitigkeit beruht. Wenn beide Partner an ganz festen Vorstellungen darüber festhalten, was männlich sei oder was sich nicht gehöre, so müssen wir das durchdiskutieren. Der Mann weigert sich vielleicht, so viel Zeit darauf zu verwenden, seiner Frau Lust zu verschaffen. Oder die Frau schreit ihn plötzlich an, er solle aufhören, sie wisse genau, daß sie häßlich sei oder daß er verdorben sei oder daß das, was sie machen, eklig sei – negative Vorstellungen, die aus tief verwurzelten Meinungen und Gefühlen resultieren. Vielleicht mögen sich die beiden einfach nicht und wehren sich deshalb gegen die Intimität, die diese Übungen mit sich bringen. In diesem Fall müssen wir die therapeutischen Übungen unterbrechen und ein bißchen Eheberatung betreiben – was zwar häufig zum Erfolg führt, aber keineswegs immer.

Durch bestimmte Erfahrungen bedingte Gefühlskälte

Auch eine Frau, die in ihrem bisherigen Leben nicht über mangelnde sexuelle Reaktionen zu klagen brauchte, kann nach bestimmten Erfahrungen – wie z. B. der Geburt eines Kindes – gefühlskalt werden. Vielleicht reagiert sie einfach nicht mehr auf den Mann, mit dem sie zusammenlebt, auch wenn er sich noch so sehr bemüht, sie zu erregen. Ja, gerade seine Bemühungen können bei ihr Widerwillen erzeugen und ihre Ablehnung noch verstärken – er ist für sie einfach ein »Weichling«. Gleichzeitig wird sie bei anderen Männern schon durch eine sanfte Berührung erregt. Vielleicht hat sie in einer früheren Ehe sexuell immer sehr leicht reagiert oder auch vor der Ehe beim Sex mit anderen Männern. Vielleicht reagiert sie auch ganz normal, wenn die beiden verreisen – im Urlaub oder während neuer Flitterwochen in einem fremden, exotischen Land –, und ist nur in ihrer normalen häuslichen Umgebung so ablehnend und kalt. In solchen Fällen ist es oft sehr viel schwieriger, ihre Gefühlskälte in einer unangenehmen Umgebung abzubauen, als mit einer Frau zu arbeiten, die noch nie sexuell reagiert hat. Unter Umständen kann eine Ehetherapie, eine Psychoanalyse oder ein veränderter Lebensstil des Paares etwas bewirken. Manchmal habe ich sogar mit meinem Empfindungstraining und den anderen Übungen Erfolg! Aber es muß gesagt werden, daß das Ergebnis einer tief verwurzelten Ablehnung oft eine Scheidung ist – und das ist vielleicht sogar besser als der ständige Kalte Krieg in einer nicht funktionierenden Ehe.

Weiter auf der Suche nach dem Orgasmus

Der Versuch, die sexuelle Reaktion der Ehefrau zu fördern, macht häufig auch noch andere therapeutische Bemühungen notwendig. So kann der Mann in einer solch problematischen ehelichen Beziehung Erektionsstörungen entwickeln. Oder die Frau hat auch weiterhin Schwierigkeiten, zur vollen Befriedigung im Orgasmus zu gelangen. In diesen Fällen müssen wir, wenn das Paar einverstanden ist, zu einer zweiten Phase der Sextherapie übergehen, die sich mit diesen spezifischen Problemen auseinandersetzt. Davon soll in den folgenden Kapiteln die Rede sein.

30.

Weibliche Anorgasmie

Die schönste Frau, der Sie je begegnet sind, leidet vielleicht unter Anorgasmie. Das bedeutet, daß eine Frau keinen Orgasmus haben kann, daß sie nur selten und unter Schwierigkeiten zum Orgasmus kommt oder daß sie den Orgasmus nicht erreicht, wenn sie es will. Diese Störung ist ziemlich weit verbreitet und tritt bei Frauen aller Art auf.

Wenn eine Frau auf Männer anziehend und erregend wirkt, dann heißt das noch lange nicht, daß sie auch orgasmusfähig ist.

Nehmen wir einmal das wunderschöne Mädchen im Werbefernsehen, das irgendeine Zahncreme anpreist und Ihnen versichert, wenn Sie ebenfalls diese Creme verwenden, würden Sie genauso schön aussehen. Oder das Mädchen, daß in dem trivialen Musical unter Liebesmangel leidet. Es ist sehr gut möglich, daß das gleiche Mädchen auch im wirklichen Leben – wenn auch lange nicht so photogen – unter einem Problem leidet, das sie mit zahllosen Hausfrauen und berufstätigen Frauen auf der ganzen Welt teilt: an der Unfähigkeit, das zu genießen, was uns ständig und vielleicht sogar in übertriebenem Maße als die größte Freude des Lebens verkauft wird.

Orgasmus ist nicht alles

In der letzten Zeit ist über den Orgasmus unendlich viel geschrieben und diskutiert worden. Das ist einer der Gründe, warum so viele Frauen Schwierigkeiten damit haben. Deshalb ist es vielleicht ganz gut, wenn wir die Sache etwas realistischer betrachten. Kommen wir noch einmal zu der Fernsehschönheit, die unfähig ist, einen Orgasmus zu bekommen. Sie hat dennoch ein sehr schönes Leben. Wohin sie auch geht, überall reißen sich die Männer ein Bein aus, um ihr behilflich zu sein. Der Oberkellner, der Steward auf dem Kreuzfahrtschiff, der Personalchef in der Firma, bei der sie sich um einen Job bewirbt – alle bemühen sich um diese schöne Frau. Ist sie ein Film- oder Fernsehstar, so hat sie Geld, wertvollen Schmuck, der ihr gestohlen werden kann, und Luxuswagen, deren Unterhalt ein Vermögen kostet. Ihre Scheidungsaffären werden bis ins kleinste Detail in den Klatschblättern ausgebreitet– it's all hers! Wenn sie nachts aufstehen muß, hat ihre Toilette einen goldenen Spülhebel. Mittags ißt sie ihr Hungerkur-Menü in einem teuren Restaurant. Und so weiter.

Was macht es schon, wenn sie die Erde nicht beben spürt? Wenn sie unbedingt spüren will, wie sich die Erde bewegt, dann kann sie ja nach Los Angeles ziehen!

Unterhalten wir uns noch ein wenig darüber, wie schön das Leben auch ohne Orgasmen sein kann. Auch wenn Sie nicht so berauschend aussehen, daß es Ihretwegen einen Verkehrsstau gibt, können Sie ohne Orgasmus ein schönes und erfülltes Leben führen. Sie können singen, Tennis spielen, Tanzen, Urlaubsreisen machen, Kinder kriegen und im Beruf Karriere machen – alles ohne Orgasmus. Sie können sogar einen Mann lieben, Sex mit ihm genießen und ihm große Lust bereiten, ohne daß Sie einen Orgasmus haben.

Das ist etwas, was die meisten Menschen anscheinend vergessen haben – das Wissen, daß die körperliche Nähe mit einem geliebten Partner auch ohne Orgasmus ein großes Vergnügen ist. Die Sextherapie verwendet sehr viel Zeit darauf, den Leuten diese einfache Wahrheit wieder in Erinnerung zu rufen.

Ein Orgasmus ist etwas Wunderbares. Wer einen Orgasmus hat, der genießt ihn auch, und jeder hat das Recht auf einen großartigen Orgasmus. Aber ein Orgasmus ist kein Ersatz für die vielen anderen schönen Dinge des Lebens, und es wäre ein großer Fehler, die Bedeutung des Orgasmus oder die Wirkung, die er auf Sie hat, zu überschätzen. Und die Ironie dabei ist, daß gerade diese Überschätzung Ihnen den Orgasmus, den Sie sich so wünschen, unmöglich machen kann.

Sie wurden als sexuelles Wesen geboren und werden das Ihr Leben lang bleiben. Sie haben ein Recht auf einen Orgasmus. Aber wenn Sie dem Orgasmus eine übertriebene Bedeutung beimessen, dann kann sich das auf Ihr Sexualleben nachteilig auswirken.

Erlaubnis verweigert

Es gibt Millionen von Frauen, die sich selbst einen Orgasmus verbieten. Oder besser ausgedrückt: sie geben sich einfach nicht die Erlaubnis, einen Orgasmus zu haben. Sie haben erotische Gefühle, ihre Vagina wird feucht, sie erreichen fast einen Orgasmus – und dann halten sie sich zurück. Dieses Verhalten scheint unfreiwillig zu sein. Der sexualtherapeutischen Theorie zufolge halten sie sich unbewußt zurück. Sie können sich einfach nicht gehenlassen.

Diese Frauen wünschen sich einen Orgasmus, aber sie haben Angst davor. Vielleicht sind sie mit ihrer gegenwärtigen Beziehung nicht hundertprozentig zufrieden und wollen nicht die Kontrolle über sich verlieren. Sie haben Angst, daß sie in diesem kurzen Augenblick der Ekstase, von dem sie so viel gehört haben, die Kontrolle verlieren könnten. Sie glauben, daß ein Orgasmus für sie alles verändern würde, daß sie damit völlig dem Sex verfallen und promiskuitiv werden könnten. Sie haben Angst davor, daß sie während des Orgasmus in der Sicht ihres Partners häßlich oder animalisch wirken könnten.

Das sind einige der Gefühle, die eine Frau möglicherweise davon abhalten, sich gehenzulassen. Tatsache ist jedoch, daß Sie während des Orgasmus für einen kurzen Moment die Kontrolle über sich verlieren, sie aber schon kurz darauf wiedergewinnen. Diese Erfahrung macht aus Ihnen keinen völlig neuen Menschen. Sie werden die gleiche bleiben, die Sie vorher auch waren, und am nächsten Morgen werden Sie wieder im Supermarkt an der Kasse anstehen oder im Büro darauf warten, daß der Photokopierer frei wird. Sie werden sich sehr wohl fühlen, aber nicht die Kontrolle über sich verloren haben.

War das ein Orgasmus?

Wenn eine Frau zum erstenmal einen Orgasmus erlebt hat, fragt sie oft: »Und darum machen alle so ein Aufhebens davon?« Dabei ist es nicht etwa so, daß sie keinen Orgasmus gehabt hätte – vielleicht war der erste ganz einfach einer von der milderen Sorte. Mit zunehmender Erfahrung wird eine Frau feststellen, daß es größere und kleinere Orgasmen gibt. Aber selbst die kleineren sind schön, wenn man sie als das nimmt, was sie sind: einfach hübsche kleine Orgasmen, und wenn man genau weiß, daß irgendwann auch ein wirklich großer darunter sein wird.

Es kommt jedoch auch vor, daß man einen Orgasmus einfach verpaßt. Manche Frauen haben einen Orgasmus, ohne dabei große Lust zu empfinden. Je mehr man lernt, sinnliche Empfindungen zuzulassen und zu genießen, um so bewußter und intensiver wird man auch den Orgasmus erleben können. Ohne dieses Bewußtsein jedoch spürt eine Frau beim Orgasmus vielleicht nur ein merkwürdiges Flattern in der Vagina.

Wie kann ich ihr das Gefühl beschreiben?

Eines Sonntagabends rief mich ein Mann in meiner Radio-Sendung an und fragte, wie er seiner Freundin, die mit ihm schliefe, aber nicht wisse, was ein Orgasmus sei, das Gefühl beschreiben könne. Ich sagte ihm, daß er zwar versuchen könne, ihr zu schildern, wie er selbst einen Orgasmus empfinde, daß es aber keine Möglichkeit gebe, ihr das Gefühl wirklich zu vermitteln. Nur wenn sie selbst einen hätte, würde sie es wissen – vorausgesetzt, sie verpasse ihn nicht.

Wir vergleichen den Orgasmus oft mit einem Niesen. Und nebenbei bemerkt, gibt es sogar Menschen, für die das Niesen sehr angenehm ist.

Eine orgasmische Frau hat weitgehend die gleichen Empfindungen wie ein Mann. Sexuelle Vorstellungen an den entsprechenden Rezeptoren im Gehirn führen dazu, daß dieses Signale an die Genitalien sendet. Die Venenklappen schließen sich, das Blut staut sich im Gewebe, die Schleimhäute sondern ein Sekret ab. Die Stimulierung der Nervenenden bewirkt immer stärkere erotische Empfindungen, Muskeln kontrahieren, und diese Muskelkontraktionen lösen die befreienden Zuckungen der Lust aus. Die Lösung der sexuellen Spannung bewirkt dabei auch eine Lösung vieler anderer Spannungen, denen die Frau gerade ausgesetzt ist. Dabei ist die postorgasmische Entspannung genauso angenehm und lustvoll wie der eigentliche Orgasmus – und manche Menschen finden sie sogar noch angenehmer.

Einen Orgasmus vortäuschen

Hier ist ein Brief von einer Hörerin meiner Radiosendung.

Liebe Dr. Ruth: Ich bin seit zwei Jahren verheiratet und stecke jetzt in einer schlimmen Patsche. Mein Mann glaubt, daß ich Orgasmen habe, aber das stimmt nicht. Ich habe immer so getan, als hätte ich einen Orgasmus, indem ich einfach das nachgemacht habe, was er beim Orgasmus macht. Ich fühle mich immer ziemlich geil, wenn wir Sex machen, und ich wünschte, ich könnte zum Orgasmus kommen. Ich finde es sehr angenehm, wenn er in mich eindringt, und es tut mir auch nie weh. Ich weiß, daß er mir helfen könnte, einen Orgasmus zu erreichen, aber wie kann ich ihm sagen, daß ich ihm die ganze Zeit nur etwas vorgemacht habe? Wenn ich keinen Orgasmus habe, heißt das, daß ich ihn nicht liebe? – E. R.

Und hier meine Antwort:

Liebe E. R.: Ich weiß nicht, wie oft ich schon mit Fällen zu tun hatte, wie Sie ihn schildern. Es ist Ihnen klar, daß Sie nicht einfach zu ihm hingehen und ihm sagen können: »Du bringst mich nicht zum Orgasmus. Ich muß immer so tun als ob, um deine Gefühle nicht zu verletzen. Aber jetzt mußt du irgend etwas tun. Ich habe keine Lust mehr, mich immer zu verstellen und auf mein Vergnügen zu verzichten.« Schreiben Sie ihm einfach einen Brief, in dem Sie ihm sagen, daß Sie etwas mit ihm besprechen müssen und daß Sie sein Verständnis brauchen, weil er für Sie wirklich ein wundervoller Ehemann ist. Wenn er das nicht wäre, dann könnten Sie ihm auch nicht sagen, was Sie ihm zu sagen haben. Schreiben Sie dazu, daß Sie keineswegs eine Beule ins Auto gefahren oder das letzte Geld von der Bank abgehoben haben und auch keine Liebesaffäre mit einem anderen Mann hatten – die Sache hätte nur mit Ihnen beiden zu tun. Wenn Sie dann mit ihm sprechen, erzählen Sie ihm, daß man Ihnen beigebracht hat, in Gesellschaft oder auf Parties immer höflich zu sein. Ein gut erzogenes Mädchen tut eben immer so, als ob sie sich gut amüsiere. Der Grund für Ihre Schauspielerei sei also nicht, daß Sie beim Sex nicht alles bekommen hätten, was Sie brauchten. Im Gegenteil, Sie seien sich nicht einmal sicher, was sexuelle Befriedigung wirklich bedeute. Sie genössen es wirklich, ganz nah bei ihm zu sein und ihm Lust zu bereiten, aber Sie hätten das Gefühl, daß Ihnen etwas fehle, deshalb wollten Sie sich ein gutes Buch über Sex besorgen und vorschlagen, es zusammen zu lesen und darüber zu sprechen. Und bitte schreiben Sie mir dann, wie die Sache gelaufen ist.

Dabei habe ich natürlich keine Ahnung, warum diese Frau nicht zum Orgasmus kommt. Vielleicht brauchen die beiden einfach ein etwas längeres Vorspiel, ehe sie zum Koitus übergehen. Vielleicht braucht sie eine direkte Stimulierung ihrer Klitoris, um zum Orgasmus zu kommen. Auf jeden Fall werden die beiden, wenn sie gemeinsam darüber etwas lesen und sich darüber unterhalten, sehr viel besser verstehen, was eigentlich los ist. Wenn die Frau mir noch einmal schreiben sollte, dann werde ich ihr vielleicht den Rat geben, eine Sex-Klinik aufzusuchen.

Wenn zwei nicht zusammen über Sex sprechen, dann wissen sie meistens auch nicht, daß das Bedürfnis nach Sex zwar ein angeborener

Instinkt ist, daß eine erfolgreiche sexuelle Betätigung jedoch gelernt sein will. Der erste Schritt muß darum sein, daß die beiden anfangen, darüber zu sprechen und sich gegenseitig vertrauensvoll ihre Bedürfnisse und Wünsche mitteilen.

Die Idee kam von ihrem Mann

Eine andere junge Frau rief mich an und sagte, sie hätte meine Fernsehshow gesehen und würde mich gern persönlich aufsuchen. Ich machte einen Termin mit ihr aus, und in der ersten Stunde erfuhr ich, daß sie noch nie einen Orgasmus gehabt und das vor ihrem Mann auch nicht verheimlicht habe. Sie selbst mache sich gar keine großen Gedanken deswegen, aber ihr Mann habe ihr nahegelegt, sie solle zu einem Sextherapeuten gehen. Ich sagte ihr, daß er durchaus recht haben könne, aber wenn sie nur käme, um ihm einen Gefallen zu tun, könne ich nicht viel für sie tun. Es sei erforderlich, daß sie selbst den Wunsch habe, ihre sexuelle Erfüllung zu finden.

»Aber ich tue es wirklich ihm zuliebe«, meinte sie.

Wir redeten hin und her, und ich hatte schließlich den Eindruck, daß sie meinte, sie würde alles mögliche tun, um ihrem Mann einen Gefallen zu tun. Das war selbst schon eine starke Motivation. Auf meine Fragen hin erzählte sie mir, daß sie kaum eine Vorstellung von Masturbation habe; sie hätte es zwar einmal »irgendwie versucht«, aber kein Vergnügen daran gehabt. Das war im College gewesen, als ihre Zimmergenossin im Wohnheim ihr erzählt hatte, daß sie immer unter der Dusche masturbiere, um sich für das Lernen zu entspannen.

Eine angenehme Erfahrung

Ihre erste richtige sexuelle Erfahrung war das Petting mit ihrem Freund, mit dem sie dann auch »bis zum Ende« ging. Beides hatte ihr nur wenig Vergnügen gemacht, aber es war trotzdem »irgendwie eine angenehme Erfahrung, weil ich ihn sehr mochte«. Diesen Jungen hatte sie dann auch vor zwei Jahren geheiratet. Ich vereinbarte einen neuen Termin, an dem beide zu mir in die Praxis kommen sollten. Im Verlauf dieses Gesprächs erzählte mir der junge Mann, ihre Ehe sei ziemlich friedlich, aber es gebe da einige Punkte, in denen sie nicht derselben Meinung seien. Er ging gern aus und suchte die Gesellschaft anderer, während sie eher davon träumte, irgendwo abgeschieden auf dem Lande zu leben und nur hin und wieder andere Menschen zu sehen. Trotzdem habe sie immer eingewilligt, wenn er seine Freunde eingeladen habe. Sie sei zwar sehr liebevoll, doch sexuell ziemlich passiv. Er genoß den Sex mit ihr, wünschte sich aber, daß sie auch Spaß daran hätte. Seiner Meinung nach würde es auch viel aufregender sein, wenn sie sich mehr beteiligte.

Sie hatte mir gesagt, daß ihre Vagina feucht würde und sie wirklich zum Orgasmus kommen wolle, sich aber mehr oder weniger damit abgefunden hätte, daß sie dieses wunderbare Erlebnis, von dem alle sprechen, nie erreichen würde.

Die beiden hatten schon vom Vorspiel gehört und auch, daß man die Frau bis kurz vor dem Orgasmus stimuliert, ehe man zum Koitus übergeht. Er versuchte das auch, aber sie reagierte nicht besonders darauf.

»Haben Sie ihm gesagt, was Sie gerne hätten?« fragte ich sie.

Natürlich wußte sie selbst nicht, was sie gern hätte. Bis jetzt hatte ihr noch nichts richtig Spaß gemacht.

Was Sie mit ihr gemacht haben, mit Ihren Fingern«, meinte ich zu ihm, »das nennt man manuelle Stimulierung der Klitoris. Das schien bei ihr jedoch nicht zu klappen. Was würden Sie dazu sagen, wenn sie versuchen würde, sich selbst zu stimulieren, um ihre eigenen Reaktionen kennenzulernen?«

Wir unterhielten uns darüber, daß eine Frau lernen soll, sich selbst Lust zu verschaffen, um dann ihrem Mann zu zeigen, was er machen soll. Er meinte, er würde sich dabei zurückgesetzt und ausgeschlossen vorkommen. Trotzdem sah er einen gewissen Sinn darin. Und wie würde sie sich dabei fühlen? Sie sagte, sie habe keine Ahnung. Die Vorstellung, zu masturbieren, war ihr irgendwie fremd und stieß sie ab. Als sie es damals im College versucht habe, habe sie den Eindruck gehabt, das sei etwas, was ihr keinen Spaß mache. Aber sie würde es noch einmal probieren.

Masturbieren lernen

Viele Menschen sehen mich erstaunt an, wenn ich sage, daß nicht jeder weiß, wie man masturbiert. Wenn jemand das erzählt, glauben alle, daß der oder die Betreffende lügt. Sicher ist jedoch, daß diese sanfte junge Frau wirklich verwirrt war über das, was ich von ihr verlangte. Beim ersten Versuch legte sie sich rücklings aufs Bett und befühlte ihre Schamlippen und ihre Vagina mit dem Mittelfinger. Im Gegensatz zu anderen Sextherapeuten hatte ich sie nicht gebeten, ihre Genitalien mit Hilfe eines Spiegels zu erforschen; sie sollte einfach ganz sanft herumfühlen, bis sie ihre Klitoris und den Scheideneingang gefunden hatte, und dann herauszufinden versuchen, ob ihr Finger da unten eine andere Empfindung hervorrief, als wenn sie ihn beispielsweise in den Mund steckte. Sie sollte ihre Klitoris berühren, den Schaft streicheln und mit kreisförmigen Bewegungen der Finger die Umgebung der Klitoris stimulieren. Anschließend berichtete sie, beinahe etwas gespürt zu haben, aber es könne auch nur ihre Einbildung gewesen sein.

In jener Woche machte sie meinen Anweisungen gemäß viermal diese Übung, und zwar zu verschiedenen Tageszeiten. Da sie vormittags in einem Architekturbüro arbeitete, hatte sie die Nachmittage frei. Sie dachte sich Phantasien mit einem bekannten Filmschauspieler aus. Dabei stellte sie sich vor, daß sie nackt aus dem Badezimmer in die Küche renne, um den Herd abzustellen, auf dem sich der Brokkoli zu Tode kochte. In diesem Augenblick sieht sie, daß sie ihre Handtasche draußen auf der Terrasse stehen gelassen hat. Wenn ihr Mann das merkte, würde er mit ihr schimpfen, deshalb schlüpfte sie schnell hinaus, um die Tasche zu holen; schließlich war niemand in der Nähe, der sie hätte sehen können. Aber da fiel die Tür hinter ihr ins Schloß, und nun stand sie da ganz nackt und konnte nicht wieder zurück ins Haus, als plötzlich dieser Filmstar um die Ecke kam. Er lächelte sie an und ging auf sie zu. Sie hielt schnell die Handtasche vor ihren Schoß und bedeckte mit der anderen Hand und dem Arm ihre Brustwarzen, wandte sich halb ab und bat ihn, er solle bitte wieder gehen. Aber er kam auf sie zu und faßte sie am Kinn, damit sie ihm in die Augen sähe, dann lächelte er sein berühmtes Lächeln, und sie mußte zurücklächeln, obwohl sie sich der Situation schämte. Daraufhin begann er, ihre Brustwarzen zu kneifen (ganz recht – ohne jede weitere Förmlichkeit) und mit den Händen über ihren Po und ihren Schoß zu streichen.

Sie sagte, sie wüßte nicht, wie sie darauf gekommen sei, aber bei dieser Vorstellung sei ihre Vagina ganz feucht geworden, auch wenn die Empfindungen in der Klitorisgegend so vage seien, daß sie sie kaum zu spüren glaubte.

Ich hatte den Eindruck, daß ihre Phantasie vielleicht ein wenig zu schüchtern war, aber ich war sicher, daß sich das bald ändern würde. Dennoch schien es mir, als sei ihre Vorstellungskraft doch ein bißchen verkümmert, was sexuelle Phantasien betraf, denn es ging immer nur darum, daß sie in irgendeiner Situation nackt überrascht wurde, ohne daß sie jemals selbst sexuellen Kontakt suchte. Solche Phantasien, in denen man unbekleidet überrascht wird, erzeugen häufig Scham und Minderwertigkeitsgefühle (›alle durchschauen mich‹, ›ich kann mich nicht einmal ankleiden‹, usw.). In der darauffolgenden Woche jedoch entwickelte sich diese Phantasie mit dem Filmschauspieler in eine ausgewachsene Affäre. Er lächelte immer noch, aber jetzt kam er mit einer ganzen Bande von Freunden zu ihr. Sie zwangen sie, sich im Schlafzimmer auszuziehen und hinzulegen und dann zu masturbieren. Wenn sie gehorchte, würden sie ihr nicht weh tun – jedenfalls nicht gleich. Sie legte sich also aufs Bett, und die Burschen sahen sie lüstern an. Dann holten die Männer ihre Penisse heraus, die so groß waren wie Salamiwürste, und rieben sie an ihrem Körper. Sie versuchte einfach weiter zu masturbieren, und diesmal wurde sie wirklich ganz erregt und dachte schon, jetzt würde etwas Großartiges passieren; doch nichts geschah.

Ein Versuch mit dem Vibrator

Ich sah, daß sich ihre Phantasien gut entwickelten, und sie kam dem Orgasmus immer näher, ohne ihn jedoch wirklich zu erreichen. Da sie den Mut zu verlieren drohte, schlug ich ihr vor, es einmal mit einem Vibrator zu versuchen.

Es wird oft gefragt, warum wir nicht von Anfang an mit dem Vibrator arbeiten. Der Grund ist einfach der, daß eine Frau von diesen kräftigen Vibrationen so abhängig werden kann, daß sie über kurz oder lang eine weniger intensive Stimulierung ablehnt. In einem solchen Fall muß sie vom Vibrator sozusagen »entwöhnt« werden. Obwohl die Verwendung eines Vibrators eigentlich also nur ein Umweg ist, hatte ich das Gefühl, das sei in diesem Fall die beste Methode – vorausgesetzt, die Frau würde darauf eingehen. Sie kaufte sich einen Vibrator und hatte schon im Verlauf dieser Wochen zum erstenmal einen Orgasmus – mit Hilfe des Schauspielers aus ihrer Phantasie und seiner Kumpane.

Ich gab ihr die Anweisung, den Vibrator auch weiterhin zu benutzen, aber ihn bei jedem zweitenmal kurz vor dem Orgasmus abzuschalten und mit ihrem Finger weiterzumachen. Nach einer Weile gelang es ihr, sich nur mit der Hand zum Orgasmus zu bringen, obwohl sie auch jetzt noch manchmal zum Vibrator griff.

Der nächste Schritt der Therapie war, ihren Mann miteinzubeziehen. Schließlich war das Ganze seine Idee gewesen. Wir sprachen gemeinsam über diese nächste Phase, und ich hatte den Eindruck, daß sie beide verstanden, worauf es ankam und was sie zu tun hatten. Sie schliefen miteinander, und anschließend hielt er sie in seinen Armen, während sie bis zum Orgasmus masturbierte. Dabei hatte er die ganze Zeit über seine Hand auf der ihren. Als sie das nächste Mal zusammen schliefen, stimulierte er sie erst langsam und zärtlich mit der Hand, wobei sie jetzt ihre Hand auf seine legte und ihm ab und zu sagte, was er tun solle. Als sie stark erregt war, gingen sie zum Koitus über, aber da sie nicht zum Orgasmus kam, stimulierte er sie weiter mit der Hand, bis sie es fast geschafft hatte. Dann brachte sie sich selbst zum Höhepunkt.

Die beiden experimentierten auf diese Weise in eigener Regie weiter, und ich bin sicher, daß sie schließlich einen Weg gefunden haben, der sie beim Koitus und nach ausführlichem Vorspiel zum Orgasmus bringt. Allerdings erreichen nicht alle Paare dieses höchste Ziel. In diesem Fall hatte ich jedenfalls den Eindruck, daß der Mann wirklich glücklich war, daß seine Frau endlich mit ihm zum Orgasmus kam und daß diese Vorstellung für ihn ungeheuer aufregend war.

Die Kegel-Übungen

Häufig kommt eine Patientin zwar durch Masturbation zum Orgasmus, aber nicht, wenn der Mann mit seinem Penis Stoßbewegungen oder kreisende Bewegungen macht oder mit seinem Schambein über ihre Klitoris reibt. Es ist einfach eine Tatsache, daß die Klitoris sehr viel einfacher und besser stimuliert werden kann als beim Koitus. Beim Koitus wird die Klitoris zwar leicht bewegt, wenn die inneren Schamlippen die Klitorisvorhaut bei ihren Bewegungen mitziehen, aber dadurch erfolgt nur eine schwache Reizung im Vergleich mit einer direkten Berührung oder Reibung des Klitorisbereichs.

Die Empfindungen, die beim Koitus zum Orgasmus führen, sind besonders stark bei Frauen, die ihre Vaginalmuskulatur anspannen und auf diese Weise den Penis drücken können. Deshalb sind für viele Frauen die sogenannten Kegel-Übungen eine Hilfe, durch die diese Muskeln gestärkt werden und die Frau lernt, sie richtig einzusetzen.

Wenn ein Mann einen Orgasmus hat, dann spürt er Muskelzuckungen an der Peniswurzel, und für die meisten Männer ist dieses unwillkürliche Muskelzucken an den betreffenden Nervenenden das schönste körperliche Gefühl, das es geben kann. Der daran beteiligte Muskel trägt den Namen *musculus pubococcygeus* und wird häufig auch als Lustmuskel bezeichnet. Dieser verhältnismäßig lange Muskel setzt am Schambein an, das man unter dem Schamhaar fühlen kann, und endet am unteren Ende der Wirbelsäule, dem Steißbein. Der Muskel umgibt die Urethra (Harnröhre), die äußeren Genitalien und den Anus und kontrolliert alle Funktionen in diesem Bereich – er beendet das Fließen des Urins, unterstützt die Darmentleerung, hilft mit, bei der Geburt das Baby durch den Geburtskanal zu pressen – und wenn eine Frau gelernt hat, ihn zu kontrollieren, dann spielt der *pubococcygeus* eine wichtige Rolle beim Koitus und beim Erreichen des Orgasmus.

Vor mehr als fünfzig Jahren entwickelte der Arzt Dr. Arnold Kegel eine spezielle Übung für Frauen, die ihnen helfen sollte, diesen Muskel zu trainieren, um eine spontane Blasenentleerung verhindern zu können. Diese Kegel-Übungen sind ganz einfach. Um die Kontrolle über diesen Muskel zu lernen, setzt sich die Frau auf die Toilette, beginnt zu urinieren, hört wieder auf und wiederholt das abwechselnd solange, bis sie ihre Blase entleert hat. Auf diese Weise lernt sie, wo dieser Muskel sitzt und wie sie ihn durch rhythmische Kontraktion und Entspannung trainieren und stärken kann.

Man kann diese Übung auch machen, wenn man am Schreibtisch sitzt oder im Auto darauf wartet, daß die Ampel wieder auf Grün springt – immer wenn man ein paar Augenblicke Zeit hat, sich darauf zu konzentrieren. Spannen Sie den *pubococcygeus* an, zählen Sie bis zehn, und lassen Sie ihn wieder los. Wenn Sie das zehnmal wiederholt haben, haben Sie sich eine Pause verdient.

Nach zehn Tagen etwa sollten Sie diese Übung gut beherrschen. Dann wird es etwas komplizierter: Versuchen Sie den Muskel in schneller Folge abwechselnd zu kontrahieren und wieder zu entspannen. Wenn Sie beim Koitus kurz vor dem Orgasmus sind, dann kann Ihnen diese rhythmische Übung eine große Hilfe sein, insbesondere wenn Sie gleichzeitig Ihren Unterbauch zusammenpressen, wie eine Frau bei der Geburt.

Auch wenn eine Frau mit dem Finger oder einem Vibrator masturbiert, wird sie feststellen, daß diese Muskelkontraktionen den Orgasmus ungemein erleichtern – dabei ist es gleichgültig, ob sich in der Vagina ein Penisersatz befindet, den sie pressen kann, oder nicht, obwohl es mit einem solchen Hilfsmittel vielleicht noch leichter ist. Ein künstlicher Penis (»Dildo«) ist dafür gut geeignet, doch eine Gurke oder eine Banane tun es auch!

Solo oder im Duett?

Die Sexualforscher Masters und Johnson legten die Grundlagen der modernen Sextherapie, und wir haben ihre Methoden übernommen und weiterentwickelt. Nach ihren Empfehlungen sollte sich die Frau, wenn sie ihre Vagina erforschen will, mit dem Rücken an ihren Mann lehnen, als ob sie sich zusammen auf einer Chaiselongue befänden. Dadurch wird zwar das Gefühl der Gemeinsamkeit gestärkt, doch Helen Singer Kaplan und ihre Anhänger – zu denen ich gehöre – neigen eher zu der Auffassung, daß eine Frau schnellere Fortschritte macht, wenn sie allein zu masturbieren lernt. Dann ist sie unbeobachtet und *fühlt* sich auch nicht beobachtet. Es gibt niemanden, der mit der Stoppuhr neben ihr steht und kontrolliert, wie schnell sie in der Klitorisgegend eine Empfindung verspürt. Wenn sie selbst gelernt hat, welche Berührungen und Bewegungen sich gut anfühlen, dann kann sie dieses Wissen auch an ihren Mann weitergeben.

Das sollte jedoch keinesfalls ein starres Prinzip sein. Ich kann mir durchaus eine Frau vorstellen, die sich allein eher einsam und mutlos fühlt und vielleicht lieber die Arme ihres Mannes um sich spürt, wenn sie anfängt, sich zu entdecken.

Masturbation und Ehe

Ehe und Masturbation vertragen sich sehr gut miteinander, denn die Masturbation ist so etwas wie ein guter Freund. Rein physiologisch gibt es keinen Unterschied zwischen Masturbation und Vorspiel. Masturbieren sollte auf jeden Fall zum Repertoire des Paares gehören – es ist ein sehr schönes Erlebnis, wenn man in den Armen seines verständnisvollen und liebenden Partners liegt, während man sich sexuell zum Höhepunkt und zur Entspannung bringt.

Masturbationstechniken können ein Bestandteil des Vorspiels sein und manchmal auch dazu dienen, den Partner nach dem Koitus zum Orgasmus zu bringen. Außerdem ist das Masturbieren immer dann ein guter Ersatz, wenn einer der beiden Partner sexuelle Entspannung sucht und der andere nicht zur Verfügung steht – ich meine damit, daß er oder sie entweder verreist ist oder auch nur müde oder nicht in Stimmung, was ja vorkommen kann. Dann ist es gut, wenn keiner der beiden durch die Autoerotik des anderen verunsichert wird.

Auch der Mann kann lernen, es positiv zu sehen, wenn seine Frau masturbiert. Eine Frau ist ein Wesen mit vielen Fähigkeiten und vielen Geheimnissen. Sie ist selbst ein Geheimnis mit ihrer Fähigkeit, den Samen des Mannes aufzunehmen und in ihrem Leib neues Leben entstehen zu lassen. Ihre Weiblichkeit hat dabei viele verschiedene Aspekte. Dazu gehört, daß sie wie eine Frau geht und sich bewegt, daß sie sich in einer besonderen Art setzt und hinlegt, daß sie in typischer Weise ihr Haar bürstet und sich schminkt, wenn ihr danach ist. Und nicht zuletzt das Wissen um ihren eigenen weiblichen Körper, den sie bereit ist, mit ihm zu teilen.

Was sie ihm beibringt und was sie gemeinsam lernen, wenn sie sich mit ihrer Anatomie beschäftigen und unterschiedliche Liebestechniken und Stellungen ausprobieren, kann zu gemeinsamer Entspannung beim Koitus führen, wenn sich ihre Körper vereinigen und sein Geschlechtsorgan in ihrem aufgeht. Das ist ein wundervolles Erlebnis, das manche Paare von Anfang an erreichen, andere erst nach jahrelangem Zusammenleben.

Es gibt eine sehr erregende Form des Liebesspiels, die den Koitus und die manuelle Stimulierung der Klitoris miteinander verbindet. Dabei muß das Paar eine Stellung finden, bei der die Hand des Mannes oder der Frau selbst während des Koitus die Klitoris erreichen kann. Für die Frau ist diese Technik ungeheuer befriedigend, weil auf diese Weise ihre Klitoris intensiv stimuliert wird, während sie den Penis des Mannes in ihrer Vagina hält.

Einige abschließende Überlegungen zum Orgasmus

Frauen, die beim Koitus nicht zum Orgasmus kommen, sind bei weitem in der Mehrzahl. Ist das eine traurige Tatsache? Vielleicht sollten Sie versuchen, die Sache einmal anders zu sehen: Wenn Sie beim Koitus einen Orgasmus haben – großartig. Wenn nicht, dann gehören Sie einfach zur Majorität, und es ist keineswegs so, daß das Schicksal Sie auf grausame Weise für etwas bestraft, wofür nur Sie selbst die Schuld tragen.

Die Statistiken auf diesem Gebiet sind nicht auf dem neuesten Stand und ändern sich sowieso ständig. Auf jeden Fall läßt sich sagen, daß manche Frauen beim Koitus zum Orgasmus kommen, andere nur durch Masturbation oder direkte Stimulierung der Klitoris, während andere Frauen sogar erklären, sie hätten noch nie einen Orgasmus erlebt.

Darüber hinaus gibt es einen kleinen Prozentsatz von Frauen, die so stark orgasmisch sind, daß sie sogar durch bloße *Vorstellungskraft* einen Orgasmus erreichen, während eine andere – kleine – Gruppe von Frauen aus rein anatomischen Gründen orgasmusunfähig ist.

Gleichgültig wie die Zahlen aussehen oder zu welcher Gruppe Sie gehören – auch für Sie sollte Sex eine wertvolle und besondere Bereicherung Ihres Lebens sein.

31.

Vaginismus

Wie oft sagen wir von jemandem, seine linke Hand wisse nicht, was die rechte tue. Aber was ist mit der Ehefrau, die mit ihrem Mann im Bett liegt, unbedingt mit ihm schlafen möchte, aber ihre Vagina will ihn nicht hineinlassen? Sie scheint ihren ganz eigenen Willen zu haben und den Penis zu hassen. Die Muskeln am Scheideneingang, dem sogenannten Introitus, sind eng zusammengepreßt wie ein Schraubstock. Und die Frau hat keine Ahnung, was mit ihr eigentlich los ist.

Manche Menschen sind der Meinung, daß Frauen, die unter diesem sogenannten *Vaginismus* leiden, im Grunde ihrer Seele wirklich die Männer hassen. Sextherapeuten dagegen behaupten, daß Frauen sehr erleichtert sind, wenn sie von dieser Störung geheilt werden können. Das ist jedenfalls meine Erfahrung.

Der Vaginismus tritt in Erscheinung, wenn das Paar zum erstenmal Geschlechtsverkehr (Koitus) versucht, und kann in manchen Fällen noch Wochen nach der Hochzeit anhalten. Manchmal Monate oder sogar Jahre. In der Regel spricht das Ehepaar mit niemandem darüber, denn – nun, wie würden Sie sich dabei fühlen? Der ganze Trubel am Hochzeitstag, dann die Abfahrt mit dem Wagen, der mit Blumen und dem Schild »Frisch verheiratet« geschmückt ist und eine lange Schnur mit Blechbüchsen hinter sich herzieht, bei deren Lärm sich jeder umdreht, weil er meint, es handele sich um einen Unfall, und dann in der Hochzeitsnacht – nichts. Das einzige, woran man sich erinnert, ist ein Gefühl von Scham, Peinlichkeit und Schande.

Keiner von beiden will zugeben, daß es nicht geklappt hat. Oder sollte sie vielleicht sagen: »Die vielen Gäste, die zur Hochzeit gekommen sind, die vielen Geschenke, die vielen Glückwünsche und der ganze Champagner – und ich kann mich nicht einmal öffnen, um meinen armen Ehemann reinzulassen?«

Und soll er vielleicht zugeben, daß es für ihn unmöglich war, in seine Frau einzudringen?

Meistens haben die beiden noch nie etwas von Vaginismus gehört und glauben eher, ihr Jungfernhäutchen sei aus Stahl oder sein Glied einfach zu schwach.

Überall, wo sie in den nächsten Wochen auch hingehen, sehen sie sexuelle Helden und Heldinnen, die immer nur lächeln und selbstsicher kleine Witzchen machen, als ob die anderen auch nicht das geringste Problem hätten und ihr Himmel durch kein Wölkchen sexueller Angst getrübt werden könnte. Alles Leute, die »dabei« keine Schwierigkeiten zu haben scheinen. Sie sieht die Nachrichtensprecherin im Fernsehen oder eine Inderin, die im U-Bahnhof weiche Brezeln verkauft, und sie ist sicher, daß diese Frauen »es« ohne weiteres tun können und wahrscheinlich sogar gestern abend gemacht haben. Bei ihnen ist die Vagina entspannt und offen, und Schmetterlinge und Schwalben fliegen bei ihnen ein und aus.

Er sieht seinen Bürochef, den er früher immer für einen altmodischen und verknöcherten Trottel gehalten hat; aber jetzt stellt er sich vor, wie dieser lebenslustige weißhaarige Mann jeden Tag seine Frau, drei Sekretärinnen und ein Callgirl vernascht. Gespannt und neugierig beobachtet er jeden, der ihm auf der Straße begegnet. Im Eisenwarenladen starrt er lange auf die elektrischen Bohrer, die sich ohne Probleme durch Holz und sogar durch Metall hindurcharbeiten können.

»Wie läuft es in der Ehe?« fragt ihn der vorlaute Junge im Postraum.

Wenn sie bei ihren Eltern zum Essen eingeladen sind, dann lächeln sie allen fröhlich zu, damit niemand Verdacht schöpft. Wie anstrengend das alles ist!

Alles vermeidbar

Alles könnte vieles einfacher sein, wenn sie schon einmal davon gehört hätten und wüßten, daß auch andere Leute etwas Ähnliches durchgemacht haben. Daß es durchaus eine Methode gibt, das Problem in den Griff zu bekommen.

Ich habe Patienten gehabt, die sich sehr lange mit dem Problem des Vaginismus herumgeschlagen haben. Es ist selten, daß jemand gleich zu Anfang andere um Rat oder Hilfe bittet. Ich habe schon Menschen geholfen, denen es volle drei Jahre lang unmöglich war, ihre Ehe zu vollziehen. Das erste, was ich ihnen in einem solchen Fall sage, ist, daß ich keinen Zweifel habe, daß die beiden ihre Ehe in kurzer Zeit vollziehen werden. Ganz bestimmt. Ich sehe wirklich keinen Grund zu zweifeln, und auf jeden Fall brauchen die beiden in dieser Situation eine kräftige Portion Optimismus.

Um Mißverständnisse zu vermeiden

Ich möchte nicht, daß hier Mißverständnisse aufkommen: Vaginismus (was für ein Wort!) ist nicht das gleiche wie Vaginitis, auch wenn die beiden Begriffe häufig verwechselt werden. Vaginitis ist eine jukkende, brennende Entzündung der Schleimhaut der Vagina, also eine Scheidenentzündung. Der Arzt verschreibt Ihnen dafür ein Medikament, bei dessen Anwendung die Entzündung in der Regel schnell verschwindet. Vaginismus dagegen ist eine Art Muskelkrampf in Verbindung mit einem Angstgefühl, das die Frau meist selbst nicht versteht. Natürlich hat sie ein bißchen Angst vor dieser Initiation in den Sex, aber doch nicht *so*!

Man kann dieses Problem dadurch erklären, daß die Frau in der Vergangenheit irgendwann einmal Angst vor einem Eindringen in ihre Vagina hatte. Irgend jemand hat ihr einmal von einer Vergewaltigung erzählt oder von einer schmerzhaften Entjungferung. Oder sie hat einmal etwas von Geschlechtsverkehr gehört, als sie noch viel zu klein war, um das zu verstehen, und sich nicht vorstellen konnte, daß eine erwachsene Frau da unten genug Platz hat, um einen Penis aufzunehmen. Sie stellte sich vor, wie etwas Hartes in den Körper der Frau eindringt, wo doch gerade Platz für einen dünnen Urinstrahl ist, und ihr damit sehr weh tut.

Einer anderen Theorie zufolge liegt die Ursache darin, daß sie die Männer um ihren Penis beneidet und sich auf diese Weise dafür rächen will. Eine Braut, die in ihrer jungen Ehe mit diesem Problem zu kämpfen hat, wird wahrscheinlich ziemlich verärgert sein, wenn sie das hört.

Was ist noch zum Vaginismus zu sagen? Da sind noch ein paar interessante Fakten. Zum Beispiel die sexuelle Reaktion: Sie denken vielleicht, daß eine Frau mit Vaginismus so viel Angst vor Sex hat, daß ihre Vagina auch nicht feucht wird, aber das kommt durchaus vor. Viele Frauen mit Vaginismus wissen sehr wohl, wie es ist, einen Orgasmus zu haben. Sie haben oft genug masturbiert und sind auf diese Weise zum Orgasmus gekommen oder auch beim intensiven Petting. In manchen Fällen kann die Frau einen Tampon in die Vagina einführen, um das Menstruationsblut aufzusaugen. Dann ist entweder die Öffnung der Vagina groß genug für den Tampon, aber zu klein für den Penis, oder die emotionale Situation ist für die Frau eine andere, so daß sie sich nicht verkrampft, wenn sie einen Tampon einführt. Ich neige zu der letzteren Annahme.

Nicht jede Frau, die unter Vaginismus leidet, ist noch Jungfrau. Das

Problem kann auch dann noch auftreten, wenn sie schon oft Geschlechtsverkehr hatte, und zum Beispiel durch eine schmerzhafte Veränderung in der Vagina ausgelöst werden. Manche Frauen werden auch nach der Geburt eines Kindes davon betroffen, wenn sie Angst haben, daß sie noch nicht ganz ausgeheilt sind und der Koitus schmerzhaft sein könnte.

Wie viele andere sexuelle Probleme hat man auch hier oft einer fehlgeleiteten religiösen Erziehung die Schuld gegeben, und manchmal scheint die Vorgeschichte der betroffenen Frauen wirklich für die Richtigkeit dieser Annahme zu sprechen. Aber auch moderne, aufgeschlossene Frauen werden von Vaginismus betroffen, und Sie werden nicht dadurch schon Ihren Vaginismus kurieren, daß Sie Ihre Religion aufgeben.

Es hat Fälle gegeben, in denen ein Chirurg auf operative Weise den betreffenden Muskel durchtrennt hat, um den Zustand zu beheben. Das ist nicht zu empfehlen, und ich rate dringend davon ab. Dieser Muskel erfüllt eine wichtige Funktion und sollte nicht beschädigt werden. Wenn Sie diesen Muskel während des Orgasmus anspannen, kann das Ihr Vergnügen beträchtlich erhöhen, besonders wenn der Muskel einen harten Penis umschließt. Auch für den Mann ist dieses Gefühl außerordentlich angenehm.

Gesucht wird ein liebendes Paar

Vaginismus läßt sich durch eine ganz einfache Methode kurieren, die Mann und Frau gemeinsam in kurzer Zeit und mit Geduld und Liebe erfolgreich anwenden können.

Dabei ist es von großem Vorteil, wenn das Paar ein kleines Repertoire sexueller Praktiken hat, um sich gegenseitig zum Orgasmus zu bringen, so daß es auf manuelle Stimulierung und auf oralen Verkehr zurückgreifen kann, um die Spannungen abzubauen, die bei der Behandlung des Vaginismus auftreten können.

Wenn eine Frau mit diesem Problem zu mir kommt, dann schicke ich sie als erstes zu einem Gynäkologen, um ganz sicher zu sein, daß die Ursache der Störung nicht in einer Mißbildung der Vagina zu suchen ist. Die Angst vor einer solchen etwaigen Mißbildung ist bei Frauen in dieser Situation sehr stark, und sie muß davon überzeugt werden, daß bei ihr außer dem widerspenstigen Muskel alles in Ordnung ist. Dieses Wissen kann auch für den Mann beruhigend sein. Die beiden sollen sich ganz sicher fühlen, wenn sie die einfache und sanfte Behandlung durchführen, um diesen Muskel zu entspannen. In meiner Praxis zeige ich den beiden eine Darstellung der Vagina, damit sie sehen können, daß darin wirklich Platz genug ist für das, was sie da einführen möchten. Im Normalzustand ist die Vagina schlaff zusammengedrückt, aber sie ist elastisch und kann sich problemlos ausweiten, um auch einen großen Penis aufzunehmen. Nur am Scheideneingang befinden sich die kräftigen Muskeln, die das Eindringen gegenwärtig noch verhindern. Ich beruhige die beiden und versichere ihnen, daß sie sich schon sehr bald so lieben werden, wie es schon ihre Vorfahren gemacht haben.

Schritt für Schritt werden wir diesen Muskel überreden, das Einführen harmloser Objekte in die Vagina zuzulassen – aber nicht dadurch, daß wir ihn dehnen, sondern indem wir ihn dazu bringen, sich zu entspannen.

Die Übungen

Und dies sind die Anweisungen, die ich den beiden gebe. Sie legen sich nebeneinander oder nehmen irgendeine andere Stellung ein, die ihnen angenehm ist. Ohne sofort an Geschlechtsverkehr zu denken, nimmt sie dann seinen kleinen Finger und legt die Fingerspitze an ihren Scheideneingang. Die Stelle habe ich ihnen vorher genau gezeigt. Viele Menschen haben wirklich keine Ahnung! Der richtige Punkt liegt etwas unterhalb der Mitte der Genitalöffnung.

Der Mann soll ihr dabei die Führung überlassen und ihr einfach folgen. Der Finger sollte eine Weile an dieser Stelle der Schamlippen liegenbleiben, ehe sie versucht, ihn vorsichtig ein kleines Stück hineinzudrücken, bis es ihr unangenehm zu werden beginnt. Auch jetzt sollte der Finger wieder eine Weile in dieser Stellung verharren, damit sie sich an die Empfindung gewöhnen kann. Es ist durchaus möglich, daß das unangenehme Gefühl dabei verschwindet. Wenn das nicht der Fall ist, dann sollte sie seinen Finger wegnehmen und es eine Weile mit ihrem eigenen Finger versuchen. Das machen sie so lange, bis die unangenehme Empfindung bei ihr verschwunden ist (aber bitte mit Pausen und Unterbrechungen, damit das Ganze nicht langweilig wird oder zu Spannungen führt). Allmählich dringt der Finger auf diese Weise immer tiefer in die Vagina ein. In jeder einzelnen Phase verschwindet das unangenehme Gefühl nach einer Weile. Die Nerven und Muskeln in diesem Bereich müssen mit viel Geduld davon überzeugt werden, daß das, was das Paar vorhat, nicht mit Schmerzen verbunden ist. Nach etwa einer Woche sollte das Paar so weit sein, daß der kleine Finger in voller Länge in die Vagina eingeführt und ohne Schwierigkeiten hin und her bewegt werden kann. Dann ist ein größerer Finger an der Reihe, und dann zwei Finger auf einmal. Wenn es gelingt, zwei Finger zusammen ohne Schwierigkeiten einzuführen und sie hin und her zu bewegen und auch zu drehen, kommt der nächste große Schritt.

Obwohl der Muskel zu Anfang noch widerspenstig ist, wird die Vagina bei diesen Bemühungen meist schon so erregt, daß sie feucht wird. In Wirklichkeit ist es so, daß das Gehirn der Frau widersprüchliche Signale in diesen Bereich aussendet – einmal das Signal, feucht zu werden, zum anderen das Signal, den Eingang zu verteidigen. Die Frau sollte dabei erst dann den Finger an die Schamlippen legen, wenn sie spürt, daß ihre Vagina feucht wird, und auch der Mann sollte erst dann mit dem Eindringen beginnen, wenn er Feuchtigkeit fühlt, auch wenn es nur ganz wenig ist – die Vagina braucht schließlich nicht zu tropfen. In ganz schwierigen Fällen gebe ich den beiden den Rat, den oder die Finger mit einem Gleitmittel anzufeuchten.

Die beiden sollten sich ganz entspannt miteinander unterhalten, während sie sanft diese Übung machen. Viele Paare berichten, daß sie in dieser Situation oft kichern müssen, und das ist ganz natürlich. Angenehme Musikunterhaltung im Hintergrund kann auch zur Entspannung der beiden während dieser Prozedur beitragen. Harte Rockmusik oder auch Diskomusik ist dabei meistens wohl ungeeignet, aber die beiden wissen schließlich selbst am besten, wie sie darauf reagieren.

Jetzt sind die beiden soweit, daß sie es wagen können, langsam und vorsichtig den Penis in die Vagina einzuführen, wobei die Frau das Tempo des Vorgehens bestimmt. Ich schlage vor, daß der Mann sich dabei auf den Rücken legt und die Frau über ihm sitzt. Wenn seine Erektion richtig hart ist, dann kann sie sich langsam und schrittweise auf den Penis herunterlassen – natürlich ohne zu stoßen oder sonstwie einen richtigen Koitus zu versuchen. Wahrscheinlich wird es nicht gleich beim erstenmal gelingen, den Penis vollständig in die Vagina einzuführen, aber auf jeden Fall sind die beiden jetzt schon fast am Ziel. Jeder Fortschritt ist ein Grund zum Jubeln bei dieser Behandlung! Wenn sie den Penis zur Hälfte aufgenommen hat, dann ist ein leichtes Hurra am Platz, und wenn sie es ganz geschafft hat, dann können die beiden ruhig ein kräftiges Hipp-Hipp, Hurra ausbringen. Und wenn sie sich dann auf und ab bewegt und ihn zu Stoßbewegungen ermutigt, bis er zur Ejakulation kommt, dann ist das wirklich ein Feiertag, den die beiden mit roter Schrift im Kalender eintragen und jedes Jahr erneut feiern dürfen! Dann ist die Ehe endlich vollzogen!

Es wird eine Weile dauern, bis den beiden ein normales Eindringen und ein normaler Koitus ohne jede Zurückhaltung möglich sein wird, aber auch dieser Tag wird kommen. Während er geduldig immer wieder die nötigen Erektionen liefern muß, kann es nötig werden, daß die beiden auch seinem Penis ein wenig Aufmerksamkeit zukommen lassen, um ihn zu »bestärken«, und er sollte während der gesamten Zeit immer wieder durch manuelle oder orale Stimulierung zum Orgasmus kommen dürfen.

Bitte nicht in der Hängematte!

In einem Fall hatte das betreffende Paar Schwierigkeiten, als er zum erstenmal versuchte, den Penis ein Stückweit in die Vagina einzuführen. Das Bett war so weich gefedert, daß sie die Bewegung kaum kontrollieren konnte. Als sie so über ihm kniete, hatte sie den Eindruck, auf einem dieser aufblasbaren Gummipferde zu sitzen, mit denen man im Swimmingpool spielt. Dabei hielt sie sich an seinem Penis wie an einem Sattelknopf fest. Wenn der Penis nach Westen zeigte, dann bewegte sich ihre Vagina gerade nach Nordosten. Ihrer Beschreibung zufolge war es einfach hoffnungslos.

Nach kurzem Überlegen gab ich ihr den Rat, es das nächste Mal auf dem Fußboden zu versuchen, wo sie besseren Halt habe. Danach lief auch wirklich alles ganz glatt. Vielleicht war diese Idee mein großer Beitrag zur Entwicklung der Sextherapie – zum erstenmal in diesem Buch veröffentlicht!

Den Familienfrieden wahren

Es gibt leichtere und schwerere Fälle von Vaginismus, aber wenn sich Mann und Frau gut verstehen, besteht die hervorragende Aussicht, daß das Problem beseitigt werden kann. Dabei sollte sich das Paar nach Kräften bemühen, den Familienfrieden zu wahren. Es ist oft so, daß nicht nur die Frau bei diesem Problem unter Minderwertigkeitsgefühlen leidet, sondern auch der Mann. Beide sollten sich über diese Gefühle im klaren sein, auch wenn sie ihnen vielleicht ganz irrational erscheinen. Häufig muß der Therapeut hier eingreifen. Denken Sie immer daran, daß der Mann schließlich geduldig und sozusagen auf Befehl Erektionen produzieren muß und dabei alle Unterstützung braucht, die die Frau ihm geben kann. Einmal kam ein Mann zu mir und beschwerte sich über seine Frau, obwohl ihm dabei gar nicht wohl zumute war. Aber er hatte völlig recht. Wenn die beiden sich hin und wieder stritten, beschimpfte sie ihn immer, er sei impotent. Ich ermahnte die beiden, daß keiner so etwas zum anderen sagen dürfe – *unter keinen Umständen.* Damit würden sie unsere gesamte Arbeit sabotieren, und ich könnte ihnen dann nicht mehr helfen. Die Frau hörte auf, ihn so zu beschimpfen, und danach lief alles zur Zufriedenheit.

In der Sextherapie ist es einfach unmöglich, daß der eine den anderen anschreit: »Du bist impotent!« oder »Du bist frigide!« Jede Sextherapie geht davon aus, daß alle sexuellen Probleme gemeinsame Probleme sind, die man auch gemeinsam angehen muß.

Ich kann mir durchaus vorstellen, daß ein Paar dieses Problem auch selbständig bewältigen kann – mit gesundem Menschenverstand, Geduld und gegenseitigem Verständnis. In der Tat werden viele Paare mit milderen Formen des Vaginismus fertig, ohne jemals ein Sexhandbuch oder einen Sextherapeuten zu konsultieren – ganz einfach durch Geduld und Zärtlichkeit in der Liebe. Trotz allem fände ich es nicht schlecht, wenn man auf jeder einsamen Insel Sexberater finden könnte – für den Fall, daß ein romantisches, aber unaufgeklärtes Paar sich dorthin verirrt und Schwierigkeiten beim Sex erfährt.

32.

Offenheit und Ehrlichkeit

»Wir waren uns von Anfang an einig, daß wir völlig offen miteinander sein wollten«, erklärte mir die noch sehr junge Frau. Die Geschichte ihrer sich ständig verschlechternden Beziehung mit einem jungen Mann klang für mich sehr vertraut. Die beiden hatten sich sehr zueinander hingezogen gefühlt und zogen schon bald in eine gemeinsame Wohnung. Sie hatten beide die Vorstellung, daß es das beste für eine Beziehung sei, wenn beide absolut offen miteinander sind – d. h. ohne sich einen Zwang aufzuerlegen oder etwas zu verschweigen. Mit anderen Worten: eine wirklich »offene« Beziehung. Diese Vorstellung ist ziemlich weit verbreitet – ich habe schon einmal gesagt, daß ich sehr oft damit konfrontiert werde.

Als diese junge Frau mir nun von ihren Schwierigkeiten erzählte, hatte ich den Eindruck, sie wünsche sich etwas weniger Offenheit. Ganz konkret ging es darum, daß ihr Mann eines Abends Sex mit einer anderen Frau gehabt und ihr dann ganz offen davon erzählt hatte. Nach sechs Monaten mit ihm wäre es ihr jetzt lieber, wenn er einige Dinge unausgesprochen ließe. Sie hatte keine Lust, jede seiner sexuellen Phantasien über irgendwelche flüchtige Bekanntschaften mitanhören zu müssen. Sie würde es lieber sehen, wenn er seine Gefühle für flüchtige Bekanntschaften besser kontrollieren und gegebenenfalls einfach seinen Mund halten würde. Sie hätte es lieber, wenn er weniger offen und frei wäre und mehr Rücksicht auf sie nehmen würde, anstatt ihr Dinge zu erzählen, die ihr wehtun würden. Mit anderen Worten, sie hatte die Nase voll von dieser Offenheit.

Ich gab ihr den Rat, mit dem jungen Mann ein ernstes Gespräch zu führen und ihm zu erklären, daß sie es sechs Monate lang mit Offenheit probiert habe und jetzt etwas anderes erwarte, das zu akzeptieren er anscheinend nicht reif genug sei: etwas mehr Verantwortung, Loyalität und Rücksicht. Dann fragte ich sie, ob sie nicht viel eher dazu neige, mit ihm Schluß zu machen, anstatt zu versuchen, ihn zu ihrer neuen Einstellung zu bekehren. Sie bejahte und meinte, sie hätte einfach jemanden gebraucht, der ihr sagt, daß eine Trennung viel besser sei, als unter dieser »Offenheit« zu leiden.

Eine andere Art von Offenheit

Ich bin für eine andere Art von Offenheit – in dem Sinne, daß man füreinander offen ist, für die Bedürfnisse und Wünsche des anderen und für seine Gefühle im Rahmen einer loyalen und verständnisvollen Beziehung. Diese Art von Offenheit sollte es in jeder Familie geben.

Zwei Menschen tun sich häufig zusammen, weil sie sich zueinander hingezogen fühlen, ohne jedoch zu wissen, was der andere eigentlich für ein Mensch ist. Wenn dann überraschende Wünsche und Bedürfnisse auftauchen, können beide mit Unwillen auf diese unerwünschten Gefühle reagieren.

Es kommt zum Beispiel vor, daß zwei Menschen zu Beginn ihrer Beziehung voneinander fasziniert sind und sich nur im besten Licht zeigen, im Laufe der Zeit jedoch feststellen müssen, daß sie eigentlich gar nicht zueinander passen. Der Mann, der sich zuerst gesellig gab, ist in Wirklichkeit zwar clever (jedenfalls clever genug, ihr so lange den Hof zu machen, bis sie sich für ihn interessiert), aber von seiner Veranlagung und seinen Gewohnheiten her eigentlich schüchtern, zurückhaltend und schweigsam und würde lieber ein zurückgezogenes Leben führen – mit ihr zusammen natürlich. Sie dagegen ist unternehmungslustig und voller Lebensfreude und fühlt sich am wohlsten, wenn sie viele Menschen um sich hat. Er bewunderte ihr lebhaftes Wesen, ohne sich darüber im klaren zu sein, was es bedeutete, daß sie sich ein geselliges, betriebsames Leben wünschte.

Jetzt sehen sich die beiden zum erstenmal, wie sie wirklich sind, und beide fühlen sich bedroht und sind wütend über das, was sie sehen. Er beharrt auf seinen Bedürfnissen und weigert sich, überhaupt auf sie einzugehen. Es ist einfach so, daß sie für ihn ein ganz fremder Mensch ist, nicht mehr die Verkörperung eines Traums – er hatte sich ein Mädchen gewünscht, das nichts anderes wollte als ihm zu gefallen, und er weigert sich, sie zu verstehen. Sie dagegen muß erkennen, daß der Mann, der vorher mit Begeisterung auf alles eingegangen war, was sie wollte, sich in einen egoistischen Griesgram verwandelt hat, der nur seine Ruhe haben und lesen will und sie zwingt, ihm Gesellschaft zu leisten und sich zu langweilen.

Diese beiden Menschen verschließen sich für den jeweils anderen. Sie weigern sich, auf die Gefühle und den Lebensstil des anderen einzugehen und ihn zu akzeptieren. Wenn die beiden sich nicht tiefgreifend ändern, dann wird eine Trennung unvermeidlich sein, und heutzutage trennt man sich eben lieber als eine unbefriedigende Beziehung fortzusetzen.

Vielleicht wird jeder der beiden in einer späteren Beziehung mit einem anderen Partner einmal lernen, wie wichtig es ist, den anderen wirklich kennenzulernen, ehe man sich Hals über Kopf in eine Verbindung stürzt. Und wie wichtig es ist, dem anderen auch dann zuzuhören, wenn er oder sie jedes Verständnis vermissen zu lassen scheint – einfach zuzuhören und offen zu sein für einen anderen Menschen.

Nicht selten haben zwei Menschen geheiratet und sich in den ersten Jahren wegen größerer Mißverständnisse immer wieder entzweit, ehe sie endlich lernten, sich wirklich gegenseitig zu verstehen mit all den seltsamen Gefühlen und Bedürfnissen, über die man sich so geärgert hat.

Den Panzer ablegen

Auch wenn es nicht zu größeren Auseinandersetzungen oder Mißverständnissen kommt, treten zwei Menschen mit einem unsichtbaren Schutzschild, mit einer Art Rüstung in eine Beziehung ein. Damit schützen sie sich vor Bedrohungen und Angriffen anderer im Beruf, auf der Straße, im überfüllten Kaufhaus, in erzwungenen Situationen – wie zum Beispiel in der Schule. Jeder muß sich vor der Umwelt schützen können, aber in der Ehe muß man bereit sein, auch die Schwächen und Empfindlichkeiten des anderen zu akzeptieren und Zärtlichkeiten, Berührungen und Aufmerksamkeiten anzunehmen. Und wenn zwei Liebende nach dem Liebesspiel abends nebeneinander im Bett liegen und Nähe und Geborgenheit suchen, dann ist es eine große Hilfe, wenn jeder für das, was der andere zu geben hat oder braucht, offen ist.

Und dann die Ehrlichkeit

Häufig ist das, was zwei Menschen Offenheit in der Beziehung nennen, in Wirklichkeit nicht nur gegenseitige Verschlossenheit, sondern sogar feindseliges oder verletzendes Verhalten. Es wäre weniger verwirrend, wenn sie das nicht Offenheit, sondern Ehrlichkeit nennen würden. Eine Verletzende, feindselige Ehrlichkeit kann man sich vorstellen, der Gedanke an eine verletzende emotionale Offenheit oder Aufnahmebereitschaft ist einfach absurd.

Viele junge Leute rebellieren gegen das, was sie als Scheinheiligkeit empfinden, und nehmen sich vor, in ihren Beziehungen immer ehrlich zu sein. Diese Ehrlichkeit, auf die sie so stolz sind, ist in Wirklichkeit egoistisch, grausam und feindselig, und wenn es darum geht, bei ehelicher Untreue oder bei Mißachtung des menschlichen Bedürfnisses nach Treue »ehrlich« zu sein, dann steht dahinter nur die bedauerliche Unkenntnis darüber, was eine menschliche Beziehung ausmacht, was sie wachsen läßt und was sie am Leben erhält.

Die Vorstellung, daß es keine Gefühle von Besitzenwollen, kein Bedürfnis nach Geborgenheit und keinen Wunsch, für etwas Besonderes und Wertvolles gehalten zu werden, die Vorstellung, daß zwei Menschen eine Liebesbeziehung aufrechterhalten können, ohne Ansprüche aneinander zu stellen, geht von einer völligen Fehleinschätzung der menschlichen Natur und der menschlichen Seele aus.

Bei begeisterungsfähigen und idealistischen jungen Menschen ist diese Fehleinschätzung verständlich und entschuldbar – auch wenn wir hoffen, daß sie nicht lange andauern wird.

Heutzutage ist jedoch eine ganz bestimmte und sehr destruktive Form von Ehrlichkeit im Umlauf, die keineswegs auf junge Menschen beschränkt ist. Diese destruktive Ehrlichkeit findet sich vor allem bei Menschen, die ein Vermögen ausgegeben haben, um zu lernen, wie man sich selbst findet und verwirklicht, wie man keine »Spiele spielt« und mit seiner Umwelt auf der Grundlage einer langweiligen und reizlosen »Ehrlichkeit« verkehrt – und die dabei ein Verhalten an den Tag legen, das unsere Eltern einfach grob und unverschämt nennen würden. Diese merkwürdige »Ehrlichkeit« findet sich vor allem auch bei Vierzig- bis Fünfzigjährigen.

Eine Frau erzählte mir, daß sie einen Kaktustopf geschenkt bekommen habe, und meinte: »Ich hasse diesen Topf. Bitte entschuldigen Sie, aber ich muß einfach sagen, was ich denke.« Und was ist mit mir? Wenn ich auch immer sagen müßte, was ich denke, dann würde ich mir sagen, daß ich sie langweilig und dumm finde und daß ihre Vorstellungen absolut schwachsinnig seien. Doch ich werde ihr das nicht sagen, weil es – Gott möge mir verzeihen – die Wahrheit ist. Es wäre einfach nur grausam und destruktiv, ihr diese Wahrheit mitzuteilen. Deshalb bestärke ich sie in ihren Gefühlen für den armen Kaktus und sage ihr, ihre Gefühle seien völlig richtig und sie hätte das ästhetische Feingefühl (Feingefühl! Lieber Gott, vergib mir!) einer wahren Künstlerin.

In einer Ehe oder einer Beziehung ist es meiner Meinung nach einfach eine sinnlose Grausamkeit, vor seinem Partner mit seiner sexuellen Vergangenheit oder Erfahrung zu prahlen. Und wenn Ihnen ein Ausrutscher passiert und Sie wirklich einmal untreu sein sollten, dann behalten Sie diese Tatsache für sich, wenn es möglich ist, anstatt Ihren liebenden Partner damit unnötig zu belasten.

Ich glaube nicht, daß sogenannte offene Ehen oder Beziehungen lange halten. Ich glaube auch nicht, daß man seine Schuldgefühle dem anderen unbedingt aufbürden und ihm oder ihr damit den Traum von einer glücklichen, sicheren, unantastbaren, liebevollen Ehe zerstören sollte. Sie selbst sind es, der schuldig ist, also büßen Sie Ihre Schuld schweigend. Nur auf diese Weise können Sie Ihre Selbstachtung wiedergewinnen.

Eine schöne Form von Ehrlichkeit

Damit meine ich die Ehrlichkeit eines Mannes, der in seiner Ehe gern ehrlich bleiben möchte und darum der starken Versuchung widersteht, mit einer anderen Frau ins Bett zu gehen. Eine Weile später meint seine Frau zu ihm: »Ich habe gesehen, wie Du diese Doris beim Picknick bei den Browners angesehen hast. Paß lieber auf, mein Kleiner, die würde Dich verschlingen!« Daraufhin lacht er nur und gibt zu, daß er manchmal leichtsinnig sei und anderen Frauen nachschaue – eine ganz unverfängliche Bemerkung eines fast kindlich unschuldigen Mannes. Er erspart seiner Frau die Beschwerde über diese Verführerin nebenan. Auf diese Weise kann seine Frau dieser Person auch ohne feindselige Gefühle gegenübertreten. Das ist für mich eine wirklich positive Art von Ehrlichkeit, die mit gewissen Opfern, aber auch mit aufrichtiger Bescheidenheit verbunden ist.

Noch ein Beispiel für eine hilfreiche Ehrlichkeit. Eine Frau kocht ihrem Mann sein Lieblingsessen, obwohl sie selbst es nicht mag. Er fragt sie: »Willst Du mich bestechen? Was kommt da auf mich zu – schon wieder eine Party bei Waymanns?« Sie antwortete, es sei nichts dergleichen, nur daß er recht gehabt hätte und sie unrecht, als sie sich am Sonntag im Auto so gestritten haben. Auf jeden Fall hätte er nicht *ganz* unrecht gehabt, jedenfalls hätte sie ihn nicht so anschreien dürfen. Sie hat wirklich darüber nachgedacht und ist zu dem Ergebnis gekommen, daß an dem, was er sagte, wirklich etwas dran war, und das gibt sie ihm auch zu verstehen. Er ist gerührt über ihre Freundlichkeit über ihre ernste, nachdenkliche Art. Und über ihre Ehrlichkeit, die er so schätzt.

Eine andere Frau hat seit Jahren immer einen Orgasmus vorgetäuscht. Sie hat noch nie wirklich einen Orgasmus erlebt, und jetzt möchte sie mit ihrem Mann zusammen lernen, wie sie einen sexuellen Höhepunkt erreichen kann. Das ist ein weitgestecktes Ziel, aber es bedeutet, daß sie ihm gestehen muß, sie habe immer nur so getan, als sei sie von seinen Liebeskünsten überwältigt. Natürlich ist er verletzt, aber im Interesse einer ehrlichen, befriedigenden sexuellen Beziehung will sie ihm nicht weiterhin etwas vortäuschen, was sie so schmerzlich vermißt. Auch für sie war dieses Geständnis peinlich und schmerzhaft, aber sie hat das Risiko auf sich genommen, daß er böse werden würde, um ihm etwas über sich selbst und ihre tiefsten Wünsche mitzuteilen.

Wenn zwei Menschen sich immer besser kennenlernen, gibt es immer weniger Grund für sie, sich zu verstellen, und sie können sich ihre wahren Gefühle mitteilen. Dieser Austausch macht ihnen mehr und mehr Spaß, je weniger sie sich zu verstellen brauchen. Dabei lernen sie immer mehr, sich gegenseitig jene spontanen Ausbrüche von »Ehrlichkeit« oder »Offenheit« zu ersparen, mit denen sie sich früher immer gegenseitig wehgetan haben. Dieses Paar ist auf wundervolle Weise ehrlich miteinander.

33.

Ein paar abschließende Worte

Zum Schluß noch ein paar Bemerkungen: Wenn Sie in diesem Buch alle Ratschläge gelesen haben, wie man ein liebevolles Paar wird, wie man mit jedem Monat und mit jedem Jahr weiser wird und besser lieben lernt und seinem Lebensgefährten oder seiner Lebensgefährtin hilft, das gemeinsame Leben zu verschönern – dann sehe ich keinen Grund, warum Sie als Liebhaber versagen sollten. Vielleicht haben Sie sich bereits jetzt eine Auszeichnung verdient. In diesem Fall haben Sie meinen Segen – das ist einfacher.

Ganz realistisch gesprochen kann dieses Buch Ihnen helfen – und davon bin ich wirklich überzeugt –, wenn Sie bereit sind, ein guter Partner in der Liebe zu werden, wenn Sie das nötige Talent zur Liebe mitbringen. In diesem Falle standen Ihre Chancen auch schon vorher ziemlich gut. Ich erhebe nicht den Anspruch, die Liebe oder den Sex erfunden zu haben – ich bemühe mich nur, sie zu fördern und zu verbreiten. Es gab schon Liebespaare, lange bevor der erste Experte auf dem Gebiet der Liebe und der Vereinigung auf der Bildfläche erschien. Aber nicht nur junge Paare, sondern auch erfahrene Ältere werden mit jedem guten Ratschlag etwas anzufangen wissen, der ihnen einleuchtet.

Und immer noch ganz realistisch gesprochen: Es gibt Ehen, die von Anfang an zum Scheitern verurteilt sind. Ich habe jedoch durchaus schon Ehen erlebt, die zwar nicht aussichtslos, aber doch ungeheuer problematisch erschienen und trotzdem eine Wende zum Guten genommen haben. Manchmal habe ich sogar dazu beigetragen. Diese Tatsache erfüllt mich mit großer Befriedigung.

Wenn Sie den Eindruck haben, aus irgendeiner Stelle dieses Buches folge, daß etwas, was Sie getan haben, ein fataler Fehler war und unvermeidlich Ihr Glück zerstören wird – nun, dann vergessen Sie's einfach. Menschen und gute Beziehungen sind sehr widerstandsfähig.

Wenn irgend etwas, was ich Ihnen hier zu vermitteln versucht habe, Ihnen tatsächlich nützen sollte, dann schreiben Sie mir bitte einen Brief und sagen Sie mir, was für eine weise Frau ich doch sei. Ich liebe solche Briefe.

Manche Beziehungen reifen schneller

Wenn Sie noch jung sind und gerade erst in eine Beziehung eintreten, dann werden Sie vielleicht meinen, daß ich in meinen Ausführungen über dauerhafte Beziehungen, dankbare Beziehungen, ernste Beziehungen immer an ältere Paare denke, die zusammen in Ehren ergraut und sowieso auf Gedeih und Verderb aufeinander angewiesen sind.

Nun, es gibt sehr viele ältere Menschen, die sehr glücklich sind, daß sie einander haben – und auch ein gutes Sexualleben haben, wie ich hiermit der ganzen Welt mitteilen möchte.

Ich habe großes Interesse daran, daß immer mehr Spezialisten aus dem Gesundheitsbereich dafür sorgen, daß auch Behinderte, Patienten in Anstalten und ältere Menschen die Wärme, Geborgenheit und Freude genießen können, die sexuelle Partnerschaft ihnen bieten kann.

Aber unter einer reifen Ehe oder einer reifen Beziehung verstehe ich keineswegs immer nur eine Ehe zwischen alten Menschen oder auch nur solchen im mittleren Alter. Es ist durchaus nicht ungewöhnlich, schon in relativ jungen Jahren eine Lebensgemeinschaft zu finden, wenn man dazu neigt und außerdem die notwendige Zeit aufbringt, die Ehe oder Beziehung zu pflegen.

Und der Lohn einer wachsenden und reifenden Beziehung ist nicht nur eine Sache der Sicherheit, der Sentimentalität oder der Weltanschauung. Mit der richtigen Pflege und Aufmerksamkeit wird auch die Sexualität in einer solchen Beziehung immer größere Fortschritte machen. Der beste Sex ist der, den ein Paar sich im Laufe seines langen Liebeslebens erarbeitet hat, Sex, den nur die beiden sich geben können, der auf ihre ganz persönlichen Bedürfnisse und Wünsche zugeschnitten ist.

Haben Sie Vertrauen, teilen Sie sich mit, arbeiten Sie an Ihrer Ehe oder Ihrer Beziehung, denken Sie darüber nach, und bitten Sie um Hilfe, wenn Sie Hilfe brauchen. Seien Sie realistisch und immer liebevoll. Sprechen Sie über Ihre Gefühle, ohne den anderen damit zu verletzen. Bleiben Sie zusammen und denken Sie immer daran, daß Sie gemeinsam in dieser Sache stecken. Ich vertraue auf Sie.

Register

284

Vance Packard

Verlust der Geborgenheit

Unsere kinderkranke
Gesellschaft

Was die Vernachlässigung
der Familie für unsere Kinder
und die Zukunft der
Gesellschaft bedeutet

Ullstein Buch 34360

Ende des 20. Jahrhunderts
erkennt eine irritierte
Gesellschaft, daß ihr eine der
elementarsten Aufgaben über
den Kopf zu wachsen droht:
die Vorbereitung der Jugend
auf die Bewältigung des
Lebens von morgen.
Der Verlust der Geborgen-
heit, Aggressivität,
No-Future-Ängste und
allgemeine Ratlosigkeit sind
die unvermeidlichen Folgen
der Überbeanspruchung und
der Desorientierung einer
Massengesellschaft im Um-
bruch, in der die Erziehung
der Kinder immer kompli-
zierter wird. Vance Packard,
einer der bedeutendsten
Soziologen unserer Zeit,
macht – scharfsinnig und
kritisch – Vorschläge, wie der
weltweite Generationskon-
flikt überwunden werden
kann.

Ullstein Sachbuch

Ruth
Westheimer
Nathan
Kraevetz

First Love

Ein Aufklärungsbuch
für junge Leute

Ullstein Buch 34432

Ein zeitgemäßes
Aufklärungsbuch

Ein Ratgeber für Teenager
(und ihre Eltern), der
verständlich, pragmatisch
und liberal alle Fragen,
Freuden und Schwierigkeiten
im Umgang mit dem anderen
(und dem eigenen)
Geschlecht bespricht.

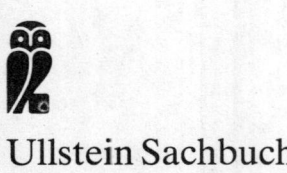

Ullstein Sachbuch